伊朗君主专制走向灭亡的历史进程
世界格局瞬息变化的背后力量和博弈

The Last
Four Hundred Days
of the Pahlavi Dynasty

巴列维王朝的
最后四百天

吴 成 著

上海交通大学出版社
SHANGHAI JIAO TONG UNIVERSITY PRESS

内容提要

从 1978 年 1 月 8 日至 1979 年 2 月 11 日的四百天是伊朗历史的转折点。伊朗伊斯兰革命也是世界历史上的重大事件之一，对世界格局影响深远。本书以时间为主线，展示了伊朗内部社会各阶层不同代表人物以及美国、英国和苏联等外部势力围绕自身利益的博弈，展现了伊朗君主专制走向灭亡的历史进程。

图书在版编目(CIP)数据

巴列维王朝的最后四百天／ 吴成著. —上海：上
海交通大学出版社，2018
ISBN 978 - 7 - 313 - 19271 - 4

Ⅰ.①巴… Ⅱ.①吴… Ⅲ.①伊朗-现代史-史料
Ⅳ.①K373.52

中国版本图书馆 CIP 数据核字(2018)第 083877 号

巴列维王朝的最后四百天

著　　者：吴　成
出版发行：上海交通大学出版社　　　　　地　　址：上海市番禺路 951 号
邮政编码：200030　　　　　　　　　　　电　　话：021 - 64071208
出 版 人：谈　毅
印　　制：上海春秋印刷厂　　　　　　　经　　销：全国新华书店
开　　本：710 mm×1000 mm　1/16　　　印　　张：17
字　　数：265 千字
版　　次：2018 年 5 月第 1 版　　　　　　印　　次：2018 年 5 月第 1 次印刷
书　　号：ISBN 978 - 7 - 313 - 19271 - 4/ K
定　　价：68.00 元

本书为国家哲学社会科学基金项目
"20世纪伊朗政治现代化进程研究"(项目编号：16BSS017)
阶段性成果

序

我和吴成教授是中东问题研究的多年同行。他是伊朗政治发展问题的专家,在霍梅尼的治国理政思想和伊朗政治发展的研究方面很有造诣,著述颇丰。今天展现在读者面前的《巴列维王朝的最后四百天》,就是他最近完成的又一项研究成果。

将近 40 年以前发生在伊朗的伊斯兰革命,对伊朗、中东地区和世界都具有广泛和深远影响。它是伊朗现代化进程的重大事件,推翻了巴列维王朝的统治,催生了伊朗伊斯兰共和国独一无二的政治经济制度;它是中东地缘政治的重大事件,在中东地区掀起一波伊斯兰复兴运动的浪潮,当今中东地区的许多热点问题,都与这场革命有着直接或间接的、历史或现实的联系;它也影响到国际关系的大局,自从这场革命爆发以来,大国与伊朗伊斯兰共和国的关系,就成为国际政治研究中被经常提起的话题。因此,尽管伊朗伊斯兰革命的烽火硝烟已经散去多年,但国内外对于这场革命及其影响的研究却一直没有中断,而且随着研究的深化,仍不断有创新研究成果问世。

伊朗伊斯兰革命的爆发和巴列维王朝的垮台,无疑是伊朗现代化过程中政治、经济、社会和文化矛盾长期累积的结果,但只有在革命爆发的时候,这些矛盾才以最尖锐和最充分的形式表现出来。吴成教授的这项研究,正是把目光聚焦在伊朗伊斯兰革命的爆发阶段,即 1978 年 1 月 8 日革命的火种开始点燃到 1979 年 2 月 11 日巴列维王朝垮台这 400 天的时间。

吴成教授以重要事件发生的时间为主线，通过对革命爆发过程的详细梳理，揭示了伊朗"白色革命"隐含的深层危机、星火燎原的革命过程、各种政治力量的利益诉求、巴列维王族在危局之中的徒劳奔走、美国对于盟友垮台的无可奈何。特别值得提到的是，他在这项研究中，注意发掘新材料，围绕伊朗伊斯兰革命的重要事件，引用了大量的美国解密档案及国外媒体和学界的评论，并依据翔实史料提出自己的看法，从而使研究成果的内容更具新意和可靠性，也实现了他对这项研究的追求，即给读者一个原汁原味的伊朗伊斯兰革命进程。

在这项研究成果即将付梓之际，我谨向吴成教授表示祝贺，并深信这项研究成果有助于扩大和加深读者对伊朗伊斯兰革命的认识，进一步推动我国对当代伊朗问题的研究。

杨　光

2018 年 4 月 10 日

于中国社会科学院西亚非洲研究所

目　录

第一章　山雨欲来

伊朗是人类历史上为数不多的文明古国之一。从最早的埃兰（又称伊兰）王国算起，伊朗至今已有五千多年的历史。在时断时续的历史长河中，伊朗有几个辉煌时期：阿契美尼德王朝（前553~前334，又称波斯帝国）、阿萨息斯王朝（前247~226，又称帕提亚帝国、安息帝国等）、萨珊王朝（224~651）、萨非王朝（1501~1736，又译萨法维王朝）、恺加王朝（1779~1925，又译卡扎尔王朝）和巴列维王朝（1925~1979）。

1921年2月中旬，恺加王朝末代国王艾哈迈德·沙（Ahmad Shah，1898~1930，1909~1925年在位）准备出游南方，命令哥萨克师派部队担任护卫。赛·吉雅丁让师长胡马云派礼萨·汗·巴列维（Reza Khan Pahlavi，1878~1944，1926~1941年为国王）出任护卫部队司令官。2月18日，礼萨·汗利用哥萨克师因长期欠薪引发的反政府情绪，率领3 000名哥萨克士兵，从首都西北的卡兹文出发，进军德黑兰。2月21日（伊朗历为1299年12月2日），礼萨·汗的军队进入首都，逮捕多名官员，又让赛·吉雅丁担任政府首相。两个多月后，赛·吉雅丁逃至巴格达。1923年10月28日，回国不久的国王艾哈迈德任命礼萨·汗为首相，同时兼任陆军大臣。由此巴列维掌握了新政府的实权。1925年12月12日，伊朗国民议会将《基本法修正案》第三十六条的"波斯之立宪君主政体，由国王卡扎尔及其后裔，世袭统领之"改为"波斯之立宪君主政体，由人民经国民会议授予国王巴列维及其男性后裔，世袭统领之"，从而使巴列维王朝一诞生就有了宪法的"合法性"。与此同时，与王位继承有关的第三十七条和第三十八条都相应做了修改，这次对伊朗宪法的重大修改，标志着恺加王朝的结束和巴列维王朝的诞生。"巴列维"是公元前统治伊朗长达四个

1

多世纪的家族名称,礼萨·汗把自己的身世追溯到两千多年前的伊朗古老家族,足见当时伊朗世袭观念之强大。1926 年 4 月 25 日,礼萨·汗加冕登极,称礼萨·汗·巴列维,成为巴列维王朝的第一代国王。

礼萨·汗是土耳其总统穆斯塔法·凯末尔·阿塔图尔克(Mustafa Kemal Atatürk,1881~1938)的崇拜者。他仿效土耳其,举行了一系列旨在富国强兵的改革措施,如大力加强中央集权制度,制定一系列现代法律以取代伊斯兰教法,政教分离,加强军队建设,发展文化教育,改革风俗习惯,实现土地私有,宣布废除治外法权,收回关税自主权等。这些改革措施加快了伊朗的现代化步伐。

鉴于伊朗重要的地缘战略地位,第二次世界大战期间,1941 年 8 月 25 日,苏军和英军分别从北面和南面开进伊朗。8 月 27 日,阿里·曼苏尔(Ali Mansur,1895~1964)内阁倒台。几天之后,按照苏联和英国的提议,阿里·福鲁吉(Ali Foroji)领导的新政府通过决议,从伊朗驱逐德国及其盟国的使节和特务。礼萨·汗抵制该决议,拒绝同法西斯各国断交,遂于 9 月 16 日在苏联和英国的压力下被迫逊位,把王位交给了长子穆罕默德·礼萨·巴列维(Mohammad Reza Pahlavi,1919~1980,1941~1979 年在位),也就是后来人们熟知的巴列维国王。礼萨·汗原本打算前往加拿大,但英国要他避居非洲的毛里求斯,后来他又到了南非的约翰内斯堡。1944 年 7 月 26 日,因心脏病发作,礼萨·汗在南非去世。后来,他的遗体被运送到了埃及开罗,葬在了拉法清真寺。

穆罕默德·礼萨·巴列维继位时,尚未过 22 周岁的生日。随着年龄增长,进入到 20 世纪 50 年代,巴列维国王为控制伊朗政府而同伊朗自由民族主义首相穆罕默德·摩萨台(Mohammad Mosaddegh,1882~1967,1951~1953年任首相)展开斗争。1953 年 8 月,巴列维国王试图解除摩萨台的职务,结果却被摩萨台的拥护者排挤出国。他先到巴格达,而后飞往罗马。在美国中央情报局的精心策划下,几天后,他回到伊朗,重新恢复孔雀宝座。1963 年,巴列维国王开始进行所谓的"白色革命",意即通过改革以非流血的暴力改变伊朗的社会面貌。"白色革命"开始时提出六大原则,以后增至十二项,即废除佃农制,凡是大地主占有的土地,均应重新分配而归农民所有;全部森林属于国家所有;将所有政府经营的工业企业出售给合作社和个人;出售企业所获利润由劳资双方分享;修改选举法,准备实行普选,特别是妇女都要参加选举;建立知识分子大军,凡是应服兵役的高级中学毕业生,均可担任教师,全面改进国民教育;建立由各科医生所组成的卫生工作者大军,到农村去进行免费医疗工作;建立促进农业发展的大军;所有农村都要建立公正的法庭;全部水利资源属国家所有;制定全国性城乡建设的规划;改组所有政府机关,行政权力下放①。

"白色革命"的成就是巨大的,尤其在 1973 年第四次中东战争期间,"欧佩克"(OPEC 石油输出国组织)国家利用石油资源作为武器对付西方对以色列的支持,石油大国伊朗的经济更是增长迅猛。从 1963 年到 1977 年,伊朗出现了举世瞩目的经济增长。1965 年伊朗人均收入 300 美元,1977 年上升为 2 200 美元。国民生产增长率逐年提高,1963~1966 年年均为 8.8%,1967~1971 年为 11.8%②,1972~1973 年为 14%,1974~1975 年为 30%③。1963~1977 年,伊朗发电量增长了 31 倍;电视机产量增长了 10 倍。全国小学生人数 1960/1961 学年度为 143 万人,1974/1975 学年度达到了 352 万人④。

从"白色革命"的十二条原则来看,伊朗要从事的改革是全方位的,但在实施的过程中,却越来越追求经济指标,而忽视社会的全面发展,尤其是政治现代化不能适应经济和社会发展的需要,从而出现严重腐败问题。如果我们看一看巴列维国王的"白色革命"所带来的后果,我们也就能够理解为何 20 世纪 70 年代末的伊朗"山雨欲来风满楼"了。巴列维王朝时期首相艾米尔-阿拔斯·胡韦达(Amir-Abbas Hoveyda,1919~1979,1965~1977 年任首相)的弟弟费雷敦·胡韦达(Fereydoun Hoveyda,1924~2006)称:"腐化之风在王室的心脏里盛行。国王的兄弟和姊妹,靠充当中间人,赚取巨额合同佣金……王室的这种状况,是毒害社会各阶层的万恶之源。"⑤海军司令拉姆齐·阿泰(Ramzi Atai)上将一个合同就把 300

① 〔法〕热拉德·德·维利埃等.巴列维传(附:白色革命)[M].张许萍等,译.北京:商务印书馆,1986:367-495.
② 世界经济百科全书[M].北京:中国大百科全书出版社,1987:790.
③ 赵伟明.评伊朗现代化[J].西南师范大学学报(增),1989,(12).
④ 梁子勤译.二十世纪六十一七十年代的伊朗[J].西南亚资料,1983,(1):23-24.
⑤ 〔伊朗〕费雷敦·胡韦达.伊朗国王倒台始末记[M].周仲贤,译.广州:广东人民出版社,1981:67.

多万美元装进了自己的腰包。中国学者张文建在谈及伊朗巴列维王朝的腐败时,用了这么一段话来描述国王的孪生妹妹阿什拉芙大公主:"她所住的宫殿,犹如《一千零一夜》中的哈伦·拉施德的皇宫,她用的是法国的女秘书,泰国的婢女,埃塞俄比亚的听差和意大利的美容师,还有一位美国少妇每天为她朗读小说。"①1971年,巴列维国王为纪念居鲁士建立阿赫门尼德王朝2 500周年举行盛大庆典活动,为此,他专门向维也纳一马车商订做了一辆耗资2 500个工时所制成的旧式马车,庆典所用各式名酒就有2 500瓶。② 在巴列维国王的专机上,连厕所都是用黄金装饰的。王室有这样的高级腐败,上行下效,整个巴列维王朝时期的腐败之风就不难想象了。

　　1977年7月,王后法拉赫·巴列维(Farah Pahlavi Diba,1938~　)访问美国,当她抵达白宫时,上千名示威者高呼:"处死伊朗国王""国王是屠杀人民的刽子手"等口号③。

　　11月,为消除与卡特政府之间的误解,巴列维国王访问美国。为了欣赏仿古景致,国王和王后抵达弗吉尼亚的威廉斯堡,并在此下榻。没想到,在国王夫妇下榻的旅馆附近,数百名伊朗人高喊抗议口号,有的还戴着面具,以防"萨瓦克"(SAVAK,伊朗国家安全和情报组织波斯文开头几个字母组成的简称)的迫害。在巴列维国王抵达美国一周前开始,更多的伊朗留美学生陆续来到华盛顿,准备在巴列维国王面前举行示威。与在威廉斯堡的抗议者一样,他们也戴着面具。在华盛顿白宫草坪,美国总统卡特主持欢迎仪式,在白宫围栏外,大批伊朗留美学生则举行反国王的示威,美国警察一时控制不住局势,只得使用催泪弹驱散人群。催泪弹的烟雾没有飘向示威者,反而飘向白宫草坪,两位元首都被催泪弹的烟雾熏得泪流满面,迫使卡特总统不得不缩短了欢迎词。在示威者与警察的冲突中,上百人受伤。就这样,伊朗人民反巴列维王朝运动的序幕在美国拉开了④。伊朗驻美大使阿德希尔·扎赫迪(Ardeshir Zahedi,1928~　)建议巴列维国王,聘请1万名支持国王的学生前来捧场。他得到了国王的巨款,用来供学生们吃住,但只有500多名学生应聘。等到国王

---

① 张文建.宗教史话[M].长春:吉林人民出版社,1981:293.
② [法]热拉德·德·维利埃等.巴列维传[M].张许萍等,译.北京:商务印书馆,1986:239.
③ [美]罗莎琳·卡特.卡特夫人回忆录[M].吴为,译.北京:世界知识出版社,1986:293.
④ [伊朗]穆罕默德·礼萨·巴列维.对历史的回答[M].刘津坤,黄晓健,译.北京:中国对外翻译出版公司,1986:153.

访美时,他们害怕被反对派打击,待在宾馆里没有敢出来①。扎赫迪是伊朗 20 世纪 60~70 年代著名的外交官,两度担任伊朗驻美国大使(1960~1962 年和 1973~1979 年),1962~1973 年曾任伊朗驻英国大使和伊朗的外交部长(胡韦达政府时期)。1957 年,他与巴列维国王的长女莎赫娜茨·巴列维(Shahnaz Pahlavi,1940~)结婚。1964 年,两人离婚,育有一女。

伊朗人民反对巴列维王朝运动的序幕在美国拉开不是偶然的,这与时任美国总统卡特的"人权外交"直接相关。1977 年的两个事件加剧了伊朗革命的到来。1977 年 6 月,伊朗社会学家和伊斯兰学者阿里·沙里亚梯博士(Ali al-Shari'ah,1933~1977)去世。尽管他死于疾病,但其追随者认为他是被"萨瓦克"暗杀的。1977 年 10 月,阿亚图拉霍梅尼的长子穆斯塔法·霍梅尼(Mostafa Khomeini,1930~1977)突然死于心脏病。在人们看来,他的死也与"萨瓦克"脱不了干系。其实,伊朗的反抗运动在美国初露端倪的更深层原因是巴列维国王与美国渐行渐远的政策目标,如在核计划方面,巴列维国王追求核武器,而美国则希望维持中东地区的无核化。

阿亚图拉(Ayatollah)意为"安拉的象征"、"安拉的奇迹"、"安拉的迹象",是伊斯兰教什叶派最高宗教职衔。它是通过从少数学识渊博、有权威、倍受尊敬的"穆智台希德"中经过严格考核而产生。阿亚图拉有资格就重大的伊斯兰教法问题、社会问题作最后解释。大阿亚图拉(Grand Ayatollah)意为"安拉的最伟大象征",又称马尔贾(Marja),是什叶派穆斯林的最高教阶和宗教领袖,只有学识渊博、德高望重的穆智台希德才有资格胜任。他们被视为安拉在世间的代理人。除了《古兰经》、先知穆罕默德以及伊玛目外,大阿亚图拉是什叶派最高教法权威。他们对重大的有争议的教法问题做出最终裁决,一般信士必须遵守。

1977 年 12 月 31 日,美国总统卡特结束对波兰的访问后,来到了伊朗,会见他的是世界上没有第二个的"亲密朋友和盟友"伊朗国王。在总统的祝酒词中,总统说了这么一句:"人权事业是我们两国领导人的共同事业。我们的会谈是无比珍贵的。""人道主义、自由、友好、建设精神与创造性是伟大的美国人

---

① Ali Akbar Dareini. *The Rise and Fall of the Pahlavi Dynasty: Memoirs of Former General Hussein Fardust*. New Delhi: Shri Jainendra Press, 1999: 382.

民的难能可贵的品质,这是我们所一向极为赞赏的。""由于国王的卓越领导,在世界上一个多事地区里,伊朗是一个安全岛。我们的会谈是无法估价的,我们的友谊是任何东西也代替不了的。"①

当事者往往忽视人们的想象能力。卡特总统在用最优美的语言来赞赏他的东道主时,伊朗人则理解为:卡特来伊朗是要伊朗国王走民主化道路的。

就在卡特来到伊朗的当天,伊朗警察与左翼学生发生了好几起冲突。在德黑兰,100多名学生喊着反美口号,向伊美农业协会所在的建筑扔石块,并打碎了玻璃窗。美国大使馆外面,几十名示威者被警察带走。15名学生抢劫了美国人辅导伊朗人学习英语的中东大厦。在美国,伊朗的抗议者在华盛顿的白宫前集会,抗议美国总统卡特访问伊朗②。

这一切,预示着一个动荡之年就要到来。

---

① [伊朗]穆罕默德·礼萨·巴列维.对历史的回答[M].刘津坤,黄晓健,译.北京:中国对外翻译出版公司,1986:155.

② Iranians Protest at White House Against Carter's Visit to Iran. *New York Times*, January 1, 1978.

第二章　库姆风云

1978 年 1 月 5 日,在复兴党(Rastakhiz 或 Resurgence Party,1975 年 2 月由巴列维国王创立)大会上,司法总监胡韦达告诉新闻与旅游大臣大流士·胡马云(Dariush Homayoon,1928～2011),自己手头有一篇文章,需要马上发表。很快,胡马云就得到一个黄色信封,信封属于司法部门的专用信封,里面是一篇签字发表的文章。胡马云把文章从信封里拿出来,交给了《消息报》(Ettela'at)副主编阿里·巴斯塔尼(Ali Bastaini)。当看到这篇文章是攻击阿亚图拉霍梅尼的时候,《消息报》出版人法尔哈德·马苏蒂(Farhad Masudi)提醒胡马云,胡马云立即转告复兴党总书记阿穆泽贾尔,阿穆泽贾尔又询问司法部有关人员,最后弄清,这是巴列维国王的授意。就这样,1 月 7 日,在美国总统卡特德黑兰之行的 6 天后,这天也是伊朗妇女废除头巾的纪念日,一个化名为艾哈迈德·拉什迪·穆塔拉赫(Ahmad Rashidi Motlagh)撰写的《伊朗与黑色和红色殖民主义》一文,在伊朗《消息报》上刊出。这篇由巴列维国王亲自授权的文章疯狂攻击阿亚图拉霍梅尼。没想到,《消息报》在要么发表,要么报纸停刊的选择中发表的文章,竟成了引爆伊朗政治大地震的导火索。

巴列维国王为何要与阿亚图拉霍梅尼过不去呢? 这还得回到伊朗的历史中去找寻答案。1902 年 9 月 24 日(伊斯兰教历 1320 年朱马达·阿赫勒月 20 日,伊朗历 1281 年 6 月 30 日)[①],阿亚图拉鲁霍拉·穆萨维·霍梅尼(Ruhollah Musavi Khomeini,1902～1989)出生于伊朗圣城库姆西北方,距其 160 公里的中央省霍梅茵小镇的一伊斯兰教学者世家。其家族是第七代伊玛

---

① 关于阿亚图拉霍梅尼的出生时间有不同的说法,跨度从 1898 年到 1902 年达 5 年之大。这里采用哈米迪·安萨里在《阿亚图拉霍梅尼的生平》一书中的说法。

目穆萨·卡齐姆(Musa al-Kazim,745~799)的后裔。据阿亚图拉霍梅尼的哥哥说,他们的曾祖父赛义德·丁·阿里沙是伊朗东部呼罗珊省尼沙布尔的著名阿訇。不知出于何种原因,也不知何时,他们的祖上从尼沙布尔迁至印度北部的克什米尔小镇肯托尔,并在此定居下来,继续从事在什叶派穆斯林中的宣教工作。祖上最著名的要算哈米德·侯赛因了,他曾写了有关逊尼派与什叶派比较的多卷本著作,借此探讨伊朗的民族特性。曾祖父过世后,笃信苏菲主义的祖父赛义德·艾哈迈德·穆萨维举家离开克什米尔,来到德黑兰。1830年左右,他们一家又迁至伊拉克的卡尔巴拉和纳贾夫一带。在此,穆萨维结识了霍梅茵知名人士优素福汗,并接受其邀请,决定定居霍梅茵。在霍梅茵,穆萨维负责当地的宗教事务,并与优素福汗的女儿结婚。他们育有两男三女,其中赛义德·穆斯塔法就是阿亚图拉霍梅尼的父亲。从此以后,尽管赛义德·艾哈迈德不再与印度有什么关系,由于其祖上的原因,他们仍被称为"印度人"。

阿亚图拉霍梅尼的父亲也是知名阿訇,他与著名的宗教学者、《群著之精华》一书的作者阿亚图拉罕萨里的孙女哈吉亚结合,生了三男三女共 6 个孩子,阿亚图拉霍梅尼是其中最小的一个。在阿亚图拉霍梅尼只有几个月大的时候,其父因与一地主争夺水源,被对方雇佣的打手活活打死。父亲去世后,阿亚图拉霍梅尼由其母亲和一个姑姑抚养。在他十五岁那年,母亲和姑姑也相继撒手人寰。他与哥哥一同生活,同时,也得到了他舅父的照顾。

阿亚图拉霍梅尼受过的启蒙教育像当时大多数伊朗儿童一样,是在亲属或清真寺中完成的。他的母亲、姑姑、舅父和哥哥都把追求知识作为培养人的主要目标,积极支持、辅导他学习。聪明的阿亚图拉霍梅尼勤奋好学,且悟性极高,7 岁时,他已能背诵大多数《古兰经》的章节了。

随着年龄的增长,阿亚图拉霍梅尼开始学习逻辑学、法理学、教义学等,他还在舅父的指导下学习阿拉伯语。他曾回忆说,在舅父米尔扎·马赫穆德的指导下,学习伊斯兰基础科学,大哥阿亚图拉帕桑底德教授他贾拉尔丁·萨尤梯的阿拉伯语法、辩证法等,在阿卡·沙赫·贾法尔和米尔扎·马赫穆德指导下学习基础课程,在阿卡·纳贾菲·阿亚图拉霍梅尼的指导下学习逻辑学,在伊斯兰法学家阿布·卡西姆教授的指导下学习伊斯兰教法。

1920 年,19 岁的阿亚图拉霍梅尼来到阿拉克,在此接受高等教育。由于阿亚图拉阿布德·卡里姆·哈伊里曾在阿拉克执教,这里成了著名的宗教中心。在此,在沙赫·穆罕默德·阿里·布鲁杰迪的指导下,他学习伊斯兰教法原理,在沙赫·穆罕默德·古帕耶加尼的指导下学习辩证法,在阿拔斯·阿拉基的指导下学习伊斯兰教哲学。

1921 年,在阿亚图拉卡里姆·哈伊里的感召下,阿亚图拉霍梅尼移居圣城库姆。在这里,他向米尔扎·穆罕默德·阿里·阿迪布·德黑兰尼学习更高级别的阿拉伯语修辞学,向赛义德·穆罕默德·塔基·安萨里和米尔扎·赛义德·阿里·雅梯里比·卡沙尼学习伊斯兰教法基础课程。为了进一步研究伊斯兰教法,他还听了阿亚图拉沙赫·阿巴德·卡里姆·哈伊里的课。他还向赛义德·阿布·哈桑学习哲学,向米尔扎·阿里·阿克巴尔·沙赫巴迪学习数学(包括算术和天文学)。不过,在库姆,对阿亚图拉霍梅尼影响最大的应是米尔扎·穆罕默德·阿里·沙赫巴迪。在其指导下,阿亚图拉霍梅尼学习伊斯兰神秘主义哲学等课程,并培养了自己的政治热情,这对其以后的人格形成产生了重要影响。正是这种精神和人格,使他在国王时期成了带领伊斯兰法学家们公开反对专制政权的一面伟大旗帜。

在库姆,阿亚图拉霍梅尼在学习的过程中,写出了《黎明前的祷词注解"与拉阿束加鲁特的谈话"注解》《拜功的奥秘》等书,这些有关伊斯兰哲学、法律及伦理的著作,显示出他对哲学、诺斯蒂主义等主题的独特兴趣,而这些都是在神学院里遭反对、质疑的学问。

1936 年,阿亚图拉布鲁杰迪来到了库姆,阿亚图拉霍梅尼又从他那里学习了不少知识。从此以后,阿亚图拉霍梅尼开始在库姆教书,主要教授教法学、法理学、神秘主义和伊斯兰伦理学等课程。他还到法齐雅宗教学院(Fayziyah Seminary)、阿扎姆清真寺、穆罕默迪叶清真寺、萨迪格学院等地从事宣教活动。

第二次世界大战进一步把伊朗民众推向深渊。占领者为了给驻军发饷,强迫伊朗议会通过法令,大量发行纸币。其中一次就发行了 7 亿里亚尔,一夜之间,伊朗民众的生活费用上涨了 20%。从 1940 年 6 月到 1942 年底,短短两年半时间里,伊朗人的生活费用上涨了 4 倍,这使本已穷困的伊朗下层群众雪上加霜。加之盟军对伊朗产品的征用,使伊朗民众生活在水深火热之中。为了让人们接受这一现实,一些人从世俗化的立场批判宗教,于是,阿亚图拉霍梅尼在 1942 年出版其第一部著作《揭秘》(*Kashf al-Asrar*),对当时的一些观点进行了强有力的批判。1959 年,霍梅尼成为阿亚图拉。

20 世纪 50 年代末 60 年代初,国际社会正处于第二次世界大战后的经济和政治调整期。1958 年和 1962 年,伊拉克的费萨尔王朝和北也门的巴德尔王朝相继被推翻,埃及和叙利亚积极推行泛阿拉伯运动,加快改革步伐,大力宣传推翻君主制。在国际上,美国为了确保其"冷战"前沿阵地的稳定,敦促其第三世界盟国进行改革,这正好与巴列维国王建立地区霸权主义的愿望相一致。于是,巴列维国王推行所谓不通过暴力流血的"白色革命",以振兴伊朗,稳固统治。"白色革命"首先从伊朗的土地改革入手,巴列维国王要借"耕者有其田"之名剥夺伊朗宗教机构的地产,以便从经济上切断伊朗宗教力量的财源。鉴于国王目的明确,阿亚图拉霍梅尼在库姆呼吁宗教界人士起来反对国王的改革计划,并呼吁抵制巴列维国王使其"白色革命"合法化的全民公决。1963 年 1 月 22 日,阿亚图拉霍梅尼发表公告,谴责巴列维国王和他的"白色革命"计划。他在公告中呼吁民众抵制 1 月 26 日的全民公决。一时间,从库姆到德黑兰,再到其他城市,人们高喊口号"全民公决违背伊斯兰",进行抗议①。伊朗民众积极响应阿亚图拉霍梅尼的号召,掀起了声势浩大的抗议浪潮。巴列维国王不得不于 1 月 24 日亲赴库姆。不但宗教人士和人民群众拒绝迎接国王,就连库姆的最高行政官员法蒂玛·马苏玛圣陵园的总监也响应阿亚图拉霍梅尼的呼吁,拒绝迎接国王,他为此而丢了官。

3 月 14 日,巴列维国王在达兹富尔军事基地发表的讲话中说:"我们的民族革命……没有流血……正以最快的速度前行。"②对此,3 月 20 日,阿亚图拉霍梅尼在库姆的阿扎姆清真寺对学生发表讲话说:"你们时刻准备着进监狱;你们时刻准备着参加战斗;你们时刻准备着被打压和遭污辱;你们时刻准备着为捍卫伊斯兰和独立而忍受艰难困苦。"③

1963 年 6 月 3 日是伊斯兰教什叶派重大节日之一的阿舒拉节,当天下午,阿亚图拉霍梅尼在法齐雅宗教学院发表演说,他把巴列维国王与倭马亚王朝

---

① Jalalad-Dine Madani. *History of Islamic Revolution of Iran*. Tehran: International Publishing Co., 1996: 65.

② Ibid: 71.

③ Imam Khomeini. *Kauthar* (*Vol. I*). Tehran: The Institiute for the Compliation and Publication of the Works of Imam Khomeini, 1995: 69 - 70.

残害伊玛目侯赛因的哈里发叶齐德相提并论，并警告说，如果他不改弦易辙的话，人们将会高兴地再次看到他离开伊朗。他警告巴列维国王说："你现在已经是四十又三的人了，已经是足够成熟了。不要按别人的指示行事。别不用脑子了，好好考虑考虑你的归宿吧。你应从你父亲的命运中吸取教训。不要再这样下去了。听听我说的，听听伊斯兰教法学家怎么说，听听伊斯兰学者怎么说。正是他们在寻求国家与民族的福祉。"[①]6月5日凌晨3点，一群突击队员冲进了阿亚图拉霍梅尼的家，并将其带到了德黑兰的卡萨尔监狱。

　　6月5日破晓，阿亚图拉霍梅尼被捕的消息首先传遍库姆，而后传到了其他城市。在库姆、德黑兰、设拉子（Shiraz）、马什哈德等地，示威者与军队发生冲突，造成大量人员伤亡。首相艾米尔·阿萨杜拉·阿拉姆（Amir Asadollah Alam，1919～1978）告诉《纽约时报》记者，有86人死亡，150人受伤。几乎没有人接受这些数字。一个美国观察员称："无论实际总数是多少，这无疑是不知道的，死亡人数和受伤人数肯定达到了数千人。"[②]直到6天后，伊朗全国的秩序才得以恢复正常。事后，示威游行的两名组织者塔雅德（Tayyed）和伊斯迈尔·哈只·雷扎伊（Ismail Haj Rezai）被处决[③]。自由运动的领导人迈赫迪·巴扎尔甘（Mehdi Bazargan，1905～1995）和阿亚图拉穆罕默德·塔莱加尼（Mahmoud Taleghani，1911～1979）分别被判处10年监禁，自由运动其他领导人分别被判处1～6年徒刑。赫尔穆特·理查兹（Helmut Richards）曾说："1963年骚乱的平定是国王与其反对派之间关系的转折点。"[④]其实，这次事件成了伊朗历史的又一重要转折点。从此以后，在美国支持下的国王专制制度不断加强，阿亚图拉霍梅尼作为反对派领袖，在民众心中的地位越来越高。

　　在卡萨尔监狱待了19天后，阿亚图拉霍梅尼先是被转到了伊斯哈拉塔巴德军事基地，而后又被转到了德黑兰的达沃地亚隔离区。尽管政府用屠杀的方法对待异见分子，但首都德黑兰和其他城市还是出现了要求释放阿亚图拉霍梅尼的游行示威活动，阿亚图拉霍梅尼的一些同事还专程从库姆抵达德黑

　　① Imam Khomeini. *Kauthar*（*Vol.* I）. Tehran：The Institiute for the Compliation and Publication of the Works of Imam Khomeini，1995：124－125.

　　② Helmut Richards. America's Shah Shahanshah's Iran. *MERIP Reports*，No.40，1975：3－26.

　　③ Hamid Dabashi. By What Authority? The Formation of Khomeini's Revolutionary Discourse，1964－1977.*Social Compass*，Vol.36，No.4，1989：511－538.

　　④ Helmut Richards. America's Shah Shahanshah's Iran. *MERIP Reports*，No.40，1975：3－26.

兰,表达对其支持。迫于压力,1964 年 4 月 7 日,巴列维国王政府将阿亚图拉霍梅尼释放。这次经历不但没有改变阿亚图拉霍梅尼对巴列维国王政府的看法,反而更坚定了他的反政府决心。获释后第三天,他再次发表讲话,其中谈道:"今天,还不是庆祝的时候,只要这个民族还沉浸在'6 月 5 日起义'的悲愤之中。""6 月 5 日之所以是国难蒙羞日,那是因为用我们民族的钱购买的武器却用来专杀人民!"①

1964 年 4 月 15 日,阿亚图拉霍梅尼在艾阿则姆清真寺发表重要演说,其中谈道:"如果有人污辱我,打我耳光,打我儿子的耳光,以伟大的安拉发誓,我并不乐意有人起来对抗,保护我们,我知道有的人或者出于无知,或者出于有意在我们的阵营中制造分裂。""因此我们要用生命来捍卫伊斯兰,为拯救压迫者不受暴力的专制统治,我们必须提防私欲的教唆。""我在这里谨亲吻一切宗教权威的手,亲吻一切在库姆及其他地方,马什哈德、德黑兰等无论任何地方的宗教权威的手,亲吻一切宗教学者的手,我们的目标比这一切还崇高,我谨将我的兄弟般的手伸向全体伊斯兰的各个民族,世界的东方和西方的一切穆斯林们。"②

认识到阿亚图拉霍梅尼的不妥协态度,巴列维国王试图通过在宗教人士间制造分裂来孤立他,巴列维国王未能如愿以偿。在纪念"六月五日起义"一周年之际,伊朗的全部伊斯兰高级宗教学者在一份纪念文件上签字。

1964 年秋天,伊朗与美国签订军事协定,将豁免权给予在伊朗的美国人。这激起了以阿亚图拉霍梅尼为代表的伊朗民众的极大愤怒,阿亚图拉霍梅尼号召人们起来与国王政府进行全面对抗。伊朗伊斯兰革命胜利后,阿亚图拉穆罕默德·穆法蒂回忆当年的情景时说,他从未看到过阿亚图拉霍梅尼如此愤怒过。阿亚图拉霍梅尼称这一协议出卖了伊朗的独立与主权,换来的 2 亿美元贷款只是给国王及其支持者带来了好处,在国会中投赞成票的人都是伊朗的叛徒,巴列维政府是非法的。

1964 年 10 月 26 日是巴列维国王的生日,阿亚图拉霍梅尼决定借这一天把全国著名的宗教学者召集到库姆,以表达伊朗宗教界对国王给予在伊朗美

---

① Imam Khomeini. *Kauthar*(*Vol.* Ⅰ). Tehran: The Instutiute for the Compliation and Publication of the Works of Imam Khomeini,1995: 145.

② Ibid: 176.

国人治外法权的不满。在第二天的集会上,阿亚图拉霍梅尼大声疾呼:"我们的尊严遭到践踏。伊朗的国格丧失殆尽,他们把伊朗军队的尊严踩在脚下。他们向议会提出一项新的法案,在该项法案中叫我们与维也纳协定掺和在一起,美国的军事顾问及家属,还有他们的技术人员、职员和服务人员……无论在伊朗犯什么法都得到保护。"[1]"先生们,我警告你们! 伊朗的军队啊,我警告你们! 伊朗的政治家们,我警告你们! 伊朗的商人,我警告你们! 伊朗的宗教领导人和伊斯兰的权威,我警告你们! 宗教学习中心纳贾夫、库姆、马什哈德、德黑兰、设拉子的学者、宗教学生,我警告你们!"[2]"这个国家的腐败现象太多了,此时我无法都呈现给大家,将这些告知你的同事是你的义务,将这些告诉人民你也义不容辞。伊斯兰教法学家一定要让人民知道。"[3]"伊斯兰的宗教领袖们,拯救伊斯兰吧! 纳贾夫的宗教领袖们,拯救伊斯兰吧! 库姆的宗教领袖们,拯救伊斯兰吧!"[4]

面对阿亚图拉霍梅尼猛烈的抨击和人民群众的热情,巴列维国王害怕再次爆发人民运动,于是,他决定放逐阿亚图拉霍梅尼,让他从伊朗民众的视线中消失。1964 年 11 月 4 日凌晨,伊朗突击队的特遣队再次包围了阿亚图拉霍梅尼的住所,并将其逮捕。这次,他们直接将他送到了德黑兰的梅赫拉巴德机场。鉴于巴列维国王政府与土耳其政府的友好关系,巴列维国王决定将其流放土耳其。流放的理由是阿亚图拉霍梅尼的存在,威胁到了"人民的利益、民族安全、独立和领土的完整"[5]。就这样,在警察和军队的监护下,阿亚图拉霍梅尼被送上了一架军用飞机。此次飞行的目的地是土耳其首都安卡拉,到达后,他被关在安卡拉的巴瓦尔帕拉斯奥特利旅馆的 514 号房间,由伊朗和土耳其官员联合看守。11 月 12 日,阿亚图拉霍梅尼从安卡拉被转移到了布尔萨,在此,他又待了 11 个月。

1965 年 10 月 5 日,阿亚图拉霍梅尼离开土耳其,先是到伊拉克伊斯兰圣地萨马拉、卡尔巴拉等地。1 周后,他来到了什叶派圣地纳贾夫,开始了他在此

① Imam Khomeini. *Kauthar*(Vol. Ⅰ). Tehran: The Institiute for the Compliation and Publication of the Works of Imam Khomeini,1995:222.

② Ibid:226.

③ Ibid:230-231.

④ Ibid:227.

⑤ Gholam Reza Afkhami. *The Life and Times of the Shah*. Berkeley, Los Angeles and London: University California Press, 2009:377.

13年的漫长生涯。在纳贾夫的岁月,阿亚图拉霍梅尼在谢赫安萨里清真寺(Shaykh Ansari)潜心治学,向来自伊朗、伊拉克、巴基斯坦、阿富汗、印度等国的青年学子讲授伊斯兰教高等教法学系列课程。阿亚图拉霍梅尼最精彩的教学应算是1970年1月21日到2月8日发表的13个系列演讲,这些演讲围绕伊斯兰复兴这一主题,从对伊斯兰辉煌的历史文化回顾,到伊斯兰衰落的原因,重点谈了伊斯兰教法学家领导下的伊斯兰复兴。他对未来伊斯兰世界理想的领导人提出了自己的看法:"伊斯兰社会的领导人是(为了避免造成穆斯林之间的差别)不让他的兄弟阿基尔①(Aqil)从国库中取得半点额外财富、为了收回贷款而告诉先知的家人'如果你不还贷,你将是巴尼·哈希姆②(Bani Hāshim)家族第一个被砍手的人'的人。我们需要像他们这样的统治者和领导人,用法制来代替个人的愿望和好恶,能够做到在法律面前人人平等;反对特权或者说任何形式的差别;把自己的家人与其他人一视同仁;即使自己的儿子偷窃,照样砍掉他的手;即使自己的兄弟姐妹贩卖海洛因也照样被处死(而不是在自己的亲戚把大量的海洛因带入国内而无人过问的情况下,却把只有10克海洛因的人处死③)。"④他的学生将其整理,以《教法学家治国》的书名出版,它成了近代以来伊斯兰复兴的重要文献之一,不但为伊朗的社会运动提供了重要理论指导,也为整个当代世界伊斯兰运动提供了重要理论指导。

一个社会的大发展是在综合平衡中实现的,巴列维国王的专制统治不是随着伊朗经济的腾飞而有所淡化,反而日益加强,尤其是通过对知识分子的迫害、钳制思想、僵化理论来实现表面上的和平与稳定,这严重违背了经济与政治、经济基础与上层建筑、物质文明与精神文明在互动中发展的历史规律。其结果在伊朗出现的理论发展满足不了人们日益增长的精神需求,阿亚图拉霍梅尼的思想远远高于其他思想,在伊朗社会转型所带来的危机中,阿亚图拉霍梅尼为众望所归,这是专制君主巴列维国王所没有料到的。

---

① 即阿基尔·伊本·阿比·塔里卜('Āqil ibn Abi Tālib),伊马目阿里的兄弟。阿里任哈里发后,阿基尔请求阿里从公共财产中用4万迪尔汗(阿拉伯帝国的银币单位)去还债。当他的请求被拒绝后,阿基尔舍弃了兄弟,加入了大马士革穆阿威叶的阵营。

② 伊斯兰教创始人穆罕默德及其继承人所在的麦加部落。

③ 这里暗指巴列维国王的孪生妹妹阿什拉芙公主,据报道,1960年,她在发现拥有大量海洛因后被瑞士警方扣留。见巴赫曼·尼鲁曼德(Bahman Nīrûmand)的《波斯,一个发展中国家模型》(Persien, Modell eines Entwicklungslandes,汉堡,1967年)第133~134页。

④ Imam Khomeini. *Governance of the Jurist*. Translated by Hamid Algar. Tehran: the Institute for Compilation and Publication of Imam Khomeinis works (International Affairs Divsion), 2005: 117.

在1978年1月7日攻击阿亚图拉霍梅尼的文章中,作者拿其祖上的"印度"背景称其为非伊朗人和外来者,称其为"共产主义阴谋家"[①],是殖民主义的代理人,是黑色殖民主义(指英国)和红色殖民主义(指苏联)掠夺伊朗人民的工具,是一个神经质的诗人[②]。文章大肆诋毁阿亚图拉霍梅尼,称:"正是代表封建贵族的阿亚图拉霍梅尼起来反对符合伊斯兰的政府、法律和革命,但对他来说,所有其他支持这些法律及其尊严的伊斯兰宗教学者都是被保护的。"[③]

此时的巴列维国王正沉浸在"白色革命"取得的巨大成就之中,他要通过外交展示伊朗的实力,积极进行外交斡旋。1月7日,伊朗国王巴列维前往埃及访问,与埃及总统萨达特(Mohamed Anwar el-Sadat,1918~1981)探讨中东和平问题。巴列维国王在阿斯旺发表的讲话中说,埃及正在做我们认为朝着正确方向发展的事情。萨达特则赞美巴列维国王说:"王中王展示了伊朗和埃及在建立和平上的真正亲密合作。"[④]法国《费加罗报》则评价说:"国王的访问被认为是目前(中东)和平进程的一个重要因素。"[⑤]离开埃及,巴列维国王又来到沙特阿拉伯,与哈立德国王进行了具有建设性的会谈。国王以实际行动去实践他"复兴伊朗"的梦想。为了实现巴列维国王和伊朗人民的愿望,他还积极购买武器。1978年1月8日,美国记者博纳德·温洛布(Bernard Weinraub,1939~　)在纽约时报撰文称:1977年头9个月,美国对外军售为113亿美元,其中一半销往伊朗[⑥]。这是巴列维国王要借石油和美元把伊朗的军事实力打造成世界第五大军事强国的强军计划的一部分。

当天的《消息报》于黄昏到达库姆,看到报纸上的文章,人们马上回想起1971年巴列维国王在回答法国《世界报》记者埃里克·鲁洛说的一句话:"伊朗

---

①　[奥]海因茨·努斯鲍默.霍梅尼——以真主名义造反的革命者[M].倪卫,译.北京:世界知识出版社,1980:79.

②　Mohsen M. Milani. *The Making of Iran's Islamic Revolution: From Monarchy to Islamic Republic*. Boulder:Westview Press, 1994:191.

③　Jalald-Dine Madani. *History of Islamic Revolution of Iran*. Tehran:International Publishing Co., 1996:331.

④　Gholam Reza Afkhami. *The Life and Times of the Shah*. Berkeley, Los Angeles and London:University California Press, 2009:453.

⑤　Shah, Boumedienne Join Mideast Peace Diplomacy. *Executive Intelligence Review · Middle East*, Vol.5, No.2, January 17, 1978:5-6.

⑥　Bernard Weinraub. U.S. Arms Industry Provides Guns and Jobs:Two Sides of the Arms Trade in 1977. *New York Times*, January 8, 1978.

人民瞧不起霍梅尼这种外国血统的人,因为他出生在印度,他还是一个背叛收养他的国家的卖国贼。甚至据说他还是个英国雇佣的间谍,他还受伊拉克的雇佣。"①当库姆神学院师生们看到这篇文章后,立即做出反应。那天晚上,库姆神学院学生聚集在一起,互相传看。他们又通过手抄的形式,把报纸内容传向库姆其他地方。学生们还约定:第二天上午,在学院的课堂上提出抗议。当晚,8个激进独立的教师也聚集在一起。他们认为,应对诽谤阿亚图拉霍梅尼的行为做出集体反应。一个普通老师告诉同事说:"发表这篇文章的人是想看我们的反应,如果我们不做出回应,这将意味着政府的胜利。"②他们决定罢课一天以示抗议。这些激进的老师只教少数课程,对学生的影响是有限的。库姆神学院有影响的是6位著名的阿亚图拉,要寻求他们的支持,但时间已太晚,决定第二天早上去见他们。1月8号,学生们知道了罢课的决定。一位参与者回忆说:"在老师的建议下,同学们说:'让我们去问问宗教权威人士,宗教界的神学老师,看看他们对这篇文章的看法。'"有事请教权威学者,这是伊斯兰教的学术传统。激进的学生们从一个宗教权威的家里到另一个宗教权威的家里。在路上,学生们与警察发生了冲突,还打了两个在他们看来是政府帮凶的人,并打碎了几家银行的玻璃。警察试图用拖拉机和警棍驱散学生,但没有出现严重伤亡。而后,示威者到达预定的目的地,等待阿亚图拉们的到来。

当激进老师的代表来到哈伊利(Hairi)的家,要求他参加罢课时,哈伊利立即向他的高一级别同事打了电话,他们同意罢课一天。稍后,当学生再找到他的时候,他拒绝了参加公开的抗议活动。他说:"当然,我对侮辱尊敬的阿亚图拉霍梅尼非常愤怒,我谴责它的所有方面。我知道必须采取措施,我也正在行动,但我的看法是,这样的事情必须是和平的,而不是用这种方式,要在阿扎姆清真寺(Azam Mosque)里解决,或者像法齐雅宗教学院中进行。"大阿亚图拉沙里亚马达里(Kazem Shariamadari,1905~1986)也持同样的谨慎态度。学生等了一个多小时,他才说,他要做力所能及的事情,然后给政府官员打了电

---

① 〔伊朗〕费雷敦·胡韦达.伊朗国王倒台始末记[M].周仲贤,译.广州:广东人民出版社,1981:6.

② Charles Kurzman. The Qum Protests and the Coming of the Iranian Revolution, 1975 and 1978. *Social Science History*,Vol.27,No.3,fall,2003:287-325.

话。最后,他说:"我继续这样做。我希望他们(政府官员)不再重复这样的侮辱,我能做的也就是这些。"①阿亚图拉穆罕默德-礼萨·高佩叶贾尼(Ayatullah Muhammad-Riza Gulpayigani)同情抗议者,他说:"你们要继续保持团结,继续和平示威游行,你们一定能够取得胜利。"有些人感到失望,他安抚说:"几年前,我给议会打电话,但人家一点也不在乎。"只有阿亚图拉希哈布丁·纳贾菲-马拉什(Ayatullah Shihabuddin Najafi-Marashi,1897~1990)深受感动,他在讲话中哭了。他说,他已经向德黑兰国王政府写了信,表示抗议。他多次表达对示威游行的支持。

在伊斯兰社会,宗教领袖具有很高权威。与很多宗教和派别一样,伊斯兰什叶派亦实行教阶制度,从低到高依次为:毛拉(阿拉伯文 Maula 的音译,指一般宗教学者)、阿訇(波斯文 Akhund 的音译)、乌里玛(阿拉伯文 Ulama 的音译,伊斯兰宗教学者的总称)、穆智台希德(阿拉伯文 Mujtahid 的音译)、霍贾特伊斯兰(Hujatal-Islam)、阿亚图拉、大阿亚图拉。从下到上,教阶越高,教职数目越少。毛拉通常要经过伊拉克的纳贾夫、卡尔巴拉或伊朗的马什哈德、库姆等地宗教学校的长期教育,精通《古兰经》、圣训、伊斯兰教法和神学,然后才能获得"乌里玛"的称号,意即"有知识的人"。"霍贾特伊斯兰"意为"伊斯兰教权威""伊斯兰的证明"。作为伊斯兰宗教领袖"霍贾特伊斯兰"一般只授予德高望重的穆智台希德,地位仅次于阿亚图拉。乌里玛之上,属于高级宗教权威。"穆智台希德"意为"勤奋者"。他们能够根据《古兰经》、圣训进行推论、演绎伊斯兰教法。他们发表的个人见解可以作为法律上的判断标准,所以他们在穆斯林中有极高地位。

1月8日的罢课延续到了第二天,数以百计的库姆神学院学生和神职人员走上街头,表达愤怒,他们来到马苏麦广场(the Haram of the Masumah),这时一些商店关门,商人们加入了示威游行者队伍。然后,他们到宗教学者家里。午后,游行示威者来到了警察局附近,当时有两辆卡车作为路障放在路的中间。警官下令清理道路,示威者向前行进,警察视学生为抗议,学生称,警察在挑衅。于是,有人用石块投向了银行的玻璃、警察局。警察先是对空鸣枪,抗议者四处逃散。下午5点左右,当示威者再次聚集在一起时,

---

① Charles Kurzman. The Qum Protests and the Coming of the Iranian Revolution, 1975 and 1978. *Social Science History*, Vol.27, No.3, fall, 2003: 287-325.

军警开始对赤手空拳的示威游行者进行袭击,一些人中弹身亡。示威者抬着遇难者的尸体,高呼"安拉之外别无神灵"的口号。军警的袭击持续到晚上9点,整个库姆的广场和街道上,随处可见遇难者的尸体①。奥地利学者努斯鲍默称,"军队用暴力结束了这场游行。官方报道,9人死亡,但实际上却有70人躺在棺材里。"②中国学者姚明君在其《好懂的世界格局(4)·中东的诱惑》中称:"'库姆惨案'造成约70人死亡,400人受伤。"③惨案中的具体死伤情况,说法从5人到300人不等。除了"70人"说之外,还有"5人"④说,"6人"和"至少6人"说⑤⑥,"7人死亡,多人被捕"说⑦,"8人死亡(其中两人为警察,6人为抗议者)"说⑧,"10至70人"说⑨,美国驻伊朗外交官的报告,"先是20~30人,以后又改称14人"说⑩,"6死9伤和20人死300多人伤"说⑪,"至少12人"说⑫,"80至90人"说⑬,"100多人"说⑭,"300人"说⑮等。"库姆惨案"的消

① Jalald-Dine Madani. *History of Islamic Revolution of Iran*. Tehran: International Publishing Co.,1996:336.

② [奥]海因茨·努斯鲍默.霍梅尼——以真主名义造反的革命者[M].倪卫,译.北京:世界知识出版社,1980:80.

③ 姚明君.好懂的世界格局4·中东的诱惑[M].南京:江苏人民出版社,2014:182.

④ Charles Kurzman. The Qum Protests and the Coming of the Iranian Revolution,1975 and 1978. *Social Science History*,Vol.27,No.3,fall,2003:287-325.

⑤ [伊朗]穆罕默德·礼萨·巴列维.对历史的回答[M].刘津坤,黄晓健,译.北京:中国对外翻译出版公司,1986:155.

⑥ Baqer Moin. *Khomeini: Life of the Ayatollah*. London: I. B. Tauris,2009:186.

⑦ Mark Gasiorowski,Sean L. Yom. *The Government and Politics of the Middle East and North Africa*. Boulder: Westvies Press,2017:277.

⑧ Farah Pahlavi. *An Enduring Love: My Life with the Shah: A Memoir*. New York: Miramax books,2005:273.

⑨ John Foran. *A Century of Revolution*. London: UCL Press,1994:176.

⑩ U.S. embassy memoranda of 16 and 26 January 1978 (Hooglund 1990: docs. 1282,1291). This source includes the relevant U.S. government documents captured in the U.S. embassy in Tehran and published in 77 volumes as *Asnad-i lanah-yi jasusi* (1980-1991).

⑪ Nicholas M. Nikazmerad. A Chronological Survey of the Iranian Revolution. Vol.13,No.1/4, *Iranian Studies*,1980:327-368.

⑫ Mohsen M. Milani. *The Making Of Iran's Islamic Revolution: From Monarchy To Islamic Republic*. Westview Press,1994:191;Steven R. Ward. *Immortal: A Military History of Iran and Its Armed Forces*. Washington, D.C.: Georgetown University Press,2009:213.

⑬ Jalald-Dine Madani. *History of Islamic Revolution of Iran*. Tehran: International Publishing Co.,1996:336.

⑭ 陈嘉厚.现代伊斯兰主义[M].北京:经济日报出版社,1998:315;SAVAK Memorandum of 10 January 1978 (*Inqilab-i islami*,Vol.2,No.17,1997:99.

⑮ Ali Davani. *The movement of the clerics in Iran* (*vol.7*). Tehran: Markaz-i Asnad-i Inqilab-i Islami,1998:48;Muhammad Dahnavi. *A collection of letters*,*speeches*,*messages*,*and legal opinions of Imam Khomeini*. Tehran: Intisharat-i Chapkhass,1982:285,297,299.

息传到了伊斯法罕、马什哈德等地，这些城市爆发了罢工、罢市等活动。消息传到叙利亚、科威特、黎巴嫩、阿富汗和巴基斯坦等国，一些大学师生宣布支持伊朗的抗议运动。"库姆惨案"成了伊斯兰革命的起点。

阿亚图拉霍梅尼在伊拉克的什叶派圣地纳贾夫发表讲话，强烈谴责巴列维政府。他在讲话中说："我对这一悲剧，这个大悲剧中我应该哀悼的人五味杂陈。我应该将他们提供给最尊贵的先知，愿和平与其同在，提供给无过失者，愿和平与其同在，提供给第十二伊马目，愿和平与其同在，或者提供给伊斯兰社团，给穆斯林，给这个世界上所有国家的被压迫者，或者我应该将他们提供给伊朗的被压迫民族或者库姆受尊敬的人。""伊朗觉醒的民族正在被掠夺和背弃，它历经了很多悲剧，在这些面前，它毅然坚定不移并且牺牲生命。这些人既没有权利，也没有理由，却用机枪向人民射击，据我们得到的材料，他们杀死了 70 人。然而，从不同的报告和不同媒体的报道得知，有 100 人被打死。最普遍的数字是 100～250 人死去，而来自欧洲或美国的电报则说 300 人被打死。所以，至今也没有准确的死亡数字。"[①]"现在，人民已经起来反对他，反对这个曾说全国都同意他的这个人，每个人都投票支持他血腥的白色革命。然后，库姆的起义传播到德黑兰，到呼罗珊、阿塞拜疆、卡尔曼、阿瓦士、阿巴丹，现在，伊朗全国都在进行抗议。整个民族都起来反对这个曾经宣称每一个人都支持他，国家希望他，人民支持他的人。如果有一天，美国人的刺刀拿开了，朝臣们自己会维持这个人活着。卡特应该找一天去测试一下，让这个虚弱的国家单独存在，让这里的人民单独存在，看看会发生什么。我们听到的是这些组织无非是在欺骗人民。"[②]"我希望所有的阶级，不管是乌力玛或穆智台希德，宗教学生或是市场的商人、买办，军官或是公务员，被这个邪恶的人深深刺痛的人团结起来，我们的政治组织不是独立地工作，而是彼此协作，就像这次事件中所表现出来的那样。"[③]"我希望所有的阵线团结一致。如果这个民族的所有力量都团结到了一起，那么，不公正的人将被解除武装，牛的角将被折断。"[④]

按照伊斯兰传统，人去世后，要在 24 小时内下葬，40 天以后对其进行悼念

---

① Imam Khomeini. *Kauthar*（*Vol. I*）. Tehran：The Institiute for the Compliation and Publication of the Works of Imam Khomeini,1995：421 - 422.

② Ibid：432 - 433.

③ Ibid：441.

④ Ibid：442.

活动。这种葬俗应该与阿拉伯人的对外征服战争有关。在战场上,人们不可能把人的遗体保留太长时间,迫于战事,对阵亡士兵草草安葬,继续与敌人战斗。战争取得胜利后,当活着的人分享战利品时,再祭奠死去的同伴,以慰亡灵。

1月9日,伊朗取消了两周前做出的因袭击伊朗外交使团而对意大利和丹麦的贸易制裁。美国一家法院就1977年11月巴列维国王的外甥大流士·巴列维·希尔叶(Darius Pahlavi Hillyer)在高速公路上殴打警察一事进行审判。

1月11日,美国记者理查德·维他京(Richard Witkin)在《纽约时报》撰文称:根据1974年协议,格鲁曼公司(Grumman)向伊朗出售80架F-14战斗机。文章称,这一武器交易是"帮助拯救公司的犯罪行为"[1]。

当晚,王后法拉赫前往沃尔多夫阿斯托里亚酒店(Waldorf-Astoria Hotel)参加晚宴,200多名抗议者聚集在酒店外,他们高呼口号:"国王是法西斯刽子手!""打倒国王!"[2]1月12日晚,在纽约希尔顿饭店(the New York Hilton Hotel),法拉赫王后正在发表演讲时,突然闯进了两支抗议队伍,每支都在千人以上[3]。

1月13~15日,美国众议院外交事务委员会主席克莱门特·约翰·扎布劳基(Clement John Zablocki,1912~1983)访问伊朗。扎布劳基会见了宫廷大臣、前首相艾米尔-阿拔斯·胡韦达、陆军司令格拉姆·礼萨·爱资哈里(Gholam Reza Azhari,1909~2001)和伊朗战争部副大臣哈桑·突法尼(Hassan Toufanian)等人。在与扎布劳基的会谈中,巴列维国王表示支持埃及总统萨达特的和平倡议,认为以色列不会做出积极反应,所以,要用石油为武器,对以色列施压,加快中东和平进程[4]。

1月14日,德黑兰大市场关门停业。1月14~15日,伊斯法罕商店为悼念库姆遇难者,关门两天。接下来的几天,这里的大市场也关门停业。大不里

---

① Richard Witkin. New Charges Made on grumman Moves in F - 14 Sales to Iran. *New York Times*, January 11, 1978.

② Police on Guard as Iran's Empress Dines at Waldorf While 200 Denounce the Shah. *New York Times*, January 12, 1978.

③ Gregory Jaynes. Empress, at a Dinner, Has to Cope With Protesters. *New York Times*, January 13, 1978.

④ Sullivan. Fm Amembassy Tehran to Amconsul Jerusalem Priority. Draft Date: January 17, 1978. Document Number: 1978TEHRAN00555, National Archives.

士的警察逮捕了几名试图破坏政府建筑物的年轻人。这里还举行了支持巴列维国王和政府的示威游行。

1月26日，美国驻伊朗大使威廉·H.沙利文（William H. Sullivan，1922～2013，1977年6月～1979年4月为美国驻伊朗大使）在打给美国政府的电报中，对伊朗的形势作了这样的描述和判断：1月14～15日两天，阿亚图拉沙里亚马达里接受了3名外国记者的采访，采访中，他公开批评政府，这是自1963年以来前所未有的，对政府是一种挑战，但穆斯林没有形成牢固的反国王联盟。在这两天，马什哈德、阿巴丹、阿瓦士、迪兹富尔、霍拉姆沙赫尔、舒适塔尔、赞坚等城市发生了示威游行。很多人不再相信政府的报道。到目前为止，美国人和其他外国人没有与反政府人士联系，鉴于伊斯兰原教旨主义穆斯林的排外情绪，如果阿亚图拉们不能很好地控制追随者，很可能让伊斯兰马克思主义者浑水摸鱼①。

1月30日，教育部一官员因向苏联出售情报而被处以死刑。

1月底，伊朗国王巴列维允许自由作家访问美国。

1978年1月，巴列维国王出版其新的专著《走向伟大文明》，第一部分对伟大文明作了系统阐述，第二部分为"当今世界"，第三部分为"革命时代的伊朗"，第四部分为"通向伟大文明之路"，第五部分为"我对伊朗人民的忠告"。为了扩大影响，专著翻译成英语，在伊朗英语报刊《德黑兰杂志》（*Tehran Journal*）从1月到3月连登36期。巴列维国王在书中称："一种所有人类文明的最佳元素一起被利用，以确保物质和道德水平的最好和最高标准以及所有社会成员精神和智慧的最佳状态的文明……伊朗文明的特殊力量源自其与其他文明融合、从其他文明中吸取精华，从而创造出更完整和全球性文化的能力。同样，这也是伊朗明天伟大文明之所在。"②

2月2日，巴列维国王访问印度，60多名在印度的伊朗留学生和数百名印度学生反对巴列维国王访问印度，并与警察发生冲突③。

2月3日，沙利文在给美国国务院的报告中，首次使用"革命"（revolution）

---

① Sullivan. Fm Amembassy Tehran to Secstate WashDC 6626. Draft Date：January 26，1978. Document Number：1978TEHRAN00961，National Archives.

② Mohammad Reza Pahlavi. Toward the Great Civilization. *Tehran Journal*，March 9，1978：4.

③ Shah's Visit to India Stirs Protest. *New York Times*，February 3，1978.

一词,他有理由相信,阿亚图拉霍梅尼领导的宗教运动"比它的捣毁者更能使我们相信其组织良好,有进步意义,能够抵御共产主义。它植根于伊朗人民而不是包括共产主义在内的其他意识形态"[①]。

2月8日,美国一年一度的世界人权报告出台,其中谈到4个国家的人权状况有了明显改善,它们分别是伊朗、韩国、印度尼西亚和泰国[②]。

2月10日,美国驻联合国代表查尔斯·伍德鲁夫·优素特(Charles Woodruff Yost,1907~1981)在《基督教科学箴言报》上撰文提出,伊朗等第三世界国家是成功实现了经济发展的国家[③]。

2月18日,"库姆惨案"发生后的第40天,伊朗12个城市爆发了示威游行,其中大不里士的规模最大,示威游行者与军警发生的冲突也最为激烈。大不里士是阿塞拜疆省的省会,这里也是当时伊朗国内最具影响力的宗教领导人大阿亚图拉沙里亚马达里的故乡。这里的宗教领导人计划在清真寺举行一场悼念活动,为40天前库姆的逝者举行祷告活动,以抚慰"库姆惨案"中殉难者相关的人。人们从四面八方来到清真寺。警察包围了清真寺,阻止人们进入。人们的不满情绪日益膨胀,警察朝天鸣枪。愤怒的群众高呼:"阿亚图拉霍梅尼万岁!""处死国王!"这是这次伊朗群众运动中伊朗人第一次喊出"处死国王"的口号[④]。愤怒的民众点燃了警车,袭击银行,火烧电影院,进攻酒吧,还冲击了在大不里士的复兴党总部,烧毁了停放在那里的15辆警车。在其他地方,巴列维国王、法拉赫王后及其儿子的画像被焚烧。前来镇压运动的车辆被推翻,军队向人们开枪,直至深夜12点,局势才平静下来。大不里士的冲突造成了10~500人死亡[⑤],受伤者更是不计其数,政府报道的数字是6人死亡,125人受伤[⑥],这就是"大不里士惨案"。随后又有几百人被捕。示威者抬着遇难者的

① Javier Gil Guerrero. *The Carter Administration and the fall of Iran's Pahlavi Dynasty: US-Iran relations on the brink of the 1979 Revolution*. London:Palgrave Macmillan,2016:74.

② Bernard Gwertzman. U.S. Rights Report on 105 Lands Is Bleak Except for a Few Gains. *New York Times*,February 10,1978.

③ Charles W. Yost. A Third-world Success Story. *The Christian Science Monitor*,February 10,1978:19.

④ [伊朗]费雷敦·胡韦达.伊朗国王倒台始末记[M].周仲贤,译.广州:广东人民出版社,1981:9.

⑤ Muhammad Sahimi. The Hostage Crisis, 30 Years On. *The Atlantic*,November 3,2009.

⑥ Miklos. Fm Amembassy Tehran to Secstate WashDC 7078. Draft Date:February 21,1978. Document Number:1978TEHRAN01814,National Archives. Six Die in Iranian Riot Against Government. *New York Times*,February 20,1978.

尸体,高喊:"这是现政权的又一个受害者,'萨瓦克'的又一桩罪行。"[①]3月30日、5月10日,这样的悲剧在轮番上演。鉴于此,巴列维国王政府把1月8日的事件称为20多年来最严重的一次事件。负责议会事务的国务大臣哈拉库·拉姆博德(Holaku Rambod)在议会下院发表讲话说:众所周知的共产党分子是造成大不里士历时两天流血"骚乱"的罪魁祸首,共产党和伊斯兰马克思主义者在大不里士搞起了"骚乱","这些破坏者不是伊朗人"[②]。

国王在接受英国BBC记者采访时称,库姆事件和大不里士事件是共产主义与反动势力结成神圣联盟的结果[③]。据阿什拉芙公主回忆,在大不里士惨案中,有约100人被打死[④]。在国王看来,大不里士惨案,标志着其权力削弱的开始[⑤]。大不里士惨案发生后,巴列维国王撤换了阿塞拜疆省的总督,开除了大不里士警察局长。

为了配合卡特的人权政策,巴列维国王宣布了新自由化措施,提出了包括给妇女更多自由的新自由化纲领。

赛义德·贾瓦里公布了一份伊朗的人权宣言。

2月19日,阿亚图拉霍梅尼在纳贾夫的谢赫·安萨里(Shaykh Ansari)清真寺发表讲话说:"就在我们在这里聚会之时,根据我们掌握的信息,伊朗所有的主要城市已经戒严:德黑兰、大不里士、马什哈德、库姆。一些城市完全戒严,如库姆。在其他城市,市场和其他活动中心已经关闭。我们已经得到消息,除了少数与政府有联系的商人外,德黑兰的大市场已完全关闭。""库姆的宗教学习中心已经显示出了它的价值;库姆人民和值得尊敬的宗教学生已经用他们勇敢的双手,用他们在历史上少有的勇气与政府及其代理人进行战斗,并做出了巨大牺牲。""库姆是伊斯兰的行动中心;库姆是伊斯兰运动的中心。这场运动从库姆,从城市本身,从学生,从宗教学者,从教师(愿真主支持他们

---

① 〔伊朗〕穆罕默德·礼萨·巴列维.对历史的回答[M].刘津坤,黄晓健,译.北京:中国对外翻译出版公司,1986:156.

② Miklos. Fm Amembassy Tehran to Secstate WashDC 7078. Draft Date:Beb. 21, 1978. Document Number:1978TEHRAN01814, National Archives.

③ Jalald-Dine Madani. *History of Islamic Revolution of Iran*. Tehran:International Publishing Co., 1996:339.

④ 〔伊朗〕阿什拉芙·巴列维.伊朗公主回忆录[M].许博,译.北京:新华出版社,1984:190.

⑤ 〔伊朗〕穆罕默德·礼萨·巴列维.对历史的回答[M].刘津坤,黄晓健,译.北京:中国对外翻译出版公司,1986:156.

所有人），从信仰伊斯兰的战士组成的群众开始，传播到了伊朗的各个角落。"

"我们正遭受伤害并继续受到伤害，所有这些不幸都是由签署《人权宣言》的政府和大声宣称人的自由权的政府一手造成的。过去，给我们带来不幸的是英国。现在，一边是苏联，一边是美国。我们所有的灾难都是由这些帝国主义者造成的；如果他们停止支持伊朗政府，人民就能活下去。伊朗政府授予美国顾问绝对豁免权而得到的只是几美元的回报。现在伊朗有多少美国官员，他们得到了巨大收入！这就是我们的问题——我们的财富进了美国人的口袋，就是还留下了少许，也到了国王及其帮凶手里。他们在国外购买豪宅，把人民的钱变成自己在银行的存款，从而导致民族处于贫困状态。与此同时，他们却不断重复说：'伊朗是世界上最发达的国家之一。它与美国，至少与日本处于同一水平（或许比日本还要发达些）。'这种荒谬的说法使得他们自己的道德败坏已是人人皆知。就连街角的杂货店店主都会告诉你：'国王在讲废话。'但他却厚颜无耻地侃侃而谈：我们对此无能为力。"①

法拉赫王后在其回忆录中写道："政治反对派、学生们以及在市场上的商人阶层首次与宗教集团联合起来，共同要求国王给予更广泛的言论自由并且要求提高工资待遇。对于我们而言，这次联合是非常不可思议的，那些政治反对派、学生和商人要求政体和社会整体快速西方化，但是这些毛拉和神学家们的要求恰恰是相反的……"②

同一天，伊朗关闭了驻肯尼亚内罗毕的大使馆。

2月21日，伊朗复兴党副总书记马哈茂德·贾法里安在复兴党会议上说："在大不里士造成破坏的破坏者并不是伊朗人"，"伊朗现在是而且向来是俄国和英国殖民主义者的诱饵"。在西方人士看来，这次事件有其深刻的宗教背景。依据有二：一是库姆的宗教领袖沙里亚马达里在事件中呼吁人们结束暴力；一是在大不里士首先受到攻击的是酒店，其次是电视机商店和电影院，这些都是正统的什叶派穆斯林所不能接受的。它表明，宗教界反对官方的旨在实行现代化和非宗教化的改革。当天，伊朗军队借助军车和机枪进入大不

---

① Imam Khomeini. *Islam and Revolution: Writings and Declarations*. London: KPI Limited, 1981: 212,213,221-222.

② Farah Pahlavi. *An Enduring Love: My Life with the Shah: A Memoir*. New York: Miramax books, 2005: 274.

里士。

2月22日，巴列维国王向卡特总统表示，他同意在民事法庭而不是在军事法庭审判被捕者。他还提出了加快自由化进程，建设开放社会的理念。

2月27日，在民主德国，14名伊朗留学生占领了伊朗驻民主德国大使馆，时间长达一个半小时。当警察驱逐他们的时候，他们一边退却，一边高呼口号："打倒伊朗国王！""伊朗国王是个法西斯分子！"

为了从思想上根除外来影响，复兴党组织了一系列的声讨会，抨击"马克思主义国家""共产党国家"破坏伊朗的"安定"和"前进的步伐"。有人说："红色殖民主义者想破坏（伊朗）人民需要的机关、组织和他们的生活用具，以便使伊朗人民倒霉，成为他们手中的不能自主的工具"[①]。

当天，美国记者伯纳丁·莫里斯（Bernadine Morris）为《纽约时报》撰写的特别报道中称：意大利知名时装品牌华伦天奴的创始人华伦天奴·格拉瓦尼（Valentino Garavani，1932～　）亲自从罗马飞往巴黎，再飞往德黑兰，展示为法拉赫王后制作的礼服[②]。

阿亚图拉霍梅尼在纳贾夫向阿塞拜疆人民发表讲话说："我不知道用什么语言来安慰值得尊敬的大不里士民众，刚刚丧失亲人的母亲和痛苦的父亲。我能说的就是对这些接二连三的大屠杀的谴责。""看不见的真主希望人民反对国王及其政府的声音响彻整个国家，这些声音将更加响亮。""让高尚的、可贵的、可爱的阿塞拜疆人民知道，在争取公正、独立、自由和捍卫《古兰经》的斗争中，他们并不孤立。像设拉子、伊斯法罕、阿瓦士，尤其是宗教机构的中心和伊玛目萨迪格（Imam Sadiq）的据点的库姆这样的大城市以及大城市德黑兰，已经将其声音汇入了他们的声音之中，在反对巴列维家族的斗争中，他们已经紧紧地团结在了一起。"[③]

3月5日，以处理暴乱方法不当为由，巴列维国王处理了一批警察和"萨瓦克"官员。他宣布，他正与荷兰和联邦德国（西德）政府就购买护卫舰和潜艇一事进行谈判。

---

①　Paul Hofmann. Behind Iranian Riots，A Web of Discontent. *New York Times*，March 4，1978.

②　Bernadine Morris. Paris：The Dress has Its Day. *New York Times*，January 27，1978.

③　Imam Khomeini. *Islam and Revolution: Writings and Declarations*. London: KPI Limited，1981：228，229，230.

3月6日，由于民主德国不愿处理伊朗在民主德国的留学生，巴列维国王宣布召回伊朗驻民主德国大使及其随员。

3月13日，伊朗政府宣布，根据伊朗议会通过的新法律，将释放包括261名叛国罪和颠覆政权罪在内的1 200多名囚犯。面对风起云涌的革命形势，巴列维政府称，这是"黑红联盟"在做事，并将动荡混乱的局面皆归于此①。

以色列驻伊朗大使乌瑞·卢布兰尼（Uri Lubrani，1926～　）和以色列外交官、情报官员、时任"摩萨德"驻德黑兰情报站负责人的鲁文·默拉夫（Reuven Merhav，1936～　）前往伊朗南部的基什岛拜访巴列维国王。他们两人访问巴列维国王的目的是要劝说他在财政上支持以色列的一项计划，也就是防止黎巴嫩的什叶派势力坐大，这将对以色列和伊朗的巴列维国王政府皆带来不利影响②。

3月16日，伊朗议员呼吁责难政府官员在处理上个月大不里士骚乱中的不当行为③。伊朗政府宣布重组大不里士的"萨瓦克"分支机构。这引起了伊朗人的普遍担忧。

3月25～27日，英国国防大臣弗里德里克·威廉·马利（Frederick William Mulley，1918～1995）对伊朗进行了为期3天的访问。访问期间，马利会见了巴列维国王、宫廷大臣胡韦达、外交大臣卡拉巴里（Khalatbary）、阿齐米将军和总司令艾兹哈里将军，并于离开时发表公告，强调伊朗与英国关系的重要性。在新闻发布会上，马利强调英国支持伊朗的军队建设④。

3月29日，警察在伊朗石油城市阿巴丹和首都德黑兰分别逮捕了3名散发传单和4名分发磁带的学生。

3月30日，"大不里士惨案"发生后第40天，伊朗又有55个城市出现群众性示威游行，其中15个城市出现了民众与军警的冲突，尽管此前巴列维国王曾下令，要不惜一切代价防止第三次流血事件的发生，但还是造成人员伤亡。

---

① Paul Hofmann. There Were Signs; Last Week of Real Unrest. *New York Times*，Apirl 2，1978.

② Ronen Bergman. *The Secret War with Iran: The 30-Year Clandestine Struggle against the World's Most Dangerous Terrorist Powe*. New York：Free Press，2008：15.

③ Iran Legislator Calls for Censure of Regime over Handling of Riots. *New York Times*，March 16，1978.

④ Sullivan. Fm Amembassy Tehran to Secstate WashDC7627. Draft Date：March 30，1378. Document Number：1978TEHRAN03063，National Archives.

冲突最激烈的雅兹德(Yezd)市在穆罕默迪雅(Muhammadiyyah)陵墓举行群众集会,然后,人们涌向街头,高呼口号:"阿亚图拉霍梅尼万岁!""处死国王!",举行示威游行。示威者打碎了一些银行、电影院、酒吧橱窗上的玻璃。第二天,在阿亚图拉萨杜基(Saduqi)的号召下,举行集体罢工,人们聚集在清真寺。在清真寺里,宗教领导人强烈要求被流放的阿亚图拉霍梅尼回国,释放包括阿亚图拉蒙塔泽里(Hossein Ali Montazeri,1922～2009)和阿亚图拉塔莱加尼在内被关押的政治犯,结束专制统治。会后,民众再次走上街头,与军警发生冲突。军警向示威者开枪,又造成了一些人死伤。在雅兹迪有两人被打死。在卡兹文,一个在大街上散发传单者被打死①。

3月31日,在圣城马什哈德,40多人进攻银行、酒吧等地方,警察逮捕了6人。另有80个蒙面人进攻火车站,但没有造成人员伤亡。在德黑兰的祷告中,当领祷人提到"阿亚图拉霍梅尼"时,下面发出了一阵响亮的欢呼声。

4月1日,警察又逮捕了正在散发传单和录音带的1名教师和4名学生②。

随着冲突日益升级,大阿亚图拉沙里亚马达里请求巴列维国王逮捕具有激进思想的伊斯兰领导人,以平息事态。他还向巴列维国王提供了一个名单,称一旦这些人被处理掉,伊朗的局势将走向稳定。巴列维国王不同意这一解决方案,希望通过对话解决危机③。在沙里亚马达里提供的这份名单中,有萨迪格·皓哈利(Sadegh Khalkhali,1926～2003)。皓哈利是阿亚图拉霍梅尼的学生,他早年曾参加由伊斯兰领导人赛义德·纳瓦卜·萨法韦(Sayyid Navvab Safavi,1923～1955)于1946年创立的伊斯兰激进组织"伊斯兰游击队"(Fada'iyan-e Islam)。1955年,萨法韦等主要成员被处死,该组织也被取缔。在伊斯兰革命过程中,其成员积极支持伊斯兰革命。1979年2月24日,皓哈利成为新成立的伊斯兰革命法庭的庭长。经他的手,以"在地球上传播腐败"和"反对真主"的罪名,判处了上百名旧政权官员死刑,包括巴列维国王时

---

① Sullivan. Fm Amembassy Tehran to Secstate WashDC 7662. Draft Date: April 3, 1978. Document Number: 1978TEHRAN03146, National Archives.

② Sullivan. Fm Amembassy Tehran to Secstate WashDC 7696. Draft Date: April 4, 1978. Document Number: 1978TEHRAN03201, National Archives.

③ Farah Pahlavi. *An Enduring Love: My Life with the Shah: A Memoir: A Memoir*. New York: Miramax books, 2005: 279.

期任职最长的首相艾米尔-阿拔斯·胡韦达和"萨瓦克"前领导人纳马图拉·纳西里(Nematollah Nassiri,1911~1979),因此人称"绞刑法官"。他不顾阿亚图拉霍梅尼的反对,炸掉了耗资 20 亿美元的巴列维国王为自己建造的陵墓。1979 年 5 月,他在访问阿拉伯联合酋长国时,他建议把波斯湾改名为"伊斯兰湾"。2003 年,纳兹拉·法塔赫(Nazila Fathi,1970~   )为其去世,在《纽约时报》上撰文中,引用了皓哈利 2000 年出版的个人自传中这么两段话:"我杀了 500 多个亲近王室的罪犯、数百名库尔德、贡巴德和胡齐斯坦地区的叛军、还有许多毒贩。我从未对这些判决感到遗憾和愧疚。我认为我杀得少了,有更多的人应该被杀掉,但我没有抓到他们。"[1]

4 月 2 日,复兴党左翼领导人阿布多尔马基德·马基迪(Abdolmajid Majidi)批评未能利用开放政治气氛的人,他批评一些人只会窃窃私语而不会表达自己的观点,他还提出了一个"防止颠覆综合计划",以中止目前伊朗暴力事件日益升级的局面。复兴党在大不里士纠集数千名工人、农民和贵族,举行拥护政府的示威游行。针对马基迪的讲话,4 月 4 日,《消息报》发表评论说,希望将语言转化为行动,并铲除一切干预伊朗事务的外国人的黑手。面对日益紧张的形势,伊朗两位资深的异见人士评论说:巴列维国王的"百花齐放"顷刻间变"臭了"[2]。

4 月 4 日,伊朗驻苏丹大使因挪用 14 万美元的公款被逮捕。

4 月 5 日,德黑兰报道,美国一家公司签署了一份合同,美国人要在伊朗东南部的恰赫·巴哈尔海军基地建设港口。

4 月 6 日,伊朗政府宣布破获了一起苏联间谍案,案件牵涉到了 85 岁的伊朗退休军官,这是 4 个月间第二个卷入间谍丑闻的伊朗将军。

4 月 8 日,迈赫迪·巴扎尔甘在首都德黑兰的房子遭到了炸弹袭击。一个由政府资助的地下委员会宣布对爆炸负责[3]。

4 月 9 日,由首相阿穆泽贾尔亲自挂帅,在大不里士进行了由 20 万人参加

---

[1] Nazila Fathi. Sadegh Khalkhali, 77, a Judge in Iran Who Executed Hundreds. *The New York Times*, November 29, 2003.

[2] Sullivan. Fm Amembassy Tehran to Secstate WashDC 7662. Draft Date:April 3, 1978. Document Number:1978TEHRAN03146, National Archives.

[3] Nicholas M. Nikazmerad. A Chronological Survey of the Iranian Revolution. *Iranian Studies*, Vol.13, No. 1/4, 1980:327 – 368.

的支持政府的示威游行。在首相 30 分钟的演讲中,不时为"国王万岁"的口号声所打断。在演讲中,阿穆泽贾尔承诺:加强在农业部门的人力资源投入,研究农产品价格,向农民增加农业贷款以改进农业生产设施,在大不里士解决 5 千套住房,对大不里士污水处理系统进行改造①。

在首都德黑兰,两个反对派领袖——人权委员会主席卡里姆·桑贾比(Kareem Sanjabi,1904~1995)和该组织创始人迈赫迪·巴扎尔甘——的住处遭到了炸弹袭击,他们的住处遭到全面破坏。

听说雅兹迪(Yazd)和其他一些城市的反政府事件后,卡拉吉(Karaj)卡兹尔·黑萨尔(Qazil Hisar)监狱的政治犯开始绝食,这进一步引发了德黑兰大学、艾米尔·卡比尔(Amir Kabir)大学、民族大学(现贝赫什蒂大学)的示威游行。两天后,伊朗科技大学的学生也举行了示威游行。

4 月 12 日,大不里士大学的学生组织示威游行,一个学生被打死。伊朗与苏联在德黑兰签署协议,修建从康干(Kangan)到阿斯塔拉(Astara 位于阿塞拜疆)1 240 公里长的天然气管道中的 488 公里,预计 1980 年建成时向苏联输气约 170 亿立方米。

4 月 13 日,沙利文向华盛顿提交了伊朗的人权报告。其中谈道:伊朗法律没有对"萨瓦克"的职责和预审法官的行为做出明确规定,也就意味着"萨瓦克"可以任意捕人。"萨瓦克"可以监视军事司法官员的行动。伊朗尚没有一个真正意义上的伊朗作家协会。巴列维政府称,在文学领域,只有亵渎宗教信念或攻击人民的材料才会受到限制,许多文学俱乐部可以自由写作和出版其作品。伊朗人权问题上最薄弱之处是公民的政治自由。在伊朗的历史上,没有守法的公民因其政治信仰被起诉。事实上,我们已经从各种渠道听说,有的人仅仅是拥有某些书籍,甚至是在德黑兰书店公开出售的书籍而被逮捕②。

4 月 14 日,前首相阿萨杜拉·阿拉姆(Asadollah Alam,1919~1978,1962~1964 年任首相)去世,他不仅是 20 世纪伊朗不被人注意的才俊,更重要的是他与卡瓦姆·穆克·设拉子(Qavam Al-Molk Shirazi)家族的关系。卡瓦

---

① Sullivan. Fm Amembassy Tehran to Secstate WashDC 7794. Draft Date:April 11, 1978. Document Number:1978TEHRAN03452, National Archives.

② Sullivan. Fm Amembassy Tehran to Secstate WashDC 7838. Draft Date:April 13, 1978. Document Number:1978TEHRAN03540, National Archives.

姆·设拉子家族是法尔斯省乃至整个伊朗的名门望族。数世纪以来,他们服务于众多伊朗国王。同时,也多次遭到迫害。以艾哈迈德·卡瓦姆·扫塔纳赫(Ahmad Qavam Al-Saltaneh,1882～1955)为例,五度出任首相。20世纪初,卡瓦姆·穆克团结了包括卡姆瑟(Khamseh)在内的多个组织,加强了地区的稳定[1]。礼萨·汗为了加强与地方贵族的关系,以利于社会稳定,不但把巴列维国王的孪生妹妹阿什拉芙·巴列维(Ashraf Pahlavi,1919～　)公主嫁给了卡瓦姆·穆克·设拉子的儿子阿里·卡瓦姆(Ali Qavam),还下令阿萨杜拉·阿拉姆印娶了卡瓦姆·穆克·设拉子的女儿。在这样的婚姻安排下,阿萨杜拉·阿拉姆26岁就当上了锡斯坦-俾路支斯坦的总督,29岁就成了摩萨台内阁中的农业大臣。阿拉姆的父亲在世时,他们已是伊朗东呼罗珊省省会比尔詹德(Birjand)地区拥有土地最多的大地主。据说,阿拉姆向农民分发他的财产,坚持其仆人与其家人吃一样的食物。有一次,当一个刺客在他的门口被逮住时,阿拉姆给了他40美元,然后把他痛打了一顿,把他光着屁股送到了大街上。阿拉姆是巴列维王朝任职时间最长的大臣。

4月22日,伊朗政府以反对政府为由逮捕了包括65名年轻人在内的83人[2]。

4月24日,美国国务卿居鲁士·罗伯茨·万斯(Cyrus Roberts Vance,1917～2002)要求对伊朗情况进行详细的评估,沙利文的结论是政府"强硬对待"反对派,努力化解"反对派的政治行动"。伊朗的自由化运动将不会受到反对派运动的影响,将继续进行。沃伦·克里斯托夫致信沙利文,表示美国国务院赞成其观点,并敦促他致力于伊朗首相阿穆泽贾尔在与反对派打交道时放弃"强硬策略"。

4月27日,美国总统候选人罗纳德·里根(Ronald Wilson Reagan,1911～2004)访问伊朗。

4月28日,英国保守党主席撒切尔夫人(Margaret Hilda Thatcher,1925～2013)访问伊朗。她在有400多个商人参加的午餐会发表讲话说:她希望"领导一个伟大的国家",并强调她对国际事务,尤其是非洲之角正在发生的变化特别感兴趣。她还说:"我们反对没有权力限制,直接或通过代理人一味

---

[1]　Massoume Price. *Iran's Diverse Peoples: A Reference Sourcebook*. Santa Barbara: ABC-CLIO, Inc. 2005: 164-165.

[2]　83 Are Arrested in Iran For Anti-Government Acts. *New York Times*, Aprìl 23, 1978.

限制他人自由的政权。"她称伊朗是中东地区最强大的力量,巴列维国王是世界上最富有远见的政治家之一①。

5月初,伊朗著名导演阿里·拉菲伊(Ali Rafiei)将恺加王朝纳赛尔·丁国王(Nasser ad-Din,1931～1896,1948～1896年在位)时期的改革首相米尔扎·塔基·汗·卡比尔(Mirza Taqi Khan Amir Kabir)搬上舞台。卡比尔在纳赛尔·丁国王执政最初的4年里进行经济、政治和社会改革,但被国王免职,后又被暗杀。演出在德黑兰城市大戏院举行。

5月4日,法国《世界报》记者采访阿亚图拉霍梅尼,问:"国王的亲以色列政策是你反对现政权的原因之一吗?"他回答说:"是的,以色列占领了穆斯林人民的土地,已经犯下了无数罪行,国王保持与以色列的政治关系,给予它经济支持就是反伊斯兰和穆斯林利益的行为。"②

5月6日,伊朗警察逮捕了23名参加示威游行的反对派大学生。据《纽约时报》报道:在5月上旬的冲突中,至少造成12人死亡③。5月8日,在大不里士,有3名学生被杀害④。进入5月中旬,伊朗反对派与警察在伊朗的多个城市发生冲突。希腊裔美国记者尼古拉斯·盖奇(Nicholas Gage,1939～　)称其为"15年来,国王穆罕默德·巴列维所面临的最强烈的反对"⑤。在5月18日的冲突中,又有3名警察受伤,193名示威者被捕⑥。

5月6日,法国《世界报》发表对阿亚图拉霍梅尼的采访报告。阿亚图拉霍梅尼在接受采访时表示,建立伊斯兰政府是他和整个伊朗民族的目标,但眼下整个民族的目标是推翻巴列维王朝。

5月9～10日,按美国驻伊朗大使沙利文打给美国政府的电报中的说法,美国使馆积极为库姆宗教领导人沙里亚马达里与巴列维国王之间展开对话而

---

①　Sullivan. Fm Amembassy Tehran to Secstate WashDC8117. Draft Date: May 3, 1978. Document Number: 1978TEHRAN04174, National Archives.

②　Juliana Shaw, Behrooz Arezoo. *Palestine from the Viewpoint of Imam Khomeini*. Tehran: the Institute for Compilation and Publication of the works of Imam Khomeini (International Affairs Divsion), 1999: 35 - 36.

③　New Rioting Erupts In Iranian Holy City. *New York Times*, May 11, 1978.

④　Sullivan. Fm Amembassy Tehran to Secstate WashDC 8295. Draft Date: May 12, 1978. Document Number: 1978TEHRAN04524, National Archives.

⑤　Nicholas Gage. Shah of Iran Facing Growing Opposition. *New York Times*, May 18, 1978.

⑥　Douglas E. Kneeland. 182 Iranians Face Hearings on Visa Status after Protest. *New York Times*, May 19, 1978.

积极斡旋。

5月10日，首相阿穆泽贾尔在由复兴党组织的学生集会上发表讲话称：学生要毫无保留地表达自己的思想，因为伊朗的未来取决于他们的知识、智慧、虔诚和工作意愿。他提醒说，即使最小的欧洲都没有意识到这样一个事实，他们必须有强大的军事以抵御外部的侵略。同时，欧洲的历史也表明了发展经济的重要性，因为经济上落后国家在政治上要失去已有的地位①。法拉赫王后乘坐一辆面包车视察了德黑兰南部的贫民区，出人意料的是她的身边没有警察。

由于国内局势动荡，巴列维国王只得推迟对东欧国家匈牙利和保加利亚的访问，并下令警察驱散示威者。

当天，针对政府威胁要对示威游行者予以坚决镇压，反对派准备在德黑兰举行一次全市总罢工②。

伊朗国防部与英国政府签署协议，英国为伊斯法罕小型武器弹药厂建设提供技术服务。这是3月下旬英国国防大臣弗尔德里克·威廉·马利访问伊朗的重要成果之一。

5月11日，群众聚集乔梅清真寺聆听了教长两个小时的演讲后，开始走上大街，并向纳赛尔-霍夫罗斯等进发，以冲击只有两个街区之遥的国家电讯中心。他们高呼"打倒国王"等口号。部队向示威者开枪。

政府发表公告，其中谈道："麻烦制造者将得到严厉惩处。""看起来，暴徒们以为政府的忍耐是无限的！"③宫廷大臣胡韦达发表声明，巴列维国王推迟出国访问，但没有说明推迟出国的原因。由于大学的示威游行，一些大学开始罢课。

伊朗有19个城市发生了示威游行。冲突中有100多人受伤。在伊斯法罕，有两家电影院和三家银行被砸。在设拉子，学生先是游行，而后砸银行的窗户，有50个学生被捕。在克尔曼，警察驱散了上千名示威者。在大不里士，警察驱散了一群呼喊颠覆性口号的示威者。

---

① Sullivan. Fm Amembassy Tehran to Secstate WashDC 8298. Draft Date：May 12，1978. Document Number：1978TEHRAN04526，National Archives.

② Tailor From Iran Has Few Regrets；A Life of Hard Work Optimism Is Guarded. *New York Times*，May 11，1978.

③ Imam Khomeini. *Kauthar*（*Vol. I*）. Tehran：The Institiute for the Compliation and Publication of the Works of Imam Khomeini，1995：507.

5月11日,利莎·瑟士德(Lisa Seshide)在英国《卫报》撰文《由于有7人死于宗教骚乱,伊朗什叶派迁怒于国王》。文章写道:"反对派手中的一小盒录音带正在证明比游击队手中的冲锋枪更为可怕。"它以一篇措辞激烈的反对国王的长篇演说开始,接下去便是长时间的宗教祈祷声,其后是警车警笛的嘶叫声,然后是自动武器嘭嘭拍拍的声音,最后是万籁俱静。这盘录音带是在亚兹德沙漠镇子里录制的,当时有25人被警察打死。它引人注目地唤醒了伊朗有影响的穆斯林教派最心爱的一切,即在政治压迫面前殉道牺牲——这对什叶派穆斯林来说具有历史性的动力。强有力的穆斯林好像是偶然加入反对国王的运动使局势出现一个捉摸不定的危险因素。伊朗目前正面临着20世纪60年代政治运行以来最关键的时刻"。文中还写道:"国王的问题是所有独裁者共同的问题:如何放松控制而又不失去控制。国王把过去6个月来所发生的骚乱归咎于'红色反动派和黑色反动派的邪恶联盟'。但是社会的紧张局势,未能满足的经济期望和由伊朗唯一的合法政党所造成的沉闷的政治气氛,其所起的作用比之'黑色的穆斯林'和'红色的'马克思主义者加在一起所起的作用几乎肯定还要大。""尽管表示不满,但是伊朗的反对派仍然分为不稳定的两个阵营。持不同政见的知识分子,他们既不信教也不是马克思主义者,大都是抱有自由主义见解的民族主义者。他们欢迎穆斯林的政治吼声,但是对它的根本宗旨持不信任态度。他们对待阿亚图拉鲁霍拉·霍梅尼的态度尤其如此。阿亚图拉鲁霍拉·霍梅尼由于在1963年反对国王的骚乱中所起的作用,对许多伊朗人来说,都是一个英雄。目前他居住在伊拉克的什叶派圣城纳贾夫。他把带有煽动性的录音带,和穆斯林告示——类似罗马教皇颁发的训谕——源源不断地越境送进伊朗。"

"鲁霍拉最近颁发的告示使德黑兰的知识分子极其为难。6周前,这个日益被看作是跟伊朗政治脱离接触的极端分子鲁霍拉,命令其追随者放弃恢复宪法统治的要求。他建议刺杀国王(阿亚图拉霍梅尼从未下达过这样的命令——引者注)。""反对派的力量始终在于它坚持宪法的立场,但是知识分子反对派要伊斯兰。没有伊斯兰神职人员和他们号召群众能力的支撑,伊朗革命从来没有取得过胜利,包括1906年革命。"

"穆斯林和知识分子们还必须制定一项政治纲领。他们只在反对一人统治方面是联合一致的,但是也许除了要求加强司法和立法以外,双方都没有提出任何可以真正代替国王政策的措施。""反对派的领袖人物是不存在的，像穆罕默德·摩萨台或者阿亚图拉鲁霍拉·霍梅尼这样的持不同政见的英雄人物不是死了就是在国外，摩萨台是民族主义首相，（20 世纪）50 年代初曾迫使国王一度离开王位。""石油繁荣使国王在政治上赢得了时间，但是说来奇怪，又使政治清算的日子更近了。经济上的奇迹使随时可能表面化的反对国王的情绪暂时沉寂下来了。但是，胡乱花钱和大量挥霍又唤醒了这种反对国王的情绪。在他的臣民看来，那种挥霍浪费正是伊朗经济的特点。""也许更为重要的是，在最近 3 年来，国王把所有政治的权力都抓到自己的手里。面对着预料中的经济困难，国王建立了一个只对他个人负责的帝国委员会——一个由经济方面的解难能手组成的机构。由于一切权力都牢牢掌握在王室手中，政治教育被大大地忽视了。许多伊朗人由于在政治上同制度有不一致之处，于是便在传统的反对派穆斯林中去找出路。可以想象，如果允许他们在伊朗社会中发挥较有意义的作用的话，许多人是可以拉回来的。""一个诱饵是国王对实行自由化的保证，这是一个相当含糊而矛盾的纲领，它使一些一度被取缔了的书籍和报纸又回到书店里来了，新闻出版也有了较大的活动余地。"

"西方外交官说，这些日子里国王头脑里考虑的最重要的问题就是继承人问题。把王位和平地让与王储礼萨的前景并不乐观。现存的机构很少有不是国王亲自建立的。如若有的话，也难能有十分稳固的，在国王去世后，不管是不是和平，这些机构坚强到足以存在下去的，即使有也很少。他热衷于消灭自封的领袖人物。这种做法有毁了他自己的巴列维王朝的危险。"

5 月 13 日，巴列维国王会见伊朗新闻记者，表达了与宗教领导人合作妥协的思想，希望一些宗教领导人远离阿亚图拉霍梅尼，支持国王政府的统治。

他在会见时说：一些骚乱者想把伊朗变成"伊朗斯坦"，"我们不会允许伊朗分裂，外国势力在 20 世纪初就做这样的打算。伊朗是不可分割的"。"如果你们回顾历史，你们会清楚地看到，国家大事是重复的。1907 年，伊朗被俄罗斯和英国分割。1945 年英国和美国的外交官（波斯文本为贝文和韦尔斯）与苏联外长莫洛托夫提出了将伊朗分为阿塞拜疆共和国、库尔德斯坦和胡齐斯坦省，就更不用说 1919 年要把这个国家完全交付给英国了。"①接着，他还特别提

---

① Sullivan. Fm Amembassy Tehran to Secstate WashDC 8338. Draft Date: May 14, 1978. Document Number: 1978TEHRAN04584, National Archives.

到了一些拿特殊标志的示威者(指一些人拿镰刀和斧头的标志)。国王进一步强调说,当然有一些情况是由对政府官员决策失误的不满造成的,但这些问题已经解决,没有任何理由对那些不满的人来进行报复。他补充说,最近对"暴徒"的强硬措施并不影响伊朗的政治自由化计划。在巴列维国王看来,一些宗教领导人是支持君主制的,将其视为反对共产主义的挑战,保护伊斯兰教的需要①。

英国《金融时报》1978年5月15日刊登驻伦敦记者安东尼·麦克德莫特和驻德黑兰记者安备鲁·惠特利文章:《伊朗国王面临的挑战》。

文章写道:"去年10月,主要大学的大部分学生举行了一系列罢课和示威游行。去年11月,正当华盛顿发生反对伊朗国王的示威游行的时候,德黑兰大学也发生了为期10天的示威游行。去年12月初,20多个高等教育的场所大部分不是关闭就是罢课。""复兴党在每次爆发暴力行动时作为回应就是举行群众大会,以争取虔诚教徒的支持。但是,弄巧成拙,这些群众大会反而很集中地强调说明了这个唯一得到批准的合法政党作为人们真正发挥政治不满渠道的种种局限性。""抗议运动的宗教因素有时被估计过高了。最近这股反对国王的浪潮大体上可以追溯到1977年10月29日什叶派宗教领袖阿亚图拉鲁霍拉·霍梅尼儿子的神秘死亡。这位什叶派领袖自从1963年(实为1964年——引者注)以来一直流亡伊拉克。在政府报纸《消息报》今年1月7日发表关于阿亚图拉霍梅尼的一篇文章之后,圣城库姆发生了示威游行,官方称在游行中共有6人死亡。在为这些事件的死难者举行40天哀悼结束时,全国各地、特别是大不里士相继发生骚乱。又过了40天之后,许多城市也发生示威游行,其中以德黑兰、卡兹文和亚兹德尤为突出。5月7日,即亚兹德的骚乱结束40天后,新的示威游行再度爆发了。复兴党的对策是每隔一段时间举行群众大会,规模最大的一次是4月9日在大不里士举行的,参加人数达30万人。""同这股抗议浪潮同时出现的还有对经济和社会的各种抱怨,多半是由于改革的步子太快引起的。把乡下人大批迁到城镇去,而对低收入的人来说,城镇的住房又贵又供不应求,人们认为这是发生骚乱的一个重要原因,大不里士的流血骚乱就是由于这个原因而发生的。""在这种骚乱的背景下,国王的举动

---

① Sullivan. Fm Amembassy Tehran to Secstate WashDC 8606. Draft Date: May 30, 1978. Document Number: 1978TEHRAN05131, National Archives.

受到某种严重的约束。他一面在公开场合表现出一副知道什么是对人民最有好处的严父的严酷、冷淡、而又威严的面孔,而让法拉赫王后去成功地扮演政府是慈母的角色;一面关心为他的儿子礼萨王储和继承人而做出永久性的规定的种种问题。这是特别难办的,因为他在进行深刻的社会经济改革的时候,长期以来采取高压政策,实行个人独裁。"

5月15日,当穆罕默德·巴列维国王的反对者宣布关闭商店,司机和行人不要在大街上行走的命令后,伊朗的军队和防暴警察开始在街上巡逻。

5月16日,一个不明身份的伊朗人打电话称,在洛克希德大厦(Lockheed)安放了炸弹。新闻与旅游大臣胡马云发表讲话,提醒人们不要相信制造动荡局势的流言蜚语。他呼吁学者、作家、商人和其他公民要支持对破坏社会稳定和法律行为的镇压①。当天,德黑兰大学的学生与政府官员发生冲突。针对德黑兰大学、艾米尔·卡比尔大学、民族大学、伊朗科技大学等学生的抗议活动,首都德黑兰的大学校长们开始讨论解决问题的方法。这时,伊朗媒体发表公告,巴列维国王和法拉赫王后将出访东欧。

5月17日,在"政治犯日"到来之际,法文报纸《德黑兰报》刊登了意大利共产党领导人致伊朗人民党的一封公开信。信中表达了意大利共产党人对伊朗人民党为伊朗人民争取自由的支持。1916年,伊朗工人在巴库建立"正义党"。十月革命后,正义党成员返回伊朗参加斗争,1920年,正义党召开第一次代表大会,决定将正义党改名为"伊朗共产党",并通过了党的纲领和章程。随着美国与英国对伊朗经济命脉的控制,在20世纪20年代,伊朗共产党遭到镇压,党组织陷于瘫痪。1941年9月,53名伊朗马克思主义知识分子在拉蒂马什等人的领导下,在苏联的支持下,重新建党,定名为伊朗人民党(Tudeh Party)。1943年发展至伊朗全国。1944年8月,人民党一大召开,通过五点纲领,称该党是工人、农民与手工业者劳动阶级的政党,目标是建立君主立宪制,确保宪法规定的自由。1945年,该党党员有9人被选入议会②。1948年,人民党二大召开时,党员已发展到20万人,3人进入内阁。1949年、1953年遭巴列维国王镇压,党的领导人和党员大批流亡国外,党中央总部迁到了德国的莱比锡。

---

① Sullivan. Fm Amembassy Tehran to Secstate WashDC 8403. Draft Date: May 17, 1978. Document Number: 1978TEHRAN04705, National Archives.

② Helmut Richards. America's Shah Shahanshah's Iran. *MERIP Reports*, No.40, 1975: 3 - 26.

1959 年,人民党与阿塞拜疆民主党合并。1965 年分裂出"伊朗人民革命组织"。

英国首相伦纳德·詹姆斯·卡拉汉(Leonard James Callaghan,1912~2005)在英国下院发表讲话说:"我们支持伊朗进一步的自由行动——伊朗国王真正专注的事业——我们坚定站在这个国家的立场之上。"巴列维国王对这一表态迅速做出回应,他说:"我们无论如何也不能放松必要的军事威慑。"①作为英国政治家,卡拉汉有两个"英国之最"。一个是他为英国历史上最长寿的首相,一个是他为英国历史上唯一一个曾经出任首相、财政大臣、外交大臣和内政大臣四个内阁大臣职务的政治家。

5 月 18 日,尼古拉斯·盖奇在《纽约时报》撰文称:"上周在伊朗的一些主要城镇发生了历时 4 天的流血骚动后,巴列维国王面临着 15 年来对其执政最强有力的反对。""然而,这位国王似乎并不感到特别担忧。上周,他在一次记者招待会上说,他打算继续奉行他目前的政策。当全国都在传说即将爆发更激烈的示威时,国王在昨天飞往保加利亚进行国事访问。""国王最强有力的反对派是由支持阿亚图拉霍梅尼的穆斯林传统主义者组成的。"②

5 月 21 日,40 名伊朗年轻人在诺克斯维尔市(Knoxville)中心外举行示威抗议,他们高举上面写有抗议伊朗压制人权和美国支持伊朗政府的牌子③。当晚,圣城库姆的一交通警亭遭到炸弹袭击,警察逮捕了 15 人。

5 月 22 日,世界作家协会一致通过决议,谴责伊朗政府践踏人权。在美国,纽约城市大学帮助说服美国相关官员,拒绝接受伊朗民族大学中心 10 万美元的赠款,以用于监控美国的伊朗学生④。

5 月 24 日上午,美国驻伊朗大使威廉·H.沙利文与巴列维国王就伊朗局势进行了长谈,国王表示,他将继续其自由化进程,称其为现代化进程中一个自然组成部分。他认为伊朗最大的危险不是来自宗教反对派,而是马克思主义的"神职人员",这些人永远不信宗教。他对阿亚图拉霍梅尼有很深的成见,

---

① Imam Khomeini. *Kauthar* (*Vol. I*). Tehran: The Institiute for the Compliation and Publication of the Works of Imam Khomeini,1995:508-509.

② Nicholas Gage. Shah of Iran Facing Growing Opposition. *New York Times*, May 18, 1978.

③ Richard Halloran. Carter Seeks to Reassure T. V. A.; Officials Are Criticized. *New York Times*, May 23, 1978.

④ Gene I. Maeroff. Mideast Gifts to U.S. Schools Pose Questions of Influence. *New York Times*, May 23, 1978.

觉得他是一个难以满足的人。尽管如此,巴列维国王还是希望能通过中介机构与阿亚图拉霍梅尼达成谅解。他还表示,在未来几天,他将到马什哈德拜谒伊马目礼萨的陵墓,借此与宗教领导人会谈,并将此视为与宗教反对派和解的出发点①。

伊朗内政部宣布,1979年的议会选举,由于人口的增长,议员总数将由目前的286人扩大到335人。德黑兰将分为45个选区,所有人都可参加特定选区的选举。

5月25日,伊朗西南部马龙(Maroun)油田正在钻探的油井发生爆炸,大火延续五天后,伊朗只得请美国德克萨斯的"红色阿戴尔"消防队(Red Adair's)前来灭火。

5月27日,新闻和旅游大臣胡马云举行新闻发布会,就一些公众关心的问题给出看法,他在会上说:凡宣布忠于国家和君主的人将享受到公平待遇。在回答"为什么伊朗政府镇压持不同政见者"的提问时,胡马云回答说:伊朗政府"邀请所有爱国分子和拥护君主制的人挺身而出,说明他们的情况。"当提及在美国的伊朗学生时,他说,那些违法的被驱逐者不配得到伊朗政府的支持。5月29日,法国的《德黑兰日报》发表社论说,胡马云的讲话把要推翻国王统治的阿亚图拉霍梅尼和温和地承认国王统治的宗教人士做了区别,也对国民阵线内的革命左派和"民族主义者和自由主义者"做了区别②。

5月30日,伊朗反对派领袖巴扎尔甘告知美国驻伊朗大使馆:"如果国王准备执行宪法的所有规定,那我们就准备接受君主制并参加选举。"③

5月31日,德黑兰大学的2 000名学生因反对男女合校而发生砸门窗,毁家具事件。在同治安人员搏斗中,至少有100多人受伤。理工大学挂起了阿亚图拉霍梅尼的巨幅画像。第二天,建筑大学也挂出了阿亚图拉霍梅尼的巨幅画像。

阿亚图拉霍梅尼在伊拉克纳贾夫的谢赫安萨里清真寺发表重要讲话。他

---

① Sullivan. Fm Amembassy Tehran to Secstate WashDC Priority 8528. Draft Date:May 24,1978. Document Number:1978TEHRAN04982, National Archives.

② Sullivan. Fm Amembassy Tehran to Secstate WashDC 8636. Draft Date:May 31, 1978. Document Number:1978TEHRAN05177, National Archives.

③ 陈安全.伊朗伊斯兰革命及其世界影响[M].上海:复旦大学出版社,2007:138.

在讲话中说:"现在,伊斯兰法中的哪一条在伊朗的政府体系中被重视了?《古兰经》和伊斯兰法律当中大量的内容是关于压迫的,同样也是有关压迫者的,然而,伊朗国王和伊朗政权能说得上是公正的捍卫者吗? 社会公正的捍卫者?伊斯兰公正的捍卫者? 他们不是在自欺欺人和愚弄整个民族吗? 巴列维国王及其帮凶在何种程度上认识到《古兰经》的价值? 尊重《古兰经》意味着把它印出来,为了愚弄人民而分发给他们吗?""他们是根据宪法行事吗? 即使成吉思汗都是按照法律规定行事,像他这样的人和蒙古人也这样做。今天的成吉思汗(指巴列维国王)做蒙古人尊重宪法的事情了吗? 他们的选举尊重统一标准了吗? 他们的议会候选人有明确的标准吗? 他们的议员尊重法律了吗? 他们所做的哪一件事可以称得上遵守了宗教法,或世俗法,或宪法?""他们对我们的教育体系考虑了多少? 如果他们这样做了,那么,为什么伊朗的学校不是全部关闭就是部分关闭? 为什么大学的课停了下来? 这是因为政府没有让大学独立发展。这些被剥夺了教育机会的学生的诉求是什么? 政府应该表现出对学校的哪些尊重?""我们的军队在美国顾问的领导下服役,后者被赋予了安全豁免权,而前者完全由他们指挥! 为什么军队要如此蒙羞?""专制! 伊朗目前就是一个专制的国家。""国王陛下给予我们的是哪种自由? 这种说法本身就是犯罪。说'我给予自由'本身就是一种犯罪。自由属于人民。法律赋予人民自由。真主给人民自由。宪法给人民自由。在这个世界上,'我给(自由)'意味着什么?""它是一种对人民的愚弄。""然而,在另一方面,政府已经把所有地方一切有价值的东西交给了美国、犹太复国主义者或英国的公司,他们以国有化的名义去实施。他们把我们的森林、牧场、水源、河流、地下水等拱手相让。""这就是我们的生活,这就是我们伟大的文明,在侯赛因殉难纪念日到来的前夕,我们的年轻人被逮捕和关押。""人们一定要纪念侯赛因殉难日,如果可能的话,通过喊叫和哭诉,制造动荡,举行示威游行来纪念。如果不行的话,那么,就通过消极抵抗,在家里静坐的方式来纪念。""同时,国内所有组织,不管哪一支,互相商议,学者与教法学家建立统一战线,军人与商人建立统一战线,学术机关与大学建立统一战线,流动的人与固定的人建立统一战线非常重要。这些统一战线间也应该互相协商,彼此考虑到对方。""你们必须团结。""我们有义务团结一致。""穆斯林必须按计划行动。""我祈求真主让伊朗人民醒来,祂可以提高他们的觉悟。祂可以保护神学中心。祂可以削弱外国人及其代理人的军队在这个国家的存在,实现所有伊斯兰国家的团结。"①

6月1日,伊朗《世界报》刊登巴列维国王在马什哈德的讲话:"如果我们的爱国者不能保护这个国家,伊朗就将完全走向另一面——成为人民党的了。只要爱国者,武装部队和我还在,我们就决不让这种情况发生。"他还批评学生说:"一些人制造混乱,造成学校关门,旨在使伊朗成为一个没有文化知识的国家。"②当天,胡商·安萨里(Hushang Ansary,1926~)辞去复兴党建设派领袖一职。安萨里是 1977 年接替胡韦达首相的两个人选之一,最终巴列维国王选定了阿穆泽贾尔,安萨里成了复兴党建设派领袖。伊朗裔美国学者阿拔斯·米拉尼(Abbas Milani,1949~)引用了安萨里前妻评价巴列维国王的这一任命:"没有任命胡商是国王导致革命的两大错误之一。"③

6月2日,查尔斯·霍利(Charles Holly)在英国《苏格兰人报》撰文《什么事情使伊朗国王烦恼不安?》。文中谈道:

"'我们将不允许伊朗像本世纪初由外国策划的那样,被瓜分成几个势力范围。'在他本人控制下的一党制是防止伊朗分裂的唯一保证。""伊朗各个城市的骚乱首先是经济和宗教的原因。那些没有像他们所希望的那样从伊朗的经济奇迹中获得好处的人深感失望,而虔诚的人对于这些经济奇迹所带来的西方影响也深感不满。""这位国王看到左翼革命者在土耳其东部煽动库尔德民族主义——而在与之毗邻的伊朗的库尔德人则是这个国家最大的少数民族。而且,伊朗的大部分石油蕴藏在他们生活的地区。国王认为这种煽动库尔德人的做法也是苏联的阴谋。他把所有这些事态发展都看成是莫斯科策划阴谋活动的一部分,这也许不对,但是,他把它看成是对其统治的极大威胁,这是不错的。人们总是常常忘记伊朗是一个真正的帝国,它的波斯人实际上不到全国人口的一半。""伊朗的陆地边界很少有某个地方全是波斯人居住的。在边境地区居住的都是阿拉伯人、库尔德人、阿塞拜疆人、土耳其人、土库曼人、塔吉克人和俾路支人。每一族人同边界那边的同族关系都很密切。这些

---

① Imam Khomeini. *Kauthar* (*Vol.* Ⅰ). Tehran: The Institiute for the Compliation and Publication of the Works of Imam Khomeini,1995:511,512,513,514 - 515,516,520,523,524,531.

② Sullivan. Fm Amembassy Tehran to Secstate WashDC 8675. Draft Date: June 2, 1978. Document Number: 1978TEHRAN05246, National Archives.

③ Abbas Milani. *Eminent Persians: The Men and Women Who Made Modern Iran*, *1941 - 1979*. New York: Syracuse University Press, 2008:83.

少数民族的任何一种脱离主义或民族主义运动,无论是在伊朗境内的或是在其邻国的,对德黑兰的控制都是一种严重的威胁。"①

6月3日,鉴于警方和示威学生间的冲突造成数十人受伤,伊朗德黑兰大学的学生宿舍被关闭。

6月4日,尼古拉斯·盖奇在《纽约时报》撰文中说:"巨大的石油财富、巨大的军事力量和日益升级的社会动荡在这块幅员辽阔的土地上正在形成统一战线。伊朗国王正面临来自穆斯林神职人员的挑战。"②

6月初,在印度的伊朗留学生举行示威游行,抗议巴列维国王的高压政策。

6月5日,数千名伊朗留学生在美国首都华盛顿举行示威游行,纪念1963年6月5日伊朗人民的反抗运动。

6月6日,巴列维国王免除了国家安全情报署署长纳马图拉·纳西里的职务,让他充任驻巴基斯坦大使③。纳西里在1953年的政变中承担了重要任务,当年5月24日晚10点,他按照巴列维国王的指示,将巴列维国王罢免摩萨台首相和任命扎黑迪为新首相的两个命令亲自交给摩萨台本人,摩萨台将纳西里将军交给了城防司令,并被关入监狱。纳西里因帮助国王推翻摩萨台的政权而声名狼藉。1965年,他接替哈桑·帕克拉万(Hassan Pakravan,1911~1979),任"萨瓦克"领导人。1979年2月16日,纳西里在经过简短的审讯后,被处死。

6月7日,巴列维国王任命国家安全情报署副署长纳赛尔·穆贾达姆(Nasser Moghadam,1921~1979)接替纳西里,为伊朗国家安全情报署署长。穆贾达姆曾任国王警卫队司令、德黑兰军事长官和国家警察的负责人④。

6月12日,伊朗国王巴列维在向院士发表讲话时说:伊朗政府将继续奉行"自由化政策"。为了在法律许可的"范围内"得到最大限度的自由,出现动乱是必须付出的代价。

为了悼念40天前死亡的20多位殉道者,6月16日,反对派领导人阿亚图拉卡齐姆·沙里亚马达里号召人们"待在家中,停止买卖"。

---

① Charles Holly. What Makes Shah Worry about. *The Scotsman*, June 2, 1978.

② Nicholas Gage. Shah of Iran Faces Challenge Headed by Moslem Clergy. *New York Times*, June 4, 1978.

③ Secret Police Chief in Iran Transferred To A Post as Envoy. *New York Times*, June 7, 1978.

④ Chief of Intelligence Gets Iran Police Post. *New York Times*, June 8, 1978.

　　同时,阿亚图拉霍梅尼在伊拉克发出呼吁,再来一次已经搞过的悼念仪式。他说:为了对政府提出有效的抗议,再一次地悼念死者是必要的。

　　6月19日,3名议员脱离执政党而恢复极端民族主义的泛伊朗党,同时另外3名议员说,他们"很早以前"就抛弃了这个执政党,于是,在伊朗议会里出现了两个明显不同的派别。

　　6月20日,英国情报局局长克莱顿·左库斯(Criton Zoakos)给伊拉克复兴社会党(the Baath Party)副秘书长萨达姆·侯赛因(Saddam Hossein,1937~2006)一份备忘录,其中谈道:"伊拉克领导人必须审判并使伊朗什叶派领袖阿亚图拉霍梅尼保持沉默。他指挥反伊朗国王的行动应被逐出伊拉克,因为霍梅尼是以色列情报部门的代理人。"[①]他还写道:"除非认真考虑以下几点,在'反共掩盖下'公开地反阿拉伯国家、反巴勒斯坦和以色列与伊朗联盟,否则,伊拉克领导人将帮助他们完成任务,应重新考虑下面众所周知的事实:第一,驱使他们搞乱伊朗国王背后的战略目标;第二,卷入这一情报战的地下网络工程。""什叶派神职人员、所谓的人民党(共产党)、巴哈教派、'萨瓦克'内部与摩萨德有联系者、伊朗秘密特工攻击伊朗国王的战略目标是结束20世纪50年代使国王上台的权力安排。众所周知,这一权力安排主要是基于亲美与亲英的伊朗政治精英对等地分享权力。"[②]他最后得出结论:首先,结束这种权力分配格局,旨在建立一个坚决反阿拉伯的伊朗-以色列轴心;其次,重整军备,实现伊朗的地区霸权;第三,在石油政策方面挑起沙特阿拉伯与伊朗的冲突,最终导致"欧佩克"解体。

　　6月26日,北爱尔兰中东问题专家丹尼斯·马林(Denis Maceoin,1949~)在《美国新闻与世界报道》撰文《"谁也推翻不了我,我有强大的力量"》,公布了他对巴列维国王的独家采访记录,全文如下:

　　问:陛下,伊朗最近的示威游行和上街闹事浪潮的原因是什么?你是否感受到了这一局面的严重威胁?

　　答:有些事件是对我的个人报复问题,其次是一些穆斯林阿訇从宗教角度出发对我们的现代化计划所做的反应。共产党人也积极活动。我们这里有

① Saddam Hussein Must Stop Israeli Agent Khomeiny. *Executive Intelligence Review* · *Third World*, Vol. 5, No. 25, June 27, 1978:5-6.
② Ibid.

一种奇怪的现象,就是一些反动的组织和左翼分子搞在一起。谁也推翻不了我。我得到了 70 万军队、所有工人和大多数人民的支持。我所到之处,处处有支持我的想象不到的表示。我有强大的力量,反对派在力量方面无论怎样都不能与政府相比。不管怎样,我们总是有一些人感到不满,袭击电视转播站,银行甚至学校。左翼和右翼的激进分子联盟将继续下去。

问:你怎样解释反对你执政的浪潮?

答:两年以前,我曾决定,改变伊朗的条件需要一项自由化计划。我的政治反对派的活动自由增多了,这使他们能积极反对我,由于自由化,我一直没有施展我的力量。从前背叛祖国或参加了共产党的许多人现在都说话了,他们对外国记者发表谈话,还获得了保护自己的法律条件。他们甚至对我个人进行攻击。但是让他们做他们想做的事吧。他们愿意让我把他们关进监狱,使他们成为烈士,但是我不会那样做。经济发展也出现了衰退,共产党人一直是连人民的最轻微的不满情绪都要加以利用。但是我们正在消灭本国的无产阶级,穷人将发现他们的机会已经到来。他们将可以享受到革命的全部果实。

问:是左派还是右派对你执政提出的挑战更难应付?

答:并不是站在反对派立场的所有信教的人都是坏人。我们一直在与他们中的一些人进行接触。然而,左派正在利用局势——局势对那些迄今为止还没有完全被吸收进我们的发展事业的城市贫民,以及对我们的官僚机构完全感到厌倦的人民具有吸引力。爱国的人民和军队决不允许这个国家分裂。但是如果是外来干涉的问题,那么最危险的势力肯定是左翼。

问:在伊朗国外是谁支持你的反对派?

答:我将不点一些具体国家的名字,但是国际共产主义势力和颠覆势力在这里积极活动着。国外的一些组织也得到巨额的财政支持。以在美国的伊朗学生为例,只有不到 10%的人是马克思主义者,但是他们组织得很好。我们知道他们从一些设在西德的组织那里取得金钱。

问:你是否打算建立一个两党制国家?

答:不。首先,我们要为我们的人民提供保健和教育,直到大学毕业。在政治方面,他们将拥有在直接选举中投票的权利。由于有文化,他们会知道什么最符合他们国家的利益。过去,我们实行过两党制,一个党总是主宰一切而排斥少数。现在我们将有一个单一的党,但是在这个党内,将有辩论和商讨的余地,各个派别可以竞赛。将通过选举产生立法机构。每个地点有数名候选人参加竞选。立法机构可以对政府投反对票,如果他们认为政府在某一特定问题上犯了错误的话。从村议会到省议会一直到全国议会,人民都有选举权。

问:如果政治示威游行变得严重时,你是否将继续实行严密的控制?

答:自由化将继续下去,我把法律和秩序看作是另外一个问题。任何政府不管其政策如何都有实施法律和秩序的责任。但是如前所述,伊朗演变和发展的进程要求我们社会的自由化继续下去。

问:在伊朗的人权方面,你正在做些什么?

答:我们已经释放了许多政治犯。政治犯人数已由 3 300 人减少至 2 000 人以下。还会有政治犯获释,如果他们悔改的话。

问:你在执行把伊朗变成一个现代化国家的计划方面,取得多少进展?

答:在 5 年的时间内,我们将生产出钢、铜和铝,从而为工业发展提供一个坚实的基础。10 年之内,我们希望达到欧洲今天的水平。这将是不容易的,但是在 20 年内,我们希望成为一个完全先进的国家。我们的目标是建成一个工业体系,不再以石油作为我们主要的收入来源。要知道,在这个时期内我们的人口将增加 1 倍,为了使我们的每人平均收入增加 1 倍,我们必须使国民收入 4 倍于现在的石油收入。

问:如果你出了什么事,你的儿子礼萨王储是否准备继承王位?

答:他的培训时期还没有真正正式开始。他现在已快 18 岁了,正在学校进行最后的考试。考试之后,他将去美国进行一年的飞行训练。在他回来之后,我们将开始向他传授经验[1]。

6 月 27 日,《亚洲华尔街日报》驻德黑兰记者莫顿·康德拉克(Morton Matt Kondracke,1939～)在该报撰文《伊朗:一个"安危系于一人之王国"的变化》。文中写道:"'查多尔'是一种又长又厚的袍子,颜色通常是深黑色的。""穿'查多尔'的人正在增加,甚至在大学校园里也有人穿。""'查多尔'再次流行起来是穆斯林原教旨主义复活的一个象征。这种情况对国王如果说不是威胁的话,也是一种挑战,""原教旨主义的趋势反映了人们对西方式的现代化所表示的失望和幻灭,又是受到外来文化冲击的社会恢复熟悉的价值准则的一

---

[1] Denis Maceoin. None Can Overthrow Me, I Have A Powerful Force. *U.S. News & World Report*, June 26, 1978.

种尝试。""土耳其感到，由于它同希腊发生冲突而被西方抛弃了。""从历史上看，毛拉是国王政治上的盟友，又是其政策上的死敌。"[1]

6月29日和6月30日，在克尔曼沙赫，人们冲出清真寺，砸碎了银行的玻璃。治安人员用催泪瓦斯将他们驱散，并逮捕了15人，其中有一名阿訇。同时，在设拉子也发生了类似事件。

6月，民族阵线中的3位重要领导人——沙赫普尔·巴霍蒂亚尔（Shahpur Bakhtiar，1914～1991）、大流士·福鲁哈尔（Dariush Forouhar，1928～1998）和卡里姆·桑贾比发表了致国王的公开信。公开信再次呼吁巴列维国王按照宪法治理国家，结束自1974年以来实行的"复兴党"一党专制；出版自由、释放在押政治犯；通过民主选举的方式组建新政府。在法拉赫王后看来，这3人公开提出这样的主张，是前所未有的，背后应该有美国的支持[2]。

7月4日，伊朗国王巴列维下令，禁止王室成员经商，从事营利性商业活动[3]。

7月9日，尼古拉斯·盖奇在《纽约时报》撰文中写道："在过去20年里，美国向伊朗出售了价值180多亿美元的武器，并帮助它组织和装备了一个庞大的安全体系，这个安全体系使伊朗的统治者巴列维国王能牢牢地控制着这个国家。""为了换取这种支持，国王让他的国家承担了保护波斯湾这至关重要的航道的义务——西方国家所有石油的一半以上由此输出。此外，伊朗国王每年为购买武器和为了发展他的国家而购买美国技术所花的钱差不多偿还了美国花在购买伊朗石油上的每一美元。""这种互利的安排所形成的两国间的关系比之美国与其他任何一个发展中国家的关系都更牢固。同时，这种关系也遭到了伊朗国内反对派以及美国人（其中有些人是国会议员）的尖锐批评。""迈赫迪·巴扎尔甘在解释这些游行时说：'只要你看到一线光明，你就再也忍受不了黑暗了。'"反对派的一位领导人E. K.拉希吉律师说："没有美国的支持，国王就不能继续做一个独裁者。""美国顾问帮助组织安全部队，特别是秘

① Morton Matt Kondracke. Iran: The Change of A Kingdom Its Safety Depending on One Person. *The Wall Street Journal Asia*, June 27, 1978.

② Farah Pahlavi. *An Enduring Love: My Life with the Shah: A Memoir*. New York: Miramax books, 2005: 280.

③ Flora Lewis. Shah of Iran Forbids Royal Family To Make Profits on Business Deals. *New York Times*, July 4, 1978.

密警察武装,训练这支武装的高级军官,并为他们提供最新式的警察装备,这也是众所周知的事实。美国帮助保安武装驱散示威游行而提供的供应品有:5万枚催泪弹、356 000个防毒面具和4 300支枪。""国家安全情报署共有4 000多名特务和5万多名拿津贴的情报人员。""这些情报人员不仅渗入了反对派组织,而且渗入了政府各部以及包括美国大使馆在内的大多数外国使团。""他们几乎无所不在。""1974年,土耳其侵略了塞浦路斯以后,美国国会便对土耳其实行了武器禁运,作为报复,土关闭了用于监听苏联活动的美国基地。自那以后,伊朗便成了收集苏联情报的中心。同时,还对受苏联影响很大的伊拉克和阿富汗进行监听。甚至对中东的友好国家进行监听。""中央情报局在伊朗国内的一个主要目标是侦察武装部队对国王是否忠诚。伊朗国王的权力就是靠这支武装部队来维持的。""伊朗空军购买了最先进的喷气式战斗机,其中包括141架F-4E、40架F-14A和20架F-14。订单上还有20架F-14和160架F-16,后者将在7年内提供。""大约有1 100名美国军人正在教伊朗人如何使用并维修他们所购买的先进武器。在向伊朗出售军备的(美国)私人公司中工作的美国退休军官的人数是大量的,从而使得帮助伊朗进行军事训练的美国人的总数达到8 000人之多,或者说,等于在伊朗的美国人的1/5。"一位美国高级官员说:"自从越南灾难结束以后,美国便感到很难再卷入直接的战斗了,即使是为了保卫这一地区的石油资源和运输线也是一样。伊朗已为我们承担了这一角色。""迄今为止,还只有一次要求伊朗发挥这样的作用,那是在阿曼。为了镇压在佐法尔南部地区发生的共产党支持的叛乱,几年中,伊朗向阿曼派去了35 000人的军队。1977年12月,伊朗和阿曼宣布,为了保卫霍尔木兹海峡,他们将共同负起责任来。这是一条20英里长的海峡,非共产党国家所使用的石油的2/3要经过这里输入世界石油市场。虽然伊朗没有在伊拉克参加任何战斗,但是它帮助抗击了这个长期得到俄国人支持的国家向阿拉伯联合酋长国、巴林、科威特和卡特尔等波斯湾盟国输出革命的努力。上述国家都位于波斯湾。伊朗也在红海地区推行美国的政策目标,在索马里,俄国人滚蛋以后,它运去了武器。在埃塞俄比亚与莫斯科关系热乎以前,它提供了经济援助。对于苏丹和埃及,伊朗则给予物质上的和外资上的支持。对于萨达特总统的中东和平主义行动,国王从一开始就给以热情支持。美国外交官们认为,阿富汗事态发展——一个共产党支持的派别在这个国家夺权,使美国更有必要与伊朗国王坚定地站在一起。"

伊朗国王对以色列采取支持态度,这是美国外交官提出的认为美国应与其保持密切关系的又一理由:他们指出,在 1973 年阿以战争中和阿拉伯国家随后采取石油禁运期间,国王继续向以色列和美国供应石油。伊朗首相贾姆希德·阿穆泽贾尔在解释伊朗的政策时说:"我们向想买石油的任何人出售石油,我们不把政治与石油搅在一起。"

伊朗国王能为华盛顿充当代理警察是由于他在阿曼的武装部队的战斗效能,阿曼是伊朗部队唯一受到战斗考验的地方。伊朗军队的作战能力没有得到高度评价。美国军事专家说,武装部队的情况正在好转,首先是在使用国王为其购买的先进武器方面有了改善。但是其他人认为,伊朗空军如果没有美国的直接帮助,就不能作战,而伊朗要战胜像伊拉克这样的死敌,靠的就是空军。一位伊朗将军私下坦白地说:"如果没有美国人维持均势和驾驶我们的飞机,一遇战事,我们只要两天就会瘫痪了。不幸的是,我们本国人没有驾驶飞机的技术。"1980 年 9 月 22 日,萨达姆发动侵略伊朗的战争,就是轻信了西方人借此进行的宣传。

"对于美国来说,伊朗的价值不仅有着战略上的意义,而且有着经济意义。它在经济上的利益是显而易见的。伊朗购买武器的钱,为实现工业化而进口产品和劳务的钱以及在投资方面的费用、在美国接受教育和旅游等所花的钱加起来便使美国获得相当大的利润。去年美国从伊朗获得 60 亿美元,付给伊朗的是 35 亿美元,这笔钱全部花在了购买伊朗石油上。""当美国人卖东西给伊朗时,他们同时还卖给伊朗劳务(专家),以教会他们操作并修理这些产品。""反对派中许多人都表示了亲美情绪,因为他们把伊朗实行自由化归功于卡特总统重视人权的结果。"[1]

至于巴列维国王政府是怎样从美国购买武器的,盖奇没有说,不过,美国前驻伊朗大使沙利文作了交代。在 20 世纪 70 年代初期,美国军事顾问团来到伊朗,主要充当伊朗采购武器的代理人。"伊朗当局拿出军需采购单,军事援助团就负责用伊朗石油收入所提供的资金在美国购买采购单上所列的军

---

[1]　Nicholas Gage. U.S.-Iran Links Still Strong; Move toward Libereralization. *New York Times*, July 9, 1978.

事装备。那时,伊朗的石油收入似乎是用之不竭的。"①按照巴列维国王的计划,到 1980 年 1 月,伊朗将拥有一支用最现代化武器装备起来的 70 万人的常备军,并有 F－15 和 F－16 战斗轰炸机作为后盾②。巴列维国王的这一军备计划基于他对国际形势的判断。1977 年 6 月,他在接受美国新任驻伊朗大使威廉·H.沙利文递交的国书后,与其进行了一个半小时的长谈,沙利文写下了这样一段话:"他认为苏联人正在包围阿拉伯半岛,在非洲之角建立立足点,把势力伸进中非,并策划最后夺取对波斯湾石油资源的控制权。他认为苏联人在核武器方面已赶上了美国,同时继续扩充常规力量,其规模终将压倒欧洲。从这一切可想而知,国王认为伊朗所处的重要战略地位,需要美国给予最密切的友好的关注。"③

7 月 10 日,复兴党第三派提出反通货膨胀和其他经济政策,主要内容包括:降低消耗,增加产量,解散行会商会,结束进口垄断,通过加大对高收入阶层征税力度的新税收政策来消除对工薪阶层的压力。

7 月 11 日,伊朗律师协会执行委员会选举进步派哈桑·纳齐埃(Hassan Nazieh)为主席,阿布多尔·卡里姆·安瓦利(Abdol Karim Anvari)和黑达亚图拉·马丁·达夫塔里(Hedayatollah matin-daftari)为副主席。第二天,纳齐埃宣布,律师协会将为争取司法独立和个人自由而努力。伊朗法学家协会也宣布,为实现法律的公平公正而奋斗,声称取消特别法庭。

7 月 12 日,经济和财政大臣穆罕默德·叶嘎纳(Mohammed Yeganeh,1923～1995)发表讲话,对该建议提出了严厉批评。同时,他也含蓄地接受了向富人增税的建议。他说,在伊朗的 3 万家企业中,只有 12 000 家企业有纳税记录。叶嘎纳批评减税和信贷政策,称这将阻碍国家经济的发展。他指出,从 1977～1978 年,政府已把通货膨胀率从 30.8% 降至 10.1%。伊朗议会也分裂为建设派、进步派、第三派、泛伊朗派及其他派别,其代表人数分别为 140 人、50 人、40 人、7 人和 31 人④。

---

① [美]威廉·赫·沙利文.出使伊朗[M].邱应觉等,译.北京:世界知识出版社,1984:26－27.
② [伊朗]穆罕默德·礼萨·巴列维.对历史的回答[M].刘津坤,黄晓健,译.北京:中国对外翻译出版公司,1986:157.
③ [美]威廉·赫·沙利文.出使伊朗[M].邱应觉等,译.北京:世界知识出版社,1984:36.
④ Fm Amembassy Tehran to Secstate WashDC 9368. Draft Date: July 13, 1978. Document Number: 1978TEHRAN06697, National Archives.

7月16日,在尼亚瓦兰宫,巴列维国王接受了美国《新闻周刊》记者施密德的采访,内容如下:

问:你把最近发生的示威部分地归咎于马克思主义—伊斯兰联盟煽动的颠覆活动,但是,你的一些国民说,这主要是普遍的不满情绪的自发反映,你怎么看这一问题?

答:鉴于去年的世界价格和通货膨胀,他们的说法可能有些道理。可以肯定,在伊朗政府的某些部门中存在某些缺点和错误。然而,基本的因素没有变。这是国际共产主义的颠覆性渗透。

问:你是如何给反对派定性的?

答:我不希望同名字牵连在一起;我的地位很高,因此不适于这样做。我并不把所有信教的人同别人划入同一类。但是,非宗教性的反对派是由西方指导的老间谍组成的。他们是会把这个国家交给共产党人的。他们就是在1953年摩萨台时期把这个国家交给共产党人的民族阵线的人。

问:你是否寻求同反对派的代表进行对话?

答:不是同那些成为卖国贼的人。民族阵线比人民党(已取缔的共产党)更卖国。

问:你不认为你的政府正面对来自这些人的威胁?

答:我看不出怎么会或是将在什么基础上要面对这种威胁。我或者王后走到哪里,哪里就发生大规模的、表示效忠的游行。如果有缺点的话,我们首先要求人民告诉我们,并设法弥补这些缺点。通货膨胀率正在引人注目地下降。薪水是非常高的。凡是参加工作的人生活还是过得去的。按人口计算平均收入每年为2 250美元。此外我们提供免费教育,还有粮食补助。

问:因为你的警察对示威者采取了过火行动,打死了许多人,你是否认为这里的动乱与你有很大关系?

答:情况可能如此,但这不是我的反应,也不是我的政府的反应,那是警察的反应。

问:两年前,你就开始实施自由化计划,为什么?

答:这是我自己的政治判断。我知道,人们不能像15年前一向统治的那样管理这个国家。15年后,情况将会又不一样,因为我们国家不再有文盲了。我必须使我自己为出现人民参加自己政府这样一种局面而做好准备。

问：面对最近的抗议，你是否认为需要加速自由化步伐？

答：在我的思想深处大概有些影响。但是，原则上我要说不……我们奉行的是一项明确、固定的方针，尽管……在伊朗复兴党（伊朗的唯一合法政党）内部现在有3派。他们可以说他们想说的话，并且对政府提出批评。

问：在最近几周，一些人宣布他们打算退出或不理会伊朗复兴党而组织自己的分裂出去的政党。这是否意味着你准备允许建立多党制政体？

答：并不是这个意思。这意味着他们可以说他们想说的话。我们容忍人们说任何话。

问：将允许非伊朗复兴党参加明年6月的竞选吗？

答：是的，但是大概不是作为一个单独的组织参加。

问：你考虑的是哪一种政治体制？

答：我们不能照抄西方，因为西方（制度）有它的弱点。我们不能仿效共产主义，因为它不通人情，（共产党人）也有许多弱点：他们在技术上和其他方面是落后的。因此，我们将设法寻找介乎两者之间的某种体制。

问：一些伊斯兰领袖似乎对妇女作用的出现感到沮丧，你将满足他们的要求吗？

答：在这个世界上，落后的国家没有地位。一个三等国家将被毁灭。世界不是慈善的地方。要加入一等国家的行列，全体伊朗人民必须进行生产和奉献自己。

问：你认为，给伊朗带来的最大外部威胁是什么？

答：最大的威胁是西方的软弱。它陷于瘫痪、遍体鳞伤和四分五裂……我正在为我国做必须做的事，而且我们应注意我们的国防。不管这个国家采取什么立场，它将决定东亚和中东的命运。西方唯一能做的一件事是把自己的内部整顿好。

7月21日，第十二伊马目的出生纪念日，这是什叶派穆斯林的重要节日，阿亚图拉沙里亚马达里及其拥护者安排了大型示威游行活动。阿亚图拉霍梅尼的拥护者和"伊朗自由运动"领导人巴扎尔甘以及其他政治领导人呼吁进行和平示威游行。

7月22日，圣城马什哈德动乱又起。当天上午，人们在为一个在车祸中丧生的宗教领袖举行葬礼，以后就演变成了示威游行。接下的几天，情况一天比一天复杂。政府最后出动坦克和武装直升机进行干预。冲突中，至少有 40 人被打死[①]。

7 月 24 日，伊朗首相贾姆希德·阿穆泽贾尔更换了 4 名大臣，让复兴党两派之一"进步派"的领导人穆克塔尔德·穆杰德希任卫生大臣，其目的是要复兴党中两个派别都参加政府。另外，他还任命了两个新的大学校长。

当天，穆哈森·皮扎沙普尔（Mohsen Pezeshkpour，1927～2011）发布了泛伊朗党（The Pan-Iranist Party）的组织条例：

（1）凡是到 1974 年 3 月 5 日还保留在组织负责机构或党的分支机构和泛伊朗党"附属协商委员会"者，现仍保留自己的职责。

（2）党在县、乡、村等机构的负责人或联系人一俟接到此条例，立即同他们负责地区的全体党员和全体"附属协商委员会"成员取得联系。

（3）如某地方的负责人或联系人不在，就由副职任党的负责人和联系人，如副职也不在，就由过去一直参加党的活动和运动的人任职。

（4）任何一个泛伊朗党党员及参加运动的人，一旦收到此条例就应立即通知其居住及工作区的所有泛伊朗党的奋斗者，并根据此命令制定党和运动的活动计划。

（5）所有泛伊朗党成员和"附属协商委员会"成员以及泛伊朗运动的支持者必须向离自己住宅和工作地点最近的负责人或联系人报到。

（6）6 月 22 日宣布的原则，阐明了泛伊朗运动支持者在伊朗社会变化这一关键阶段的斗争战略。这一战略为泛伊朗党的斗争与各种变革势力及其他斗争——它们有三个目标：民族团结、宪法和社会公正的合作创造了愈来愈好的条件。

泛伊朗党最早在 20 世纪 30 年代由德黑兰大学的两个学生发起，是一个松散的由民族主义作家、教师、学生和社会活动家参与的草根联盟，它是第一个伊朗全国性的政党组织，旨在团结所有伊朗人。1951 年，穆哈森·皮扎沙普尔和大流士·福鲁哈尔在行动计划上发生分歧，该党分裂为两派，一派在皮扎沙普尔领导下，继续使用该名称，在巴列维国王的体制内展开工作。一派在福鲁哈尔的领导下，改名"伊朗民族党"（Nation of Iran Party），更具民族主义特

---

① Martin Wright. *Iran: the Khomeini Revolution*. London：Longman Groug UK Limited，1989：16.

征,支持摩萨台的民族运动。福鲁哈尔加入到了 20 世纪 40 年代由以摩萨台为首的留法人员组成的伊朗民族阵线(the National Front of Iran)。1953 年后,巴列维国王取缔伊朗的政治组织,福鲁哈尔等人主要通过议会斗争发挥有限的作用。

巴扎尔甘建议阿亚图拉霍梅尼只反对国王,不反对宪法和美国。这一建议遭到了阿亚图拉霍梅尼的拒绝。7 月 27 日,阿亚图拉霍梅尼发表讲话称:"现在伊朗神圣的运动是百分之百伊斯兰的,它由伊斯兰宗教领导人一手发动,由伟大的伊斯兰民族支持。它直接或间接地由宗教领导人领导。由于这 15 年的运动是伊斯兰的,它继续或将继续在宗教领导人领导,没有其他力量介入的情况下发展下去。"[①]

7 月 30 日,伊朗媒体发表长文,攻击古巴领导人卡斯特罗。伊朗与古巴关系自 1976 年 4 月卡斯特罗会见伊朗人民党代表团起,开始恶化。

7 月 31 日晚,伊斯法罕的教法学家塔赫里(Taheri)从流放地回到家里,两周后被不明身份的人在其家中绑架,人们怀疑官方介入。

8 月 1 日,伊斯法罕的示威抗议活动继续进行,抗议者烧毁了路障,并向银行和其他建筑物投掷了 6 枚燃烧弹,警察向人群开枪。美国驻伊斯法罕领事馆遭到袭击,这是第一次。对此,美国驻伊朗外交人员向美国政府发回的电报中称,当下还没有引起大规模的排外事件,但伊朗人的排外情绪很容易被点燃[②]。当天,伊朗全国有 10 个城市爆发了抗议活动,共造成 7 人死亡,政府逮捕了 115 人。

8 月 5 日,伊斯兰世界进入斋月,这一天也是伊朗宪法日,巴列维国王宣布,将于 1979 年春本届议会会期结束时举行自由选举。巴列维国王在德黑兰北部的瑙沙尔夏宫向全国发表广播讲话:"这是我们国家新的一章,在政治的王国里,我们将拥有像欧洲国家那样多的自由……这就是说,我们将有结社自由,但我们的结社必须是和平的……按照吸收世界上最自由国家的法律制定

---

① Shaul Bakhash. *The Reign of the Ayatollahs: Iran and the Islamic Revolution*. London: I.B. Tauris & Co Ltd., 1985: 48.

② Fm Amembassy Tehran to Secstate WashDC Immeaiate 9627. Draft Date: August 2, 1978. Document Number: 1978TEHRAN07311, National Archives.

的新闻法,我们将实现言论与出版自由。当然,我们还进行百分之百的自由选举……"①巴列维国王还说:"伊朗的君主制同伊朗的命运是不能玩弄的东西。"伊朗人必须为实行民主制做好准备。通向"真正和负责的"民主制的路不是一条平坦的路,他强调必须实行"法制"②。他表示要确保人民"在自由允许的范围内像(西)欧民主国家那样享有政治自由"。他强调,伊朗社会仍需要在建立民主政府方面学习很多东西。这种教育必须是一个持续进程。"伊朗的人口在十年后会由目前的 3 400 万猛增到 5 000 万,在 20 年后增加到 6 500 万。那时,管理我们的社会的方法必须不同于现在的方法。"这是巴列维国王近期的重大政治让步。国王在对他的听众讲话时态度从容、语调温和,他过去很少这样讲话,因为他在公众的心目中一贯保持着纪律严明的形象。他早些时候宣布的政策是,伊朗人要么支持一党制,要么离开伊朗。

8 月 6 日,在伊斯法罕,两名伊朗青年向美国学校的一幢建筑投掷燃烧瓶。在设拉子,200 多人冲击伊斯兰学术大厦,由于警察及时赶到而未进入。

8 月 8 日,伊朗司法部发表声明称,根据巴列维国王宪法日的演讲,在可控制条件下的示威游行为合法。

8 月 9 日,伊朗媒体宣布,经过审讯,24 名学生获释。另外,13 人因 4 月份参加德黑兰的抗议活动,以扰乱社会秩序为名,被判处 3 个月监禁。

8 月 10 日,在黑海之滨的夏宫,巴列维国王接见外国常驻记者。他告诉记者,他想使人民党合法化,以便在未来的选举中使人民看清人民党的势力是多么的微小。他宣布 1979 年 6 月进行民主选举。即使出现暴力事件,也是不可逆转的。他还说,反对派中主要温和派人物阿亚图拉沙里亚马达里不反对他,也不反对伊朗的君主制。这表明伊朗宗教派别之间也是有分歧的。人民党开始暗中支持以宗教领导人代表的运动,并忠于阿亚图拉霍梅尼。

当天,500 人袭击了中部城市伊斯法罕市的一个豪华饭店——阿拔斯国王饭店。他们向饭店投掷自制燃烧瓶和砖块,还试图放火焚烧,但没有成功。保安、警察与示威群众发生冲突。冲突中,4 名群众被打死,7 人受伤。40 多名保安、警察受伤。这次事件的起因是由于一名宗教领袖被捕而引发的。伊斯法

① Gholam Reza Afkhami. *The Life and Times of the Shah*. Berkeley, Los Angeles and London: University California Press, 2009: 457.

② Shah Stresses Commitment to Political Freedom. *New York Times*, August 6, 1978.

罕是伊朗的第二大城市,政府军于当天晚上对该市进行戒严。

负责戒严的部队司令纳吉宣布了戒严令:

应伊斯法罕安全委员会的要求,国王巴列维殿下批准该委员会在伊斯法罕市实行戒严,以保证人民的生命财产得到保护。要求伊斯法罕人民同维持和平部队合作,并遵守下列指示:

(1)在另行通知以前,从1978年8月11日开始,从晚上8点到早晨6点,任何人不得在街道上行走。

(2)禁止在任何地方和任何时候举行4人以上的集会。

(3)任何人不得以任何形式或任何目的携带进攻性武器,包括火器在内。

(4)任何人不得以任何方式鼓动其他人反对维持和平和秩序。

(5)向民众供应用具和粮食的店主不得关闭商店。人民必须在戒严时间之外购买必需品。

(6)凡拟离开伊斯法罕的旅客必须到汽车站或伊斯法罕机场去。

(7)公共汽车必须尽力保证在晚上8点前离开伊斯法罕市街道。

(8)进入伊斯法罕的所有私人汽车必须安排在早晨7点以后进城。

(9)非旅客不能陪同旅客去伊斯法罕机场或汽车站,也不能去这些地方接亲友。

(10)大批的出租汽车已交给全市各警察站。晚上8点之后如有急事叫出租车的人应同市内警察局联系。

(11)要求全体人民同执行戒严法的官员合作,发现集会或示威游行立即向附近警察局报告。

另外,在城市沙赫雷扎和霍拉姆沙赫尔也出现了军法管制。纳贾法巴德的局势也是极不稳定的。

近十多天。此类袭击事件时有发生。在其他地方,如首都德黑兰、设拉子等也在类似事件发生。他们袭击的目标以饭店、银行、电影院为主。

8月12日,新闻与旅游大臣胡马云发表广播电视讲话,他在讲话中说:政府之所以做出了对伊斯法罕市戒严一个月的决定,是因为闹事者声言要烧掉该市。"如果某个地区的安全需要这样做的话,政府将毫不犹豫地对这个国家的任何地区实行戒严。"在设拉子的冲突中,又有3人被打死。

同一天,西部城市霍拉姆堡也发生了示威游行及暴力事件。它是复兴党总部所在地。人们袭击了 8 家银行和 1 家电影院。同一天,在伊朗西北部的城市大不里士和德黑兰北部的小镇卡兹文也发生了示威游行。德黑兰各广场也出现了小规模的示威游行。在 10～12 日 3 天的示威游行及所引发的冲突中,共造成了数十人死亡。

8 月中旬,阿亚图拉霍梅尼致信阿亚图拉沙里亚马达里,要求他停止讨论宪法与议会,这是阿亚图拉霍梅尼反对的,他要求沙里亚马达里“要么行动要么闭嘴”。沙里亚马达里回复说,如果阿亚图拉霍梅尼真的强大的话,他就应该来德黑兰与生活在伊朗的阿亚图拉面对面地谈。他还提出,阿亚图拉霍梅尼远离伊朗,两年前,在纳贾夫的示威游行中,拒绝批评伊拉克政府对示威游行者的镇压。他对自己的顾问说,他不想要国王,但希望有宪法和议会①。

8 月 13 日,为了防止德黑兰出现像伊斯法罕那样的事态,伊朗军队开进首都德黑兰。当晚,德黑兰汉萨拉饭店出现炸弹爆炸事件,14 人受伤,其中 13 人为美国人。该饭店以波斯饭菜和装饰著称,大批外国人,尤其是美国人常到这里吃饭。军事管制城市扩大到纳贾法巴德(Najafabad)、设拉子、胡马云沙赫尔(Homayunshahr)等城市。

同一天,复兴党的伊朗问题研究小组发表声明:伊斯法罕的骚乱是由于公众的不满造成的,而不是由于极少数颠覆分子无聊的流氓行径造成的。该小组还敦促政府成立一个由王室委员会的成员、司法部的杰出法官和伊斯法罕地方负责人组成的特别委员会,调查事件的真正原因。

也是在这天,伊朗《消息报》就最近事态的原因发表社论:《必须以清除骚乱根源来孤立煽动者》。文章写道:“过去 15 年的经济进步,加上种种社会改革措施,其速度远远超过了政治上的成长,从而造成了一个差距,这个差距是无法以安全平平稳稳的方式来加以弥合的。此外,经济发展也不平衡,这是政府已经承认的一个事实。因此,在同一个城市——比如说,伊斯法罕——各种不同集团在所享有的富裕程度方面就有显著差别,成为引起骚乱的一个因素。”“而且这种状况常常由于基础建设和服务事业的不足而恶化,这种不足使得大城市的生活艰难,同时城市化却又使得公民的要求高得不切实际。”“住房价格和租金直线上升。城市的服务业短缺。人们对于缺少出租汽车、交通拥

---

①　Fm Amembassy Tehran to Secstate WashDC 9902. Draft Date: August 17, 1978. Document Number: 1978TEHRAN07890, National Archives.

挤和大众运输工具不足怨声载道。"

巴列维国王与美国的罗伯特·E.休塞（Robert Ernest Huyser，1924～1997）将军等人进行了两个小时的长谈。在谈话中，国王再次强调其自由化政策，称在一个经济和社会迅速发展的国家，只有开放政府，其他别无选择。他说，他不允许宗教的蒙昧主义破坏这个国家，他也不能容忍国家的无序。让他感到困惑的是，他不知道抗议者究竟想要什么。在伊朗过去的 20 年间，人民生活极大提高，大学实现了免费教育，工人参与工厂的管理，给必需的食品以价格补贴，农民对土地的所有权得到了确认，通货膨胀由原来的两位数已降至8％。至于谈到眼前伊朗局势的根源，他认为，这是苏联支持的人民党与伊斯兰少数领导人结合的产物[①]。

8 月 14 日，伊朗复兴党"自由派"的机关报发表评论："问题是要了解，人们为什么要在目前倾向政治讨论，他们可以畅所欲言地辩论问题的时候，却选择诉诸暴力。"

当天，坦克和重型装甲车从伊斯法罕市撤出，回到基地。

8 月 15 日，为了缓和事态，巴列维国王宣布两项措施：一是为纪念摩萨台下台 25 周年，对 711 名犯人予以大赦。二是下令逮捕企业家霍贾布尔·亚兹达尼，他的金融组织伊朗出口银行遭到示威者几十次袭击。逮捕亚兹达尼的理由是他以非法手段取得土地。

原计划的伊斯法罕艺术节被取消。在上一年的艺术节上，由于表演了匈牙利舞蹈家的裸体舞《人行道上的爱情》而引起宗教界的强烈反对。一个普通穆斯林的被捕引发了一场血腥冲突，冲突中，100 多人被军警打死。示威抗议者一度控制了伊斯法罕，巴列维政府宣布在伊斯法罕实行宵禁。

当晚，"萨瓦克"领导人穆贾达姆与沙里亚马达里的女婿阿拔西（Abbasi）会谈。穆贾达姆问宗教界想要什么，阿拔西列举了以下 4 点：① 必须组建新政府。目前的政府应对自 1 月份的屠杀负责，对人民的要求没有反应；② 新政府必须惩治腐败，至少要解决阿里·雷扎伊（Ali Reza'i）、曼苏尔·亚辛（Mansour Yassiai）、贾瓦迪（Jevardi，大实业家）和付拉迪（Fouladi）这样的腐败分子；③ 阿什拉芙大公主的活动严重违背宗教教规，她必须收敛自己的言

---

① Fm Amembassy Tehran to Secstate WashDC Immeaiate 9799. Draft Date：August 14, 1978. Document Number：1978TEHRAN07700, National Archives.

行,两位王室成员古拉姆·礼萨(Gholam Reza)和马哈穆德·礼萨(Mahmoud Reza)的金融活动必须被控制,马哈穆德的朋友穆扎法里·简德利(Mozzafari Jandari)不再从事鸦片种植业务;④ 人民的言论和信仰自由①。

8月16日,由宗教势力控制的店主协会下令关闭德黑兰的商店。新闻与旅游大臣胡马云发表讲话说,最近的事态发展是有计划的、精心安排的。

8月17日,巴列维国王休假42天后回到德黑兰,宣布赦免194名犯人,其中有62人为政治犯。首都德黑兰出现了"零星的骚乱"。波斯通讯社发表了一篇长达1500字的文章,把目前的局势看成是宗教狂热分子和封建反动分子所为。给"天真和被人引入歧途"的人"有计划地灌输思想"的势力有两种:"第一,由于自(20世纪)60年代以来国王和人民进行了革命而失去了特权和部分权力的一伙人。第二,根本反对伊朗改革和现代化的一伙宗教狂热分子。"

当天,巴列维国王在记者招待会上说:"共产党要把伊朗变成伊朗斯坦的阴谋",暴乱者"已接到了共产党人的命令",要把伊朗变成一个共产党国家。他强调:"我自己、爱国的伊朗人和伊朗的武装部队都不会允许他们实现他们的目的。""不打算放慢自由化进程,只要反对派保证接受议员的誓词,就允许他们参加下次选举。""王室全体成员不准参加私人或公营企业,也不准直接或间接向政府任何官员提出建议,不管这些建议是为他们自己的工作还是为别人的工作提出来的。"

同一天,一些权威人士还对前一天的新闻评论发表讲话,说它不代表官方。

巴勒斯坦解放组织的马哈茂德·拉巴迪发表讲话,断然否认了伊朗新闻与旅游大臣胡马云指责该组织同上周在伊朗制造暴乱的"颠覆分子"有"密切联系"的讲话,他说:"这些指责是虚构的,毫无根据的。伊朗领导人企图通过指责巴勒斯坦解放组织来掩盖伊朗的真正问题"。"伊朗人民无需巴勒斯坦解放组织的帮助来认识自己的问题。"

美国驻伊朗使馆向美国政府发回的电报中称:"我们,占绝对压倒多数的外国观察者很清楚,伊朗国王希望带领伊朗走向政治机构的自由化是真诚的。在他自己的头脑中,在长时间反对他的人中间,他的宏伟目标是什么和如何实

---

① Fm Amembassy Tehran to Secstate WashDC 9902. Draft Date:August 17,1978. Document Number:1978TEHRAN07890,National Archives.

现这一宏伟目标是值得怀疑的。毕竟,他以前从来没有玩过民主游戏。他为什么现在想玩? 我们相信,答案是他真正的信念,除非伊朗实现政治转型,否则,他的儿子是不能完全继承他的王位的。伊朗国王超过其他任何现代化的君主,真正关心的是王位继承问题。他要为他儿子做必要的准备。在我和大多数外国人看来,他达到了目的。他记得第一年的困难,并得出结论:在伊朗的政治进程中必须为正在扩大的伊朗中产阶级提供空间。然而,这并不意味着他准备把国家交给他视为不爱国者、反启蒙主义者和与君主制作对的人。对国王来说,君主制的延续不仅仅是简单的自负——他希望巴列维王朝持续下去,继续他的政策。他深信,伊朗的历史证明君主制对于实现其虚构的伟大社会是必要的。"①

8月中旬,伊朗驻布鲁塞尔的大使馆一度被伊朗留学生占领。

8月19日,数百万人参加了庆祝"八月革命"——推翻摩萨台25周年的游行,首相阿穆泽贾尔亲自带队。当天的伊朗报纸报道,巴列维国王宣布,在野党可以参加1979年6月举行的议会竞选。

继上一天伊朗东部城市马什哈德一家电影院被烧并造成3人死亡后,8月19日,胡齐斯坦省的阿巴丹雷克斯电影院被人放火焚烧,放火者在地板上浇了汽油,把门锁上,然后点燃,大火造成477人死亡。②

8月20日,伊朗停止播放音乐节目,"全国哀悼"。它是伊朗局势动荡以来最严重的一次恐怖袭击。同一天,在位于德黑兰与阿巴丹之间的设拉子和西部的雷扎耶城,又有两座电影院被烧。近10天来,已有29家电影院和一些饭店遭到袭击。政府称是伊斯兰马克思主义者干的。为了防止类似的事情发生,政府决定关闭电影院至8月27日。

针对阿巴丹雷克斯电影院纵火案,伊朗各界知名人士纷纷发表声明,予以谴责。巴列维国王和首相阿穆泽贾尔在谴责的同时,表示对殉难家属的慰问,并要求严惩纵火犯。副议长穆哈森·皮扎沙普尔称:"我不知道谁会犯下这一滔天罪行。"宗教领导人称,这是"非伊斯兰"行为。阿亚图拉沙里亚马达里称:

① Fm Amembassy Tehran to Secstate WashDC Immeaiate 9893. Draft Date:August 17,1978. Document Number:1978TEHRAN07882, National Archives.

② [伊朗] 穆罕默德·礼萨·巴列维.对历史的回答[M].刘津坤,黄晓健,译.北京:中国对外翻译出版公司,1986:163.

"这种头脑发热的行径与我们没有任何关系。"马什哈德的阿亚图拉设拉子也谴责纵火犯。阿亚图拉努里谴责该事件是"不人道的"。赛义德·希贾兹(Sayed Hejazi)博士称,"这种胆怯行为是最为伊斯兰教有文化和有教养的人所唾弃的。"①亲阿亚图拉霍梅尼的阿亚图拉瓦希迪(Vahidi)也发表了类似声明。8月21日,胡马云呼吁人们团结起来,与"恐怖主义"作斗争,并向公众保证,政府将采取更全面的安全措施。民族阵线领导人卡里姆·桑贾比在接受记者采访时,谴责这是犯罪行为,为所有的穆斯林和伊朗人所不齿②。

8月21日,法新社报道:在法国的伊朗学生联合会发表一份公报,内容有"完全模仿希特勒政权作法的伊朗国王的法西斯政权刚刚犯下了前所未闻的滔天大罪……初步调查表明,在发生事件时,影院的大门被从外面关住了。只有十来个人奇迹般地得以逃命。罪犯不是别人,而是国王的代理人,因此这些罪犯采取一切措施以便不留任何幸存者。电影院变成了火葬场。政权的负责人和欧洲的一部分宣传工具企图把这个纵火阴谋归罪于反对派,特别归罪于进步的宗教人士,这些人士一直被说成是'反动的狂热分子''恐怖主义分子'和'恶棍'……国王的恐怖政权是这次纵火的肇事者。"这个政权在几个月前建立了一个"地下复仇委员会"。

为了调查"8·19"事件,政府与宗教组织分别组成了自己的调查团。

8月21日,近千名示威者高喊反对国王的口号到美国驻伊朗大使馆和国会大厦前绝食。他们称阿巴丹电影院事件是政府的一个阴谋。提出取消斋月禁令,释放政治犯。

巴列维国王在回答西德《图片报》记者时说:"这次阴谋与1953年的类似。但是今天,爱国者、军队和我自己能够阻止这一阴谋的实现。""在幕后支持这次严重骚乱的是共产党人。""我要给人民伟大的文明。阴谋者只能给人民造成恐怖。但是自由化进程将继续下去,速度不减。"

当天,查尔方特(Baron Chalfont,1919～　)在《泰晤士报》上撰文《伊朗暴乱受谁的指示》,文中写道:"不管外国操纵程度如何,目前动乱的根子在于伊

---

① Fm Amembassy Tehran to Secstate WashDC Priority 9957. Draft Date：August 22，1978. Document Number：1978TEHRAN08012，National Archives.

② Sullivan. Fm Amembassy Tehran to Secstate WashDC Immeaiate 9997. Draft Date：August 24，1978. Document Number：1978TEHRAN08083，National Archives.

朗本身的政治体制。经过一段漫长的严格的独裁统治之后,伊朗国王在实现自由化方面的初步试验性的步骤具有类似打开压力锅安全阀的效果。"①

8月22日,伊朗又发生了两起火灾,一处是伊朗西部一个森林里的一家饭店着火,一处是一家酒厂失火。德黑兰报道:前内政大臣赛义德·迈赫迪·皮拉斯特组建了"宪法维护者阵线"。

黎巴嫩伊斯兰什叶派最高委员会主席伊马目·穆萨·萨德尔在法国《世界报》上撰文称:"伊朗革命者并不代表一个特定的社会阶层,这是一个各阶层的人民运动。正是这一点使得政府轮番谴责左翼和右翼、西方和东方、阿拉伯人和他们对立的制度,以及最后谴责巴勒斯坦人。它的目标是开放的人道主义和革命伦理学的目标。"

当天,鉴于伊朗和当时加纳②的严重局势,瑞士禁止武器出口委员会要求联邦委员会停止向伊朗和加纳出口武器。

8月23日,国王在接受法国电视台记者爱德华·洛尔采访时说:"我们将走与法国一样的道路,特别是在言论和游行示威的自由方面。我们将仿效你们的做法。经过深思熟虑,我的愿望就是,那是应走的路。""我是唯一拥有建立一个民主政权的权力、力量和权威的人。除我之外的任何人将完全无法控制事态发展。那将是全面的无政府状态。"③

当天,数万名在雷克斯电影院大火中丧生者的亲属举行示威游行,与警察发生冲突,并砸碎了一些商店的窗户。早上发生在阿巴丹的两起大火,一起造成160多家商店被毁,一起为家具店着火,3个孩子在火灾中丧命。

晚上,民族阵线领导人卡里姆·桑贾比在巴黎举行记者招待会,他在会上说:伊斯兰教和民主是伊朗民族阵线的基本信条,该阵线的两大目标是"废除君主制"和"建立民主伊斯兰政府"。他在谈及雷克斯电影院大火时说:"根据我掌握的情况,是政府代理人放火烧房子,烧银行,破窗砸玻璃。"他还引用了阿亚图拉霍梅尼的话说:"所有证据表明,只有政权的镇压机器的罪恶挑衅拥有组织这样一次行动的手段。""这样一种野蛮行为是伊斯兰教所深恶痛绝的。"它表明,"伊朗民族阵线"重新恢复活动。伊朗民族阵线成立于1946年,

---

① Chalfont. The Riots in Iran Is Indicated by Whom. *The Times*, August 21, 1978.
② 1979年6月加纳发生军事政变,推翻政府,成立了武装部队委员会。
③ 法新社1978年8月24日电。

由穆罕默德·摩萨台创立。1953 年政变前,民族阵线主要由 4 个主要政党组成:1946 年由伊朗自由主义者卡里姆·桑贾比、古拉姆·侯赛因·萨迪吉(Gholam Hossein Sadighi,1905～1992)、艾哈迈德·齐拉扎德(Ahmad Zirakzadeh,1907～1993)及阿拉-亚尔·萨利赫(Allah-Yar Saleh)创立的伊朗党;大流士·福鲁哈尔创立的民族党;穆贾法尔·巴加伊(Muzaffar Baghai)和哈利勒·马利基(Khalil Maliki)领导的劳动党和阿亚图拉阿布-卡西姆·卡沙尼(Seyyed Abol-Ghasem Mostafavi Kashani,1882～1962)领导的伊斯兰政党穆斯林战士协会。1953 年,在英国情报机关秘密情报局的支持下,美国中央情报局精心策划推翻摩萨台政权的政变,从此建立起巴列维国王的专制独裁,受此影响,民族阵线被宣布为非法组织,其最高领导人被逮捕,并受军事法庭审判。在伊朗伊斯兰革命的大潮中,该阵线重新恢复活力。

8 月 23 日,来自西欧各大学的 9 名伊朗留学生占领伊朗驻荷兰大使馆 6 个小时,他们的目的是抗议巴列维国王的暴行,并称"德黑兰的驻外使馆是伊朗特务机构的工具"。他们劫持 3 名使馆人员为人质,并指控其中两人为"萨瓦克"的代理人。10 月 19 日,他们被判处 6 个月监禁①。

8 月 24～27 日是伊斯兰教什叶派纪念伊马目阿里去世的日子。

8 月 24 日,停放日本丰田牌小汽车的一个停车场着火,大火造成 2 人死亡,3 人受伤。德黑兰第二大啤酒厂发生火灾。在德黑兰和亚兹德城的两家电影院里发现了定时炸弹。

在阿巴丹,由于火灾引起的示威游行已进入第三天。当天的伊朗电台说,一个五人专家委员会得出结论说,消防队的活动延误了,消防人员没有及时找到雷克斯电影院的消防栓。前几天,人们指责消防队的车子没有带水。8 月 25 日,调查小组正式提出了调查报告:死亡原因是:影院缺乏受过训练和负责采取初步救火措施的工作人员;找不到适当的水源,灭火机装备不好;这个地区没有警察和治安人员。

8 月 25 日,处于半地下状态的伊朗自由运动的领导人迈赫迪·巴扎尔甘对法新社记者说:"这是一个我们只能因势利导而不能加以控制的强大而自发的运动,因为我们受到限制,不能通过报纸或政治性会议来表达我们的主张。"

---

① Vance. Fm Secstate WashDC to Amembassy Paris Immediate. Draft Date: November 28, 1978. Document Number: 1978STATE301271, National Archives.

阿亚图拉沙里亚马达里对法新社记者说："要是我也像宗教领袖阿亚图拉霍梅尼那样的话，那就会出现大流血。"

伊朗局势的发展，使与之隔海相望的沙特阿拉伯非常警觉。4月底，沙特国防和外交大臣对伊朗进行访问，研究建立集体安全体系的计划，保护整个地区不受"国内外的颠覆"和"国际恐怖活动"的破坏。8月24日，沙特国防大臣苏丹·本·阿卜杜拉·阿齐兹与科威特《政治报》主编艾哈迈德·贾拉拉谈话时说：伊朗事件是令人不安的，但是，军队和警察站在国王一边，因此，少数人不会使局势逆转。他还呼吁"阿拉伯国家支持伊朗国王保持伊朗的稳定"，因为这个国家的稳定对整个地区是重要的。8月30日的《政治报》又报道了沙特王储兼首相萨阿德·萨利赫·萨巴赫接见贾拉拉的谈话："我们从一开始就关注伊朗事件。毫无疑问，这些事件对海湾地区不利，我们不能否认这样一个事实：伊朗的任何不正常局势对海湾国家，对整个海湾地区的安全都有影响。""海湾地区的暴力事件，不论是在什么地方发生的，归根结底，都是为了破坏稳定，扰乱安全，背后必定有大国或者企图从这一重要的石油地区攫取利益的势力在策划阴谋。""现在全世界都睁大眼睛望着这一地区，我们不要成为那些不愿意我们这个地区安宁的势力的牺牲品。"9月7日，科威特《政治报》发表主篇贾拉拉的社论，其中谈道："人民中国的意识形态同阿拉伯世界和伊斯兰世界的意识形态是完全不同的，但是，它却反对伊朗发生任何事变，特别当这种将对它的对手苏联有利的时候，伊朗事件表面上提出的是宗教性要求，似乎同左翼无关，然而，变化以后，摘桃子的将不是宗教人士。""当人民中国确实认为伊朗保持一个稳定的国家是有其重要性的时候，便毫不犹豫地使其政治内容与之相适应，海湾国家也应该如此。""海湾国家应该发挥更直接的作用，以表明伊朗局势稳定的必要性，伊朗在海湾和半岛国家的彼岸，德黑兰的任何不正常的风都会刮到海湾国家其他地区。既然中国已经行动起来了，其行动是同其政治制度相一致的。我们也应该以某种直接的行动促使伊朗稳定。"

8月下旬，伊朗共产党发表公告：雷克斯大火"真正的罪魁祸首是国王政权"。

法国《晨旦报》评伊朗局势："一个强有力的盟国最近挺身而出前来营救伊朗国王。这个盟国就是沙特阿拉伯。由于其影响，这是很重大的……事实上，经常受到同样威胁的这两个国家的首都是紧紧团结一致的。苏联竭力想夹攻世界第一大石油生产国沙特阿拉伯,并通过它的卒子阿富汗和伊拉克反对世界第二产油国伊朗。因此这两个西方黑金的储藏所就成了直接攻击的目标。(伊朗)国王的垮台可能为沙特阿拉伯国王敲响丧钟,反过来的情况也一样,沙特国王的失败也可能就等于敲响了伊朗国王的丧钟。总而言之,在宗教方面,利雅得对(伊朗)国王的支持是重要的。这是挫败今后将推动它的带着伊斯兰假面具的什叶派暴乱的最好方法。因为直到得到相反的证明为止,麦加仍然是任何穆斯林、无论是什叶派或是逊尼派的必然的灯塔。"

法国《回声报》评论说:"沙特阿拉伯最近毫不隐讳地支持面临严重国内困难的伊朗国王的政权。这件事在许多方面是令人吃惊的。首先是因为,在政治方面,这个富饶的石油生产国并拥有一支强大的军队的伊朗一直被看成是利雅得在世界这一地区的最大竞争者⋯⋯其次是因为在宗教方面,人们难以理解,伊斯兰原则的凶恶的维护者沙特阿拉伯会不支持不断声称信奉这些原则的伊朗反对派。然而这种态度从现实主义的角度是可以解释的。在沙特阿拉伯人看来,(伊朗)国王的政权的功劳在于它推选一种反马克思主义的意识形态,这一方针对利雅得来说是很宝贵的。利雅得正带着极大的忧虑看到在阿富汗发生的亲苏政变和在非洲之角发生的各种骚乱。至于(伊朗)国王,他无疑在他向反对派发出的呼吁似乎没有得到响应的时候得到巨大的安慰。"

第三章　埃马米政府

8月26日,正当谢里夫-埃马米的新政府将要举行就职仪式时,新的示威游行在伊朗各地蔓延。在示威游行者与警察发生的冲突中,2人被打死,数十人受伤。

8月27日,首相阿穆泽贾尔辞职。1977年8月7日,巴列维国王任命纳姆希德·阿穆泽贾尔(Jamshid Amouzegar,1923～　　)为首相。国王之所以任命其为首相,基于以下几点考虑:他长期担任伊朗驻"欧佩克"的代表,能出色完成伊朗政府交给他的任务;其工程学学位由美国高校授予,容易得到美国的支持;在伊朗人的心目中,他是一个比较正直的人;他有自己的政治基础;最后,也是最重要的,巴列维国王想进行自由化改革,对其任命可以促进这一目标的实现[①]。鉴于此,《全球信息评论》这样评述当时巴列维国王任命阿穆泽贾尔为首相:"伊朗内阁洗牌——国王与卡特调情"[②]。

新首相由15年来一直担任参议院议长的贾法尔·谢里夫-埃马米(Jafar Sharif-Emami,1910～1998)出任,旨在建立"民族和解"政府。埃马米出生于宗教世家,他的曾祖父是著名的宗教领袖,祖母是伊斯罕一著名教法学家的女儿,父亲是德黑兰的一名伊斯兰教法学家。埃马米具有工程师资格,在政府机构任职47年,曾担任交通大臣、国家计划大臣、矿业和工业大臣,1960～1961年任首相,是一位忠诚的政府官员。他以虔诚的穆斯林著称。他的名字"埃马

---

① ［伊朗］穆罕默德·礼萨·巴列维.对历史的回答[M].刘津坤,黄晓健,译.北京:中国对外翻译出版公司,1986:151-152.

② Iranian Cabinet Shuffle-Shah Plays Footsie with Carter. *Executive Intelligence Review · Middle East*, Vol. 4, No.33, August 16, 1977:1-2.

米"表明他的家族与什叶派伊斯兰的伊马目有关系。巴列维国王还想借此加强与宗教界的联系。在任命埃马米为新首相之时，巴列维国王还赋予他更多的回归传统政策的自由。

8月27日德黑兰时间10点30分，伊朗新首相贾法尔·谢里夫-埃马米和他的内阁宣誓就职，并向全国发表讲话。他在讲话中说：自己"不再是原来的贾法尔·谢里夫-埃马米"，并宣布：废除伊朗帝历，恢复伊斯兰历。新政府宣布要做的第一件事就是尊重伊斯兰教的教义。新首相说："局势极为微妙，如果没有那些关心伊朗独立和领土完整的人们的援助，看来要治理这个国家几乎是不可能的。毫无疑问，除非全国一切力量为拯救我国而团结一致，否则就不能保证全体人民光明的前途。无疑，我国在最近几年走过的路是漫长而艰难的，但是应注意到，改进得很快，因而出现了一些不可避免的脱节，也造成许多影响经济改善和加速计划实现的障碍。""然而，我们不该掩盖以下事实：官僚主义的缺陷为危害我国的贪污行为准备了土壤。现在人人有责起来救国。为此，本届政府决定消灭与伊朗法律不相容的任何官僚主义，并且认为，它应当促使人们尊重宗教原则、宗教领袖以及宪法所依据的伊斯兰法规。在我国总政策彻底改变之前，这些政策还要继续下去。除非我们对腐败现象和贪污分子展开不断的、持久的斗争和惩罚一切以国家财富和权力谋私利的人，否则要继续执行那些政策是不可能的。""要优先发展农业以做到自给自足。""政府要特别关心青年问题，为了全国和社会的利益而改进大学和教育事业，让个人参与决策程序和实行高效率的民主。在这些条件下，所有合格的人都能自由参加选举，并在所有合法的政党中从事政治活动。""要说清楚，要对那些在最近的事件中没有正确尽到自己责任的一切行政当局起诉，政府不允许人民的生命财产受到任何威胁。""亲爱的兄弟姐妹们，既然我国处在严重的危险中，让我们大家都在《古兰经》、伊斯兰教和宪法的引导下起来救国，为了子孙后代尽到我们的责任。""我必须坦率地说，这个国家现有的制度体系是阻止不了混乱的……如果我们不大刀阔斧地惩治腐败，伊朗的问题是解决不了的。"[1]

新内阁中，特别引人注目的是国王的姐夫、原文化大臣失去了职务。原新

---

[1]　Judith Wyer. The Plot behind the Iran Crisis. *Executive Intelligence Review · Middle East*, Vol.5, No.36, September 18, 1978：26-28.

闻和旅游大臣胡马云也榜上无名。埃马米新内阁的 22 个成员中,只有 6 个阿穆泽贾尔内阁的原有大臣被保留下来。他们分别为:

战争事务大臣礼萨·阿齐米(Reza Azimi)将军

经济与财政大臣穆罕默德·耶贾内(Mohammad Yeganeh,1923～1995)

邮政电讯大臣卡里姆·穆塔麦迪(Karim Motamedi)

教育大臣曼车尔·甘吉(Manuchehr Ganji)

卫生和社会福利大臣纳斯鲁拉·穆吉德希(Nasrollah Mojdehi,1921～2012)

工业和矿业大臣穆罕默德·礼萨·阿明(Mohammad Reza Amin)

新任命的大臣有:

内政大臣阿拔斯·加拉巴吉(Abbas Gharebaghi,1918～2000)将军,原警察局长

外交大臣艾米尔·胡斯罗·阿夫沙尔(Amir Khosrow Afshar,1919～),前驻英大使

农业大臣艾米尔-侯赛因·艾米尔-帕韦兹(Amir-Hossein Amir-Parviz,1922～)

计划和预算大臣哈桑·阿里·麦赫兰(Hassan Ali Mehran,1937～)

住房与城市发展大臣帕韦兹·阿韦尼(Parviz Avini,1919～)

科技与高教大臣胡商·纳哈迈迪(Houshang Nahavandi,1930～)

新闻与旅游大臣穆罕默德·阿米里-德黑兰尼(Mohammad Ameli-Tehrani,1927～1979)

能源大臣贾罕格尔·马赫德米纳(Jahangir Mahdmina)

交通运输大臣哈桑·沙奇安(Hassan Shalchian,1910～)

养老保险大臣阿里·纳奇·卡尼(Ali Naqi Kani,1926～)

行政事务大臣曼恰尔·阿兹穆恩(Manuchehr Azmoun,1930～)

商务大臣穆罕默德·礼萨·韦什凯伊(Mohammad Reza Vishkai,1918～)

议会事务大臣艾扎图拉·雅兹丹帕纳赫(Ezzatollah Yazdanpanah,1920～)

司法大臣穆罕默德·伯赫里(Mohammad Baheri,1916～)

劳动与社会保障大臣卡齐姆·瓦迪（Kazem Vadii,1928～　）

文化艺术大臣穆哈森·福鲁哈伊（Mohsen Foroughi,1913～　）

这份名单大大出乎人们的预料。当时,伊朗盛传他将留任前内阁中的大部分大臣。

新首相还保证新闻界和各个党派充分自由,恢复被开除学生的学籍及严惩肇事者,所有人都有权参与政治活动。

贾法尔·谢里夫-埃马米决定成立一个新的宗教事务部,以处理宗教事务。

民族阵线领导人桑贾比宣布欢迎这个保证,但他又说:"我们必须等等看他如何实现他的保证。"

埃马米政府宣布成立不到两个小时,伊朗著名记者贾瓦德·艾米尔·达瓦卢宣布成立民主党。并发表声明,"该党的目标不是把目前的警察政府换成一个神权政治的政府,而应换成一个立宪政府。"它还要求立即废除军事法庭。

个别反对派领导人对新政府表示谨慎的欢迎。

伊朗心脏病专家赛义夫丁·纳巴维宣布成立伊斯兰自由党。

许多被捕的人说,他们是阿亚图拉霍梅尼的追随者。巴列维国王声称,这次骚乱是以流亡在外的反对派领导人阿亚图拉霍梅尼的追随者为首的。

巴列维国王在其讲话中称,伊朗新政府的首要任务是奉行伊斯兰教原则。

伊朗一人权组织致信联合国秘书长库尔特·瓦尔德海姆（Kurt Waldheim,1918～2007）,要求对伊朗政府侵害社会和政治权利进行调查。

当天,《芝加哥论坛报》驻伦敦记者詹姆斯·杰克逊（James Jackson）在该报撰文《伊朗的叛乱使西方受到威胁》。他在文中写道:"伊朗除了是一个主要的石油输出国（占美国石油进口的 11％）之外,还控制着西方世界大部分石油必须通过的霍尔木兹海峡。如果有一个激进的反西方政权,它就可能扬言封锁海峡,并向自由世界勒索金钱,这是国王在寻求外国支持时所强调的一点。""正是如此严重的那种依赖,使得美国历届政府接连不断地、慷慨地向伊朗提供武器,尽管国王的统治常常具有令人讨厌的性质。美国参议员亚伯拉罕·里比科夫 1977 年在为国王欲得到更多武器进行辩护时说:'当你们认识到世界一半的石油通过霍尔木兹海峡,而保证海峡安全的唯一武装部队就是伊朗武装部队时,美国拒绝他的要求确实是愚蠢的。'"①

8月28日,埃马米政府宣布关闭伊朗国内所有赌场。新任国务大臣马努切赫尔·阿兹曼(Manouchehr Azmoun)对记者说,伊朗复兴党不再是伊朗国内唯一政党,其他政党也在发挥作用。

阿亚图拉霍梅尼在纳贾夫发表讲话,呼吁伊朗军警说:"依照真主的命令,你们应该拒绝遵守要你们从事暴虐和屠杀的压迫者的命令。不要在当下或未来通过屠杀你们自己的兄弟而把自己送进地狱。用开放的胸怀和怜悯之心去倾听刚刚丧失儿子父母亲痛苦的声音。他们是你们的父母亲。你们曾经为这个大家庭感到痛苦和悲伤吗? 如果你们内心还有这么一点感受的话,那就赶快加入到真主的部队中来吧。我坚信这个现实世界上和未来世界上的胜利将属于你们。所有的伊斯兰学者、值得尊敬的宗教领导人、亲爱的伊斯兰神学家、大学生、我可爱的青年、值得尊重的商人们、尊贵的和觉悟的劳动者和农民、所有的政党及其参加者,联合起来,团结一致去唤醒军队、宪兵和警察的领导人。他们应该呼吁所有人一起推翻'本质上犯罪'的政府以使民族摆脱暴虐的罪恶。你们不应该再给予任何机会去戕害我们的人民,不论是大是小,是幼是老或是孩子。他们为了自己的私利而牺牲伊斯兰不应该被承认。"②

当天,包括首都德黑兰在内的全国9个城市出现骚乱。在德黑兰,12家电影院被砸。

到目前为止,已有14个党派和政治组织发表了政治声明,要求成为合法政党,要求立即组织选举,释放政治犯,允许所有政党存在,新闻彻底自由并允许所有伊朗流亡者从国外回国。民族阵线领导人桑贾比发表声明,提出12项要求:解散"萨瓦克";释放全部政治犯;司法完全独立;允许政治流亡者回国;确立思想、言论、结社、写作的自由;所有的政党和政治团体活动自由等。民族阵线未提出废除君主制的主张,而是提出了"民族主义、民主主义和社会主义"口号③。

---

① James Jackson. The Rebellion in Iran Threatening the West. *Chicago Tribune*, August 27, 1978.

② Jalald-Dine Madani. *History of Islamic Revolution of Iran*. Tehran: International Publishing Co., 1996: 349.

③ Mohsen M. Milani. *The Making of Iran's Islamic Revolution: From Monarchy to Islamic Republic*. Boulder: Westview Press, 1994: 200.

前首相阿穆泽贾尔及其副手均辞去了复兴党书记及副书记职务及其他行政职务。4 名将军和几个总督也辞去了各自的职务。

当天中午,美国驻伊朗大使威廉·H.沙利文会晤了巴列维国王。这次会晤给沙利文的第一印象是国王消瘦了,也变得有些紧张和消极。当谈到伊朗局势时,巴列维国王一口气谈了近 10 分钟。他说,1978 年夏季伊朗风云突变,破坏了国内的平静局势,他将致力于恢复以往的平静。在突如其来的事态发展中,他有意做些让步,以改变国王在人们心目中的形象,但他对宗教界是否满意心里没底。在他看来,宗教界的要求没有止境,如在政府中没有女性,在重要位置没有女性等。他还谈道,他任命新首相谢里夫-埃马米就是基于宗教因素的考虑,埃马米可以做一些宗教安抚工作,但他对埃马米能否成功心里没底。他说,阿亚图拉霍梅尼,"这个疯子",正在强化伊斯兰,其他阿亚图拉不敢反抗他。巴列维国王重申,他坚信,伊朗走出这次动荡混乱局面要靠"自由化"为政府打下牢固的民主基础。因此,他决定进行百分之百的自由选举,以期产生出一帮能够分享政治权力、有责任心的立法者。令他感到不安的是伊朗政治舞台上缺乏有能力的政治家。相反,那些"老虫子"和缺乏爱国心的人却本能地挺身而出,成为潜在的候选人。因此,他的自由化政策因复兴党的惨败和议会选举缺乏政治精英而面临失败的巨大风险。巴列维国王自言自语地说,伊朗面临崩溃。苏联人自称伊朗人的代表,可以迅速介入,美国、欧洲和日本将是输家,这样的话,苏联人就赢得了他们伟大的战略胜利。他假定克格勃积极在伊朗兴风作浪。他接着说,"伊朗人的普遍心态"有助于外国人插手伊朗的一切事务。从英国和俄罗斯在历史上对伊朗的阴谋可以自然得出这一结论。正是基于这一原因,很多人相信美国也卷入到了目前旨在毁灭伊朗的行动之中。

沙利文后来在他的回忆录称:巴列维国王在分析伊朗事态发展的原因时说,这些事件不是自发的,而是经过精心策划的,这些阴谋活动可能超出了苏联"克格勃"的能力,一定有英国人和英国情报部门插手。英国人之所以插手伊朗事务,是由于英国人不能原谅其石油国有化的做法[①]。他接着说,令他最苦恼的是美国中央情报局在伊朗的活动。他不知道美国中央情报局为何这样

---

① [美]威廉·赫·沙利文.出使伊朗[M].邱应觉等,译.北京:世界知识出版社,1984:119.

对待他。他希望知道为什么他访问美国与卡特访问伊朗达成的谅解被破坏掉了。巴列维国王问沙利文：美国是否已同苏联达成了某种协议，决定瓜分伊朗作为在全世界划分势力范围的一个部分[①]? 沙利文告诉国王，他曾经听到过这样的报道，但这是谣言。沙利文举了巴基斯坦总统布托的例子，说聪明的布托被假情报搞下了台。沙利文说，如果有所谓美国在伊朗活动的具体文件，希望国王直接让他看。两人接着讨论了美国政府怎样消除这些谣言。他们两人都认为，美国政府对巴列维国王的任何过分赞美都可能收到适得其反的效果。最后，巴列维国王建议沙利文与宫廷大臣胡韦达和新首相讨论这一问题[②]。

这天，伊拉克通讯社报道：要把雷克斯纵火案的嫌疑人哈希姆·阿卜杜勒·礼萨·阿舒尔引渡给伊朗政府。

8月29日，两家波斯文报纸在特刊的头版登了阿亚图拉霍梅尼的巨幅照片。这是15年来第一次。同时，有消息说，埃马米政府将派出代表团前往伊拉克，就阿亚图拉霍梅尼回国问题，与其协商。第二天，埃马米对此予以否认。埃马米政府撤销了对3个伊斯兰教法学家的逮捕令，其中包括阿亚图拉霍梅尼的哥哥。阿亚图拉霍梅尼在纳贾夫呼吁："星期四(9月14日)必须是全国哀悼日"，在伊朗全国举行总罢工。他说："国王正试图在他最后时刻把伊朗变成一个公墓""全世界支持国王的人也对他的罪行负有共同的责任"。

8月29日至9月1日，中国国务院总理华国锋(1921～2008)对伊朗进行国事访问。这是中国最高领导人首次访问伊朗。

8月29日，阿亚图拉沙里亚马达里在接受德国《明镜》周刊记者采访时说：伊朗宗教领袖不追求政治权力，只是寻求恢复宪法。他呼吁伊朗的普通民众站起来，宗教领导人给他们以支持。他还说，"伊斯兰马克思主义"这一说法是错误的，因为伊斯兰与马克思主义是互相冲突的。他特别否定了穆斯林与马克思主义者之间的联系。他强调说，恢复伊斯兰传统并不意味着恢复石刑等残忍的刑罚。第二天，他在接受《巴基斯坦时报》记者采访时又说：这次伊朗局势动荡的根源是政府无视法律和个人、社会自由，对阿亚图拉霍梅尼进行人身攻击，从而导致事态日益恶化。他再次强调伊朗的什叶派与共产党没有任

---

① Sullivan. Fm Amembassy Tehran to Secstate WashDC Priority 45. Draft Date：August 28，1978. Document Number：1978TEHRAN08187, National Archives.

② ［美］威廉·赫·沙利文.出使伊朗［M］.邱应觉等，译.北京：世界知识出版社，1984：119.

何联系。他声称,要继续呼吁人们保持冷静。在他看来,如果政府能够满足人民的合法诉求,伊朗目前的问题就能解决了①。

8月30日上午,伊朗新闻报道称,艾哈迈德·阿里·穆哈切基(Ahmad Ali Mohaqeqi)将军被任命为伊朗宪兵领导人,赛义德·穆罕默德·萨拉基·赫贾兹(Seyed Mohammad Saraji Hejazi)被任命为呼罗珊省总督。

8月31日上午,埃马米建议同宗教反对派领导人进行长时间会谈。当天,美国驻伊朗大使沙利文与宫廷大臣胡韦达进行了会谈。会谈中,沙利文问胡韦达,埃马米政府是否会派人前往伊拉克与阿亚图拉霍梅尼接触。胡韦达称,这是不可能的,因为霍梅尼是个"疯子"。双方主要讨论伊朗的未来民主选举问题,胡韦达谈道:自由化与自由选举是解决伊朗问题的唯一选择。沙利文称,美国要与"萨瓦克"分享情报,美国认为巴列维国王是带领伊朗人民实现民主化的最佳人选②。马什哈德的阿亚图拉提出了对新政府的要求:神职人员自由;所有法律与伊斯兰教相一致;结束包括阿亚图拉霍梅尼在内的宗教领袖的流亡生活;所有内阁大臣皆信仰伊斯兰教,解雇政府部门中的巴哈教徒③。

当天,为纪念7月22日和23日两天冲突中的死难者,德黑兰东部的谢迈德发生了骚乱,冲突中10多人被打死。这是继8月11日伊斯法罕惨案后最大的一次冲突事件。

在埃马米内阁时期,巴列维国王接受了外国顾问们的观点:伊朗的根本问题在于财政腐败的发展和巨额国家财产被少数官员中饱私囊,这引起了老百姓的不满,如果被老百姓憎恨的著名贪官污吏得以惩处的话,伊朗的稳定还会回来。于是,巴列维国王下令情报部门的总管侯赛因·法尔都斯特(Hossein Fardoust,1917~1987),立即把检察部门和办公室的案子交给司法部门并报告结果。他打电话给法尔都斯特说:"问题很关键,所有这些危机都和滥用(权力)有关。马上再把所有这些问题交司法当局。现在我就把话筒交给首相!"首相埃马米说:"从可靠来源获悉:这些情况和不满都牵涉到国家级

---

① Sullivan. Fm Amembassy Tehran to Secstate WashDC 109. Draft Date:August 31, 1978. Document Number:1978TEHRAN08353,National Archives.

② Sullivan. Fm Amembassy Tehran to Secstate WashDC Immeaiate 125. Draft Date:August 31, 1978. Document Number:1978TEHRAN08350,National Archives.

③ Sullivan. Fm Amembassy Tehran to Secstate WashDC 126. Draft Date:August 31, 1978. Document Number:1978TEHRAN08351,National Archives.

的财政滥用。如果腐败案迅速交给司法部门,并指示他们迅速处理,向公众报知结果,现有的麻烦就可以消除。因此,不管检察部门和办公室有多少案卷,你们要重新尽快地交给司法部门并报告结果!"①接到命令后,法尔都斯特组织了包括从上校到少将在内的 300 位受过培训的成员,在两天时间里,准备了3 750 份档案。遗憾的是,由于司法部门与其他部门一样,纪律松懈,缺乏办事人员而使其陷入半瘫痪状态。

面对日益紧张的局势,伊朗内务部门一度想到了支持国王的部落势力。内务大臣加拉巴吉曾向法尔都斯特提议武装一些支持巴列维国王的部落,该建议遭到了法尔都斯特的拒绝。在法尔都斯特看来,宪兵的职责是解除部落武装,这种建议则反其道而行之。

8 月 31 日,马什哈德的阿亚图拉设拉子(Naser Makarem Shirazi,1926~)发表如下声明:废除所有反伊斯兰的法律;伊斯兰教法学家有发表意见的自由;禁止开赌场和电影院;释放所有被关押的伊斯兰神职人员;邀请阿亚图拉霍梅尼和其他被流放者回国;惩办打死示威者的责任人;撤销巴哈教神职人员的职务;内阁只能任命信仰伊斯兰教什叶派十二伊马目派成员;伊朗议会选举由教职人员和世俗人员共同监督,等等②。

截至 8 月 31 日,伊朗共有 31 个党派宣布自己的存在。这些党派主要有:拉赫马图拉·穆贾达姆(Rahmatollah Moqadam)领导的激进运动(The Radical Movement)、迈赫迪·巴扎尔甘和雅杜拉·萨哈比(Yadollah Sahabi,1905~2002)领导的伊朗自由运动(the Freedom Movement,1961 年成立)、穆贾法尔·巴卡蒂·卡尔马尼(Mozafar Baqaitee Kermani)领导的劳工党(The Labourers Party)、穆哈森·皮扎沙普尔领导的泛伊朗党、议员阿德麦德·巴尼·艾哈迈德(Admad Bani Ahmad)领导的社会民主党(The Social Democratic Party)、哈吉·赛义德·贾瓦迪(Haj Seyyed Javadi)创建并领导的知识分子运动(An Intellectual Movement)、赛义德·迈赫迪·皮拉斯特(Seyyed Mehdi Pirasteh)领导的捍卫伊朗宪法协会(The Association for the Protection of the Iranian Constitution)、法兹鲁拉·萨德尔(Fazlolah Sadr)和

---

① 伊朗外交研究所.巴列维王朝的兴衰:伊朗前情报总管的揭秘[M].李玉琦,译.北京:新华出版社,2009:366.

② 陈安全.伊朗伊斯兰革命及其世界影响[M].上海:复旦大学出版社,2007:141-142.

扎林普尔（Zarrinpour）领导的民族主义协会（The Association of Nationalists）、赛福丁·纳巴维（Seiffddin Nabavi）领导的伊斯兰自由党（The Islamic Liberal Party）和阿拉米尔·达沃尔（Alamir Daval）领导的伊朗民主党（The Democratic Party of Iran）。

8月，美国中央情报局向卡特政府提交的一份报告指出，不久的将来，巴列维国王可能被推翻。几周后，美国国家情报评估组织（National Intelligence Estimate）提出，巴列维国王的统治还可待续十年[1]。

9月初，伊拉克总统萨达姆·侯赛因的同父异母兄弟、时任伊拉克情报局长的巴拉赞·伊卜拉欣·提克里蒂（Barazan Ibrahim at-Tikriti，1951～2007）乘专机抵达德黑兰，他带来了萨达姆给巴列维国王的密信。萨达姆在密信中说：你必须用铁腕对付动乱，如果你需要我们，伊拉克将提供帮助。提克里蒂暗示巴列维国王，如果在伊拉克的纳贾夫除掉阿亚图拉霍梅尼，没有问题。巴列维国王拒绝了伊拉克的建议，而是用将霍梅尼驱逐出伊拉克的方案取而代之[2]。

9月1日，谢迈德的冲突又有3人死亡。当天德黑兰的冲突造成了4人死亡。在美国，洛杉矶100多名伊朗学生示威，高呼打倒巴列维国王的口号。

9月2日，在印度首都新德里，约150名伊朗留学生蒙面示威，高呼"打倒法西斯伊朗国王"的口号。沙里亚马达里在库姆总部记者招待会上表示对埃马米的建议加以拒绝。他说："有人试图同我接触，但是我认为，最好还是不同他们会谈，因为，实际上没有什么东西可以谈判。"他呼吁全世界穆斯林支持伊朗穆斯林的伟大事业。

当天中午，美国驻伊朗大使沙利文会见伊朗新首相埃马米，双方就伊朗国内局势进行了一个多小时的交谈。在交谈中，埃马米竭力表现自己是独立于巴列维国王行事的。他暗示过去的首相都对国王唯命是从，而他的内阁只对首相和议会负责，与国王只是名义上的工作关系。他说，他的自由计划将会使反对派之间在得到地位后互相残杀。沙利文将其称之为"喂鳄鱼计划"。埃玛米还说，新政府已经与温和的神职人员取得了联系，街头暴力有望很快减弱。

[1]　Ronen Bergman. *The Secret War with Iran: The 30 - Year Clandestine Struggle against the World's Most Dangerous Terrorist Powe*. New York：Free Press，2008：5.

[2]　Ibid.，20.

他提出了自己的计划,为了缓解紧张的集贸市场,将允许商人选举自己的行会负责人,不再由"萨瓦克"来认定。他坦承,自己的最大问题是阿亚图拉霍梅尼。他已经采用了所有的方式与其沟通,但都不见效。最好的办法是让他重新回到土耳其,虽然不能从根本上解决问题,但能使其处于可控状态。当然,如果阿亚图拉霍梅尼能到欧洲,比如说巴黎,会更好些,这可以使他销声匿迹。同时,他还谈了苏联"克格勃"插手伊朗事务的问题,不希美国中情局也做同样的事情。沙利文否认了美国中情局干预伊朗事务。他列举了导致伊朗目前局势的主要原因:腐败、王室成员的影响、对农村重视不够以及官僚体制效率低下,等等。埃马米建议伊朗与美国之间尽快签署核协议,这样有助于伊朗局势的稳定。沙利文则答应敦促美国政府尽快实施。埃马米还建议美国限制伊朗在美国的反对派留学生。沙利文称,美国人要依法行事。沙利文在其回忆录中说,他是与英国驻伊朗大使帕森斯一起去见埃马米的,但在他打给美国政府的电报中没有提及帕森斯。

9月3日,在库姆的家里,阿亚图拉沙里亚马达里称,伊朗新政府有3个月的时间来满足反对派的要求,如果不接受这些要求的话,那么我们将重新考虑"我们的态度"。他首次以"全世界什叶派最高宗教权威"的身份呼吁所有穆斯林在斋月结束时表现出"团结和兄弟情谊"。他宣称自己是"唯一的什叶派领袖",并驳斥了他与阿亚图拉霍梅尼有分歧的传闻,说"我将劝他回国","他到这里,我们两人合作"。

当天,一群青年高呼"处死国王"的口号穿过德黑兰大街,引起了人们的不安。伊朗中央银行的上千名职员罢工,要求增加工资50%,这是15年来第一次文职人员罢工。另外,库姆的运输工人和德黑兰郊区变压器厂的工人也进行罢工,要求改善工作条件,提高工资①。

9月4日,反政府示威在各地继续。在德黑兰,当天的示威游行有两大特点:一是人数众多,参加者达250万人②,一是以组织有序而闻名。示威者排成整齐的队伍,在大街上边游行边高呼:"士兵兄弟,你为什么要杀你的兄弟?"当军警向游行队伍走来时,游行者把花洒在他们身上。在圣城库姆,有1人被

① Sullivan. Fm Amembassy Tehran to Secstate WashDC 171. Draft Date: Septmber 5, 1978. Document Number: 1978TEHRAN08452, National Archives.

② John Foran. *A Century of Revolution*. London: UCL Press, 1994: 177.

打死。在伊拉姆，有2名示威者和2名警察被打死。示威者要求阿亚图拉霍梅尼回国。

当天，德国波恩媒体报道：法拉赫王后带着她的两个孩子离开了德黑兰，现住在马略尔卡岛上她嫂子家里。为了安全，国王外出总是坐直升机。

9月5日，全国包括男女老幼的数百万人参加了示威游行，他们拿着呼吁士兵放下武器的标语。其中德黑兰的规模最大。德黑兰的示威游行从早上6点开始，一直持续到深夜。游行队伍中喊出了"我们的运动是侯赛因，我们的领袖是阿亚图拉霍梅尼"的口号。一些军人被示威者包围，示威者向他们投以鲜花，并高呼："士兵兄弟，不要杀你们的兄弟。"法国记者报道称，伊朗的运动进入到了一个新的时期，在包括德黑兰在内的多个城市，伊斯兰已经显露了自身的实力，但记者对伊朗现政权仍然抱乐观态度。记者在报道中称：尽管伊朗政府出现了压力，但它并未失去权力基础。50万全副武装，纪律严明的军人、警察和"萨瓦克"仍然完好无损，政府能够控制局势。

当天，人民党中央委员会在巴黎发表声明，主张伊朗各反对派组成"联合阵线"，其目的是摧毁巴列维现政权，解散议会，召开制宪会议，赶走美国的军事顾问，伊朗退出中央条约组织。

9月5日，《日本产经新闻》载文《伊朗反政府暴动仍在继续发展，背景是宗教斗争》，其中写道："伊朗虽以伊斯兰为国教，但天主教、犹太教等几个宗教也同时得到承认。巴哈教也是其中之一，据说它是把犹太教和天主教、袄教以及伊斯兰教等教义合起来的新兴宗教。巴哈教对当今世界予以充分肯定，并在商人阶级和富人阶层中拥有势力。最近，甚至连经济界的领导人和国王亲信也卷入了信徒们的行列，它的存在在伊朗国内已是不可轻视的。"随着巴哈教势力的扩大，国教伊斯兰教在这个国家已逐渐遭到蔑视，这引起了伊斯兰教领袖的警惕。伊斯兰教领袖向国王提出要求说，"希望同巴哈教断绝关系"，并主张"我们不是只反对君主制和现代化政策"。

9月6日，阿亚图拉沙里亚马达里借《德黑兰日报》呼吁：以色列是一个"占领别国领土和不断进行扩张的国家"，它多年来一直占领着叙利亚、埃及、约旦以及巴勒斯坦的领土，而且用的是赤裸裸的武力。所有伊斯兰国家团结起来，把以色列从穆斯林的土地上赶出去。同时，他还呼吁"穆斯林兄弟"在道义上和"通过祈祷来支持伊朗穆斯林目前争取合法自由的斗争"。

当天,伊朗政府下达了游行禁令:"我国同胞都清楚,自现政府上台执政以来,它一直致力于实行新闻自由、言论自由和集会自由的方针。不幸的是,某些组织试图利用这些条件,在他们的集会和示威游行中发表违反法律的言论。他们制造事端搅乱人民平静与安全的生活,破坏财产,从而在人民中制造不安和恐惧心理。面对这些危险,为了使人们乐业并且防止破坏性的行动,因此,政府宣布,集会只能在不妨碍交通的地区进行,并且必须得到警察部门的允许。警察奉命制止在街头组织集会,除非这些集会是事先得到警察部门批准的。"

当天,波斯通讯社报道:游击队用机关枪袭击了德黑兰一个警察局,1名警察被打死,这是首次这样的报道。3个月前成立的"伊朗问题研究小组"决定退出复兴党,但小组成员表示忠于"国王、民族独立、宪法、国王与人民的革命"。

美国人对阿米尼提出的迅速签订核协议的请求立即做出反应。9月6日,伊朗与美国签署《核合作协议》,协议规定:有关核材料的后处理和铀浓缩问题,双方保证核材料的转移和管理依据该协议进行,除非双方同意,任何一方不能单独使用核材料或转移相关设备;美国指出,伊朗核计划在以后相当长的时间内,要在使用核材料及其后续处理问题上与美国密切磋商,具体内容包括:伊朗核乏燃料的贮存;在美国贮存的乏燃料如果进行提取的话,则向伊朗收取固定的费用;伊朗和美国按照国际可接受的方式存储,处理或配置乏燃料,其中包括英国、法国或其他国家使用的废燃料的处理,并将回收的钚以核燃料的形式返回伊朗[①]。

9月7日,50万到100万人参加了德黑兰的示威游行,示威者高呼"阿亚图拉霍梅尼""我们都是阿亚图拉霍梅尼!""伊斯兰拒绝君主制!""美国人滚回去!""打倒巴列维王朝!""支持巴勒斯坦兄弟!"等口号[②]。游行中的摩托车方阵格外引人注目。大部分商店关门。这次示威表明,人们相信的是阿亚图拉霍梅尼,而非宗教的温和派。阿亚图拉霍梅尼的追随者占了优势。由于局势

---

① Christopher. Fm Secstate WashDC to AmEmbassy Canberra Immediate. Draft Date:Septmber 6,1978. Document Number:1978STATE226045,National Archives.

② Sullivan. Fm Amembassy Tehran to Secstate WashDC Niact Immediate 224. Draft Date:Septmber 8,1978. Document Number:1978TEHRAN08555,National Archives.

严重,首相埃马米未能出席日本首相福田为他举行的招待会。游行者高举阿亚图拉霍梅尼画像,打着反对国王、主张成立伊斯兰政府的横幅,喊着口号,有序地穿过大街。在游行队伍旁边及后边是军车,车上的士兵拿着步枪,还架着机关枪,天空有飞机巡逻。

民族阵线领导人桑贾比对《世界报》记者说:鉴于 20 世纪 50 年代初该阵线与人民党合作的"悲惨经历",任何形式的政治联盟都是"不可想象的"。他指责人民党不考虑人民的利益,是外国的附庸。"虽然民族阵线没有设想过这种合作,但是政治上的灵活性会暴露人民党的真正面目。那时,全国就能够看清人民党是什么东西,是伊朗的叛徒。"①

当天,法拉赫王后参观了德黑兰大学的埃克巴尔(Eqbal)医院。一些人看到王后时,喊道:"国王万岁!"②

9 月 7 日晚,巴列维国王把军官召集到王宫,开了一个很长的会。会后,新政府颁布新的戒严令,据此,德黑兰、卡拉杰、卡兹文、马什哈德、大不里士、阿瓦士、设拉子、阿巴丹、伊斯法罕、卡泽伦和机赫罗姆等 12 个城市从 9 月 8 日清晨 6 点开始戒严一个月,实行军事管制。对此,法拉赫王后感到担忧,她找到了巴列维国王。国王告诉她,每半个小时用广播通知一次,但戒严令直到 9 月 8 日的清晨才发布出去。这时,数百万游行示威者已经上路了,还有大量的头一天没有回家、就在大街上过夜的人,他们根本就听不到军事管制的消息。

伊朗地面部队司令、德黑兰和中央省军事长官古拉姆·阿里·奥韦西(Gholam Ali Oveissi,1918～1984)将军,1963 年,他因下令军警向示威群众开枪而被人们称为"德黑兰的屠夫",面对新的局势,他再次宣布首都德黑兰实行宵禁,时间为每天晚上 9 点到次日清晨 6 点。

9 月 8 日,人们继续上街游行和静坐。卫队司令巴德列依将国王卫队一师的一支部队派往饶列广场。广场上,数千群众静静地游行示威,妇女儿童走在前面,男人紧随其后。遇上军队后,他们不顾卫队指挥员的命令,一直向前涌。9 点 15 分,指挥官下令向群众开火,在周围的房顶上,也有人向群众开火,无法

---

① Sullivan. Fm Amembassy Tehran to Secstate WashDC 215. Draft Date: Septmber 7, 1978. Document Number: 1978TEHRAN08539, National Archives.

② Gholam Reza Afkhami. *The Life and Times of the Shah*. Berkeley, Los Angeles and London: University California Press, 2009: 463.

确认这些在房顶上开枪的人是警察、军队或是"萨瓦克"。一位作家对当时的情景做了这样的描述:"一开始,木屑洒上汽油在大街上点燃。当人群对火感到恐惧时,开始奔跑,寻找庇护所,这时,几辆车被点着了。随后,法拉赫·阿巴德大街(Farah Abad)上的超市被点燃了。这时,机枪开始扫射。所有的进出口都被堵上。毫无防备能力、无辜的和毫无意识的人被当成了射击的目标,不是当作吓唬的对象而是当作屠杀的对象。所有的出口被坦克和全副武装的军车封死,他们插翅难逃。一些到屋子里避难的人也被追赶和射杀。政府禁止向受伤者提供血液。到中午,整个大街上到处都是尸体。"①当天下午 4 点,局势基本稳定。当晚,新闻大臣阿米里-德黑兰尼发表声明:尽管一再发出警告,但是,一群暴徒仍在德黑兰一些角落使人民的生命和财产遭受危害,还放了好几次火。这些暴徒显然得到了外国的金钱支持,并用燃烧瓶、手榴弹、各种火器和刀子武装起来。他们还袭击了军事人员,使其中几人受了伤。由于暴徒不注意军队的警告,军队开了枪。不幸的是,根据从各个医院获得的、截至当晚 7 点半的统计数字,在开枪射击中,打死了 86 人,打伤了 205 人②,这就是"黑色星期五"。有关当天的伤亡数字,说法不一。有人说,在德黑兰东部的贾勒赫广场,军队与示威者的冲突造成了 21 人死亡,其中 7 人来自司法部门③。据阿什拉芙公主回忆录,"政府军向人群开了枪,打死 85 人,打伤约 200人。"④沙利文在其回忆录中写道:"有两百多名示威者被打死了,这是确实无误。"⑤根据伊朗政治活动家埃马德丁·巴赫伊(Emadeddin Baghi,1962~)的统计,在贾勒赫广场有 64 人死亡,在德黑兰其他地方有 24 人死亡⑥。中国学者王宇洁在其《伊朗伊斯兰教史》中的数据是"87 人被打死,200 余人受伤"⑦。美国学者罗伯特·德莱弗斯(Robert Dreyfuss)在其《霍梅尼的人质》一

---

① Jalald-Dine Madani. *History of Islamic Revolution of Iran*. Tehran:International Publishing Co.,1996:364.

② Gholam Reza Afkhami. *The Life and Times of the Shah*. Berkeley,Los Angeles and London:University California Press,2009:466.

③ Farah Pahlavi. *An Enduring Love:My Life with the Shah:A Memoir*. New York:Miramax books,2005:284.

④ [伊朗]阿什拉芙·巴列维.伊朗公主回忆录[M].许博,译.北京:新华出版社,1984:193.

⑤ [美]威廉·赫·沙利文.出使伊朗[M].邱应觉等,译.北京:世界知识出版社,1984:123.

⑥ Gholam Reza Afkhami. *The Life and Times of the Shah*. Berkeley,Los Angeles and London:University California Press,2009:465-466.

⑦ 王宇洁.伊朗伊斯兰教史[M].银川:宁夏人民出版社,2006:138.

书中给出的数字是 500 人①。此外，还有很多电影院、商店、银行及其他交通工具被烧。这就是伊朗伊斯兰革命进程中的"黑色星期五"。

同时，政府对人们的活动又做了新的规定：① 禁止两人以上的集会，授权治安部队严惩违犯者；② 除治安部队外，绝对禁止携带任何武器；③ 从晚上9 点到早晨 5 点禁止一切车辆通行，在上述时间里，若有人被发现在街上，将根据戒严法逮捕法办；④ 陆地旅行机构奉命安排好行车时间，使公共汽车最迟在晚上 8 点钟到达目的地，让乘客有时间于宵禁开始前到家；⑤ 伊朗航空公司必须根据戒严规定的第四条重新安排国内班机时刻表；⑥ 在宵禁时间内乘飞机抵达梅赫拉巴德机场的旅客，可乘坐由治安部队护送的专车进城；⑦ 各警察站准备了足够的救护车，以便把急诊病人送到医院去。这些救护车也由治安部队护送。各警察站也将有一些出租车，以备急用。

伊朗驻美国大使阿德希尔·扎赫迪带着卡特总统的信回到了伊朗。

当天，德国《世界报》(Die Welt)对"黑色星期五"作了这样的评述："因为星期五是伊斯兰国家的官方节日，发生了示威游行和街头抗议活动。谢里夫-埃马米政府被迫实行军事管制。示威游行不再呼吁改革，而是喊出口号：'处死国王'和'要么阿亚图拉霍梅尼，要么流血'。他们的要求当场兑现，流血发生了。宪兵和军队毫不迟疑地向他们的目标——民众开枪。军队忠于国王的领导并支持他。"

美联社报道称：昨天德黑兰爆发了有史以来最大的示威游行，示威者高呼口号：我们的国家是伊朗，我们的领导人是阿亚图拉霍梅尼，结束巴列维王朝！近几个月事态的发展表明，阿亚图拉霍梅尼成为反对派力量的主要领导人。从示威游行的口号可以看出，人们已经接受阿亚图拉霍梅尼为他们的领导人。

《法兰克汇报》(*The Frankfurter Allgemeine Zeitung*)称："由于现在不但压力最大化而且压力正在向军队扩散以使其行动非公正，星期五大屠杀动摇了国王的权力基础。国王绝对以英明的领导给这个国家带来了许多发展和进步，但同时也使许多事情失去了平衡。现在红黑之间的联盟不但使伊朗人民

---

① Robert Dreyfuss. *Hostage to Khomeini*. New York: New Benjamin Franklin House Publishing Company, 1980: 33.

不能接受,也使国外的公共舆论不能接受。""也许卡特的政策是导致王权不稳的原因之一。一方面,美国想让印度、巴基斯坦、阿富汗成为稳定国家,同时,另一方面,以霍尔木兹海峡为借口,美国前驻伊朗大使鼓励伊朗的反对派。"①关于美国支持伊朗的反对派一事,巴列维国王在其回忆录中也谈道:据西方媒体报道,美国中央情报局每年向伊朗的宗教界提供 4 亿至 4.5 亿美元。直到1977 年,卡特政府才下令停止这项援助②。

9 月 8 日,科威特《舆论报》总编阿卜杜勒·阿齐兹·法赫德在该报撰文《伊朗为什么现在发生事件》,其中写道:"在这里我们可以看到美国、苏联争夺势力范围和瓜分利益的斗争仍然在进行着。""今天伊朗所发生的事件是大国竞相控制世界上这一重要的、敏感地区的角逐中的又一步骤。""如果我们仔细观察一下伊朗街头发生的反对现政权的示威者们所高呼口号的性质,了解一下他们想达到的目的和提出的要求,我们就能看到,这场运动是一场得到妄图危害伊朗的外国机构幕后支持的政治运动,而不是别的。""其目的是想用另一个政权代替现政权"。

法国知名记者保罗·玛丽·德·拉·戈斯(Paul Marie de la Gorce,1928~2004)在《费加罗报》上撰文称:"9 月 8 日这天将是伊朗危机的转折点。尽管政府的军事管制使德黑兰游行人海已经消散,但很明显,在过去几天,伊朗国王调和什叶派神职人员的幻想最后以失败告终。"③德·拉·戈斯没有提到布热津斯基(Zbigniew Brzezinski,1928~　　)和斯坦菲尔德·特纳(Stansfield Turner,1923~　　)支持的"伊朗解决方案"。根据两个情报机构和伊朗商界消息灵通人士的情报,布热津斯基在前首相阿里·阿米尼(Ali Amini,1905~1992)尚未任首相前就与其进行公开联系。阿米尼是摩萨台民族阵线的成员之一,他从 1953 年起担任财政大臣,1961 年接受美国人的建议,巴列维国王任命他为首相。为此,得到了 3 500 万美元的援助。早在 20 世纪

---

① Jalald-Dine Madani. *History of Islamic Revolution of Iran*. Tehran: International Publishing Co., 1996: 372 - 373.

② [伊朗] 穆罕默德·礼萨·巴列维.对历史的回答[M].刘津坤,黄晓健,译.北京:中国对外翻译出版公司,1986: 158.

③ Judith Wyer. The Plot behind the Iran Crisis. *Executive Intelligence Review · Middle East*, Vol.5, No.36, September 18, 1978: 26 - 28.

60 年代,美国的肯尼迪政府曾支持阿米尼取代巴列维国王[①],但没有成功。在德·拉·戈斯看来,现在,美国人在终结巴列维国王统治的问题上,终于如愿以偿了。

9 月 9 日上午 9 点,最高协调委员会召开会议。按照巴列维国王的指示,会议参加者主要有军队参谋长爱资哈里、警察局长萨马迪扬普尔、"萨瓦克"头目穆贾达姆和内务大臣加拉巴吉以及担任德黑兰军管司令的人。但在伊朗情报总管侯赛因·法尔都斯特的要求下,不是协调委员会成员的军事执行官伍伊斯也参加了会议。

会议一开始,法尔都斯特率先发表自己的看法。他说:"示威具有宗教性,士兵也是教徒,不能向同教教友开枪。军队如果镇压示威游行,尤其是镇压没有武装的老百姓的宗教示威,会逐渐削弱军队的立场,士兵们和老百姓会随时冲突起来。最好是只由警察局行动,根据一向的惯常做法,派几个营的部队去帮助警察局。只要军事管制存在,就会有像昨天那样的对待百姓的态度。让军队上街根本就不对头!"[②]对于法尔都斯特的看法,除了伍伊斯表示支持外,其他人皆表示反对。这样,巴列维国王按照大多数人的意见,继续实行军事管制。但国王非常重视宗教领导人对军事领导人的看法,只要他们不满,就更换军事领导人,以马什哈德为例,在短时间内,就三度更换师长。

由于国内局势不稳,巴列维国王取消了他原定的对罗马尼亚和民主德国的访问。

街头盛传:以色列的军队将派到伊朗去镇压运动。

"黑色星期五"的第二天,阿亚图拉沙里亚马达里发表了一封公开信,他在信中要求人们待在家里,反对现政权的活动要在"极度平静的气氛中进行",不要使"帝国主义和独裁的工具得到利用目前动乱的任何借口"。他又说:"人民和我们对现政权不再抱任何希望,它所进行的屠杀彻底宣判了其死刑。"[③]自由运动领导人巴扎尔甘则要求与其接触的美国官员,支持伊朗在 1906 年宪法框

① Judith Wyer. The Plot behind the Iran Crisis. *Executive Intelligence Review · Middle East*,Vol.5,No.36,September 18,1978:26 – 28.

② 伊朗外交研究所.巴列维王朝的兴衰:伊朗前情报总管的揭秘[M].李玉琦,译.北京:新华出版社,2009:362.

③ 张振国.未成功的现代化:伊朗"白色革命"研究[M].北京:北京大学出版社,1993:238.

架内"将目前独裁政府转变为一个更为民主的制度"[1]。

阿亚图拉霍梅尼则在纳贾夫发表了慷慨激昂的演讲,全文如下:

> 勇敢高贵的伊朗人民!伊朗国王再一次通过宣布在德黑兰和其他地区实施军事管制证明,他已失去了在伊朗人民中的存在基础。在和平的氛围下宣布实施军管法——根据伊朗电台和出版物的声明,示威游行完全是在和平的方式下进行——既是非法行为,也是犯罪行为,宣布者就是罪犯。为了把毫无防备能力的无辜的民众用子弹打成蜂窝,国王没有找到比颁布军管法更好的借口。近来,德黑兰和其他伊朗重要城市目睹了大规模和平示威游行,借此表示希望消除压迫和反对35年来控制他们命运的犯罪行为,这些反对国家,践踏宪法的暴力犯罪行为是整个民族尽人皆知的。

> 反对把民族陷于水深火热之中的犯罪由那些对政治和宗教有深度理解的人来展示。达到这种程度以致他们向武装部队散花,但"民族和解政府"以他们的口号反对宪法为借口指责他们,实际上,他们的口号是直接反对践踏宪法的国王和国王政府。它是人民对自身灾难的表达。实际情况是国王在对毫无防备能力的无辜民众寻求报复,用老一套机枪对准无辜者的办法去浇灭民众的强烈愿望。但对他来说,太晚了。被压迫的和已觉醒的伊朗人民已经觉悟了。我这里没有这次惨案和伊朗其他地方准确的伤亡数据,但新闻媒体已经报道说,数百人被杀,还有来自伊朗的消息称,死亡人数超过了千人。

> 现在是勇敢的伊朗人民不管以什么样的方式为无数的受伤者提供所需血液、救治和食物的时候,还要提供力所能及的财政帮助。

> 今天伊朗人的脸像玫瑰一样红,不论走到哪里,人们总能感受到勇敢和震惊。是的,这是信士们的领导人伊马目阿里(愿真主保佑)和殉道者的领导人伊马目侯赛因(愿真主保佑)之路。

> 我希望霍梅尼是你们中的一员,在捍卫至高无上的真主的伟大事业

---

[1] Mohsen M. Milani. *The Making of Iran's Islamic Revolution: From Monarchy to Islamic Republic*. Boulder: Westview Press, 1994: 202 - 203.

中与你们一起被杀。伟大的伊朗人民，相信胜利是属于你们的，它迟早是要到来的。

国王希望通过建立"民族和解政府"使高贵的宗教学者和尊敬的伊朗政治家加入到其实施大屠杀犯罪的行列中去。然而，他的伎俩很快就被戳破。"当然，罪恶的、战略的、虚弱的"政府让世界知道这就是所谓的伊朗"公开政治氛围"，这就是国王的"民主政府"，这就是按照国王及其政府逻辑下"真正伊斯兰专制"下的所作所为。现在他又继续诉诸他原来所做的具有两重作用的新监禁和放逐。伊朗知识渊博的学者和知识分子应该打碎从不考虑自由的施暴者的靴子。你们伊朗人民，下决心要通过拉马丹月底的和（伊朗历）沙瓦尔月4日（公历1978年9月7日）在全世界观察家面前的全民公决，从罪恶的国王政府下解放自己。它们向人们表明，国王政府在伊朗已经没有任何地位。这在国外的媒体中也有反映。坚信没有任何力量可以与已经站起来的你们匹敌。

伊朗爱国的军人们，你们已经看到了人民对你们的友善，向你们抛撒花朵。你们也知道，那些掠夺者把你们当作手中的工具，用以杀害自己的亲人以继续其残暴的统治。加入到摆脱国王统治的你们兄弟的武装力量中去，进攻敌人，支持人民吧。勇敢地站起来，不要让这个国家和人民被毁！不要让你们的兄弟姐妹流血！把你们的善行镌刻在有利于伊朗民族发展的编年史上，去斩断罪恶与压迫的根源。

你们伊斯兰伟大的宗教学者、你们大政治家们，你们不为国王的威胁所吓倒，是民族自信和道德力量的象征，在这民族生死存亡的关键时刻，你们不但要显示出你们的耐力，而且要比以前更加强化人民抵抗的软精神。走近民众，加强他们与伊朗敌人战斗的力量。我祈求万能的真主支持伊斯兰和穆斯林。

愿和平与你们同在，真主祝福你们！

9月9日，50名戴面具的示威者在戴维营附近的瑟蒙特活动，还有40名示威者走在通往白宫的大街上。在法国，15 000人参加了巴黎的示威游行。

9月10日，菲尔德·纳瓦尔（Field Naval）在贝鲁特《狩猎者》周刊撰文《伊朗何去何从？——石油资源属于美国，通道属于苏联》。文章写道："伊朗的局势,其内部的各种因素是具备的,同时,也具备一些外部因素。""首先是以美国为代表的西方和以苏联为代表的东方所具有的各种可能发生的情况。如果说有一位美国议员在国会里发表演讲警告说,'要抓住伊朗,不要让它变成第二个日本',那么这一警告坦率地说,只不过是指出这种'抓住'是强调,美国的作用不应当局限于观察,而是应当超过这一层面'插进去',并抓住一切已发生的和将要发生的问题。""非洲之角事件、石油运输通道、阿富汗政变和南北也门事件,都充满石油气味。""对于伊朗有两件事应当留意:一是伊朗同美国石油公司之间进行谈判的失败;二是伊朗批准购买 20 座原子反应堆的计划。当轮到从美国购买 14 座时,谈判进入了提出各种要求以及做出各种让步的死胡同中"。"各种迹象表明甚至强调,只要美国利益需要,一切可能的情况都会发生。但是,华盛顿对石油大陆制造紧张气氛的计划能够推进到什么程度呢?美国曾后悔它帮助日本和西德经过动乱而变成威胁着它的内部的两个经济巨人——看来不希望重演它的'悲剧',以败坏它作为一个有影响国家的名声。"

9 月 10 日早晨,在美国国务卿万斯和布热津斯基的敦促下,正在美国戴维营进行埃以和谈的埃及总统萨达特和美国总统卡特先后给巴列维国王打电话,表示对其支持。卡特总统与巴列维国王的通话是在华盛顿时间 7 点 56 分至 8 点 2 分进行的,卡特向国王表示最良好的祝愿,希望他能够很好地解决当前问题并成功实行改革。国王则说,这次骚乱是"魔鬼"策划的阴谋。他还说,他在自由化方面已经走得很远了,现在人们在利用这一点来反对他。尽管如此,他准备仍然把改革坚持下去,保证伊朗的言论、集会、游行、出版和选举等自由。他建议总统尽可能用有力的方式表示对他的支持,以防其敌人钻空子。卡特答应照办。但无论是卡特或是巴列维国王在他们的回忆录中都对两人之间的通话只字未提。当天下午 4 点,美国白宫发表如下声明:今天上午,总统给伊朗国王打电话,讨论目前伊朗的情况。总统再次强调了伊朗与美国之间亲密的朋友关系和伊朗继续与西方合作的重要性。总统对大量的人员伤亡深表遗憾,并希望暴力事件尽快结束。他进一步表达了希望运动朝着政治自由化的方向继续进行[1]。巴列维国王在其回忆录中则写道:"西方广泛传播说后来卡特当晚给我打了电话,这是假的。除了 1979 年 12 月在拉克兰空军基地

---

[1] Christopher. Fm Secstate WashDC to AmEmbassy Tehran Niact Immediate. Draft Date: Septmber 10, 1978. Document Number: 1978STATE229169, National Archives.

他来过一次电话外,卡特总统没有给我打过电话。"①如果巴列维国王说的是真的话,情况应该是由于萨达特与卡特在一起,两人意见一致,所以萨达特的电话,在卡特看来,也是自己的电话,不然的话,就无法解释美国白宫接下来的声明了。

首相埃马米要求对德黑兰及其他 11 个城市实行军事管制,并得到了批准。这天,议会还对他和他的内阁投了信任票。埃马米发表声明称,他对军事管制的后果负全部责任。

当天,法新社报道称:在"黑色星期五",伊朗军队为了结束示威游行毫不迟疑地使用武力,这可能导致政府的垮台。子弹从来福枪和军车中射出,据折中的估计,有 200 人被当场打死。国王试图借此挽救自己的统治,然而,这样做使他失去了与反对派谈判的机会。

当天的伦敦《星期日时报》载文呼吁伊朗建立一个右翼政府,具体来说就是由伊朗驻美国大使阿德希尔·扎赫迪与巴列维国王的妻子、法拉赫王后联合执政。在文章的作者看来,扎赫迪可以团结伊朗的左派和右派②,实现伊朗政权的平稳过渡。

9 月 11 日,伊朗律师协会发表声明说,军管是违法、违宪的。伊朗各报皆以《在向贪污行为开战中不能放过任何人》为大字标题,报道了逮捕第一批贪官污吏的情况。前卫生大臣谢赫拉伊斯拉姆扎德和他的两名助手、教育部住房办公室主任穆罕默德·阿里·纳吉卜扎德、一些前大臣、国务秘书、市长、公司负责人正在受到初步审查。一些人已经逃离了伊朗,像证券交易所前所长谢赫·巴海和前总督穆罕默德·阿里·萨尼等。另外,媒体报道说,有 70 多人被禁止出国,街头传闻的这个数字是 1 000 人。首相埃马米称:保证实行"完全自由",条件是:反对党尊重宪法。宪法规定,谁也无权侮辱君主政体和国王。阿米尼提出了自己的施政纲领:优先发展农业;在农村地区加速建设供水、发电、电话和卫生设施;通过供求平衡,制止通货膨胀;减少文牍主义,政府所有部门依法办事;鼓励私人投资;在今后五年内把钢产量由 100 万吨增加

---

① ［伊朗］穆罕默德·礼萨·巴列维.对历史的回答［M］.刘津坤,黄晓健,译.北京:中国对外翻译出版公司,1986:165.

② Judith Wyer. The Plot behind the Iran Crisis. *Executive Intelligence Review · Middle East*, Vol.5, No.36, September 18, 1978:26-28.

到 1 000 万吨。德黑兰军事长官称,戒严不包括举行婚礼和葬礼的聚会。为辟谣,法拉赫王后出席了一个为银行家举行的游园活动。

前首相阿米尼表示了对巴列维国王的不满。他说在反政府示威间,军队开枪打死了两千多人。"这个独裁的、压迫的而又顽固的政权早晚是要爆炸的,因为它的基础是腐朽的。贪污腐化达到了难以想象的地步。"

9 月 11 日,美国《时代周刊》刊登伊朗国王与该刊记者的谈话,时间是 9 月 9 日。巴列维国王在谈话中说:"我们盖一个工厂容易,但是你如何来造就一批政治家呢? 我们现在已经肯定的是,有些事是错了。某些事,某些地方,也许有不少的事,不少的地方错了。否则,你也就不会有这种不正常的情况:国民收入平均每人从 160 美元增加到 2 300 美元。同时还有政治骚乱。"当谈及为什么不能允许共产党合法化时,巴列维国王说,这与伊朗的政治地缘有关。当谈及外界传言他放弃伊斯兰教问题时,他说:"这种传言是不对的。在我的许多决定、著作和行动中,我已表明我对我的宗教所承担的义务。第一,有我所写的书。第二,还有我修复的一切圣地。第三,我进行了多次的朝圣,还有我说过的话。"

9 月 11 日,以色列《国土报》载文称:"如果伊朗国王被推翻,全世界将担心发生一次石油危机"。以色列《话报》载文称:"伊朗国王抵制了阿拉伯世界要求他停止向以色列提供石油的一切呼吁,但是危险变得更加咄咄逼人了,反对派分子现在企图在伊朗夺权。美国保证'在紧急情况下',向以色列供应所需要的石油,这种保证'越来越靠不住了'。"以色列《守望者》载文称:"不管什么样的政府在伊朗执政,情况只会更坏。伊朗国王是亲西方的,是温和派。不管他的讲话是多么亲阿拉伯,但是,他继续同以色列保持着良好的贸易关系。"

9 月 12 日,前内政大臣赛义德·皮拉斯特要求对已离职的和在职的政府高级官员的银行账目进行检查。当天,埃马米政府以军事管制法中的煽动暴乱和试图纵火为名逮捕了阿亚图拉谢赫·努里(Shaikh Nouri,又称 Shaikh Yahya Nassir 或 Nassir)。伊朗政府宣布已掌握了相关的大量证据,证明努里煽动人们烧银行、商店、电影院和公共建筑。给人印象最深的是在其家中搜出了 640 多万里亚尔(伊朗货币单位,约合 9 万 5 千美元)的现金,在他身上搜出23 万多里亚尔(约合 3 200 美元)的现金,他家里五个存折上的总金额为 85 万多美元。努里是一位资深政治家,他一直支持阿亚图拉霍梅尼。在伊朗宗教领袖中,他是较早提出反对犹太复国主义的人,据说,他是 9 月 8 日运动的主要领导人①。

在过去的 1 周,伊朗政府已宣布,释放了 330 名政治犯。

9 月 13 日,在伊斯法罕,商铺响应阿亚图拉霍梅尼"总罢工"的呼吁,进行罢市。当地政府发布命令,开门营业,否则,将没收商铺营业执照。当天下午,约 60％的商店开门。

苏联《真理报》刊登了该报记者对伊朗人民党领导人伊斯堪德利(Iraj Eskanderi,1908～1985)的采访。伊朗人民党领导人表示了对巴列维国王和"萨瓦克"的不满。

9 月 14 日,伊斯法罕发生了一系列爆炸事件。晚上 7 点,人们看到两个骑摩托车的人,打碎了当地新闻与旅游局大楼的窗户玻璃后,接着来了两个以上的年轻人通过打碎的窗户向里面投掷燃烧弹。此后不久,3 家银行的办事处遭到了袭击。晚上 9 点,格鲁曼电机公司的停车场遭到了自制炸弹的袭击。当晚,伊朗军管当局宣布逮捕胡韦达政府时期的前农业与水电大臣鲁哈尼(Ruhani)、前商务大臣与国务大臣费雷敦·马达韦(Fereidun Mahdavi)。根据军管法第二条,逮捕他们不需要理由。

萨瑟兰(Sutherland)在《基督教科学箴言报》上撰文《为什么伊朗局势不稳对西方如此重要》,其中写道:"美国向这位伊朗国王提供了大量武器,使他甚至能够干涉任何波斯湾国家的事务。对此,美国公众几乎一无所知。""首先是左翼接管了伊拉克,下一步是在南也门建立一个马克思主义的政府,然后苏联和古巴进入埃塞俄比亚,并且最近阿富汗发生了共产党政变。要是在地图上把这些地区都涂成红色,你就可看出像一把大铁钳一样就要把沙特阿拉伯和伊朗夹住了。""有些专家认为,这种铁钳理论是无稽之谈。他们认为,这一地区的一些脆弱的政府机构的瓦解比共产党的颠覆或超级大国的竞争更为危险。但是不管这个铁钳理论的实际价值如何,这个理论大概应该得到比美国迄今为止所给予的更大的注意,展开比美国迄今为止所进行的更多的辩论。""同时,一些美国官员承认,如果那些现在对国王构成威胁的穆斯林原教旨主义者取得了幕后控制权的话,他们就完全不能肯定伊朗会采取什么样的对外

---

① Sullivan. Fm Amembassy Tehran to Secstate WashDC Niact Priority 321. Draft Date: Septmber 13, 1978. Document Number: 1978TEHRAN08766, National Archives.

政策。如果军队接管的话,他们也不能肯定会发生什么情况。美国长期以来同伊朗军队有着密切的关系。有数千名美国军人、国防部的文职人员和美国的非官方承包人员同伊朗的军队一道工作。但是谁能说在军队里是否潜藏着一个年轻的卡扎菲(Muhammad Abu Minyar al-Gaddafi,1942~2011)上校呢?""看来美国官员真正一致的看法是,如果伊朗土崩瓦解,它可能很快就会影响阿拉伯世界和以色列人之间的不战不和的平衡。""值得注意的是,参议院一个小组委员会最近公布的几乎不为人知的关于能源和自然资源的报告认为,伊朗对通过波斯湾源源不断地运出石油的活动构成威胁,那将大大危及西方和日本的经济,以致会构成一次大战的基础。"[①]

9月15日,在大不里士的冲突中,又有9人被打死。

9月16日,伊朗众议院对埃马米政府进行了信任投票,结果是176票赞成,16票反对,两票弃权。埃马米在众议院发表讲话说,如果不实行军管,共产党已接管了伊朗政权。从7月27日~9月8日,这些阴谋分子在公共活动场所埋设了132颗炸弹,搞了184起纵火案,殴打了158名警察,对公共和私人财产进行了336次破坏性袭击,对警察发起了3次攻击。由于局势不稳,伊朗在3周内有1亿美元的资金外流。伊朗《彩虹》(Rangin Kaman)杂志编辑穆罕默德·侯赛因·马曼迪内贾德(Mohammad Hossein Maymandinejad)因诽谤宗教被捕,10月1日获释。巴列维国王接受法电视台记者采访时说:他不打算放弃王位,他的儿子将按期继承王位。伊朗呼罗珊省东部塔巴斯发生地震,造成11 000人(另一说法为25 000人)死亡,有人说这是由于苏联核试验引起的,苏联对此予以否认。更为流行的说法是,地震是由于巴列维国王允许美国在这一地区从事地下炸弹测试而引起的。也有人说,地震是真主的愤怒引起的。9月18日,法拉赫王后前往灾区视察。9月20日,巴列维国王前往灾区视察。

以下是科威特媒体对伊朗事态的分析。内因是下面几种因素长期积累的结果:第一,民众对伊朗国王巴列维实施的经济政策不满。伊朗近几年石油收益增多,但外国商品充斥市场,国内通货膨胀严重,商品价格上涨,房租高昂,失业大军越来越大,对外贸易赤字不断上升。第二,军费开支庞大。伊朗

---

① Kendall Dudley. Why Iranians Riot. *The Christian Science Monitor*, Septmber 15, 1978: 27.

年收入达 560 亿美元,但军费占到 40%,外国军事专家人数众多,目前伊朗有 5 万名专家,计划到 1985 年达 15 万。专家工资极高,月薪达 12 000 美元。第三,缺乏民主。巴列维国王为恢复"波斯帝国的光荣"使人民极少享有民主。第四,家族统治。巴列维国王的亲信以及情报人员过着奢侈的生活,加之家族统治贪污腐化,政府官员不尽职守。外部因素:比较多的看法是有苏联背景。

英国首相卡拉汉写信给国王,称伊朗稳定与繁荣"对其朋友和盟国是十分重要的"。

法国哲学家、社会思想家和历史学家米歇尔·福柯(Michel Foucault, 1926～1984)抵达伊朗首都德黑兰,开始他为期 10 天的考察。早在 1977 年,福柯就在反对伊朗国王专制统治的声明上签了字。为了此次伊朗之行,他还在巴黎两度会见了伊斯兰革命胜利后当选为伊斯兰共和国首任总统的阿布·哈桑·巴尼萨德尔(Abol Hassan Banisadar,1933～　)。在巴黎,福柯还结识了一些伊朗的反对派,如人民阵线领导人艾哈迈德·萨拉马蒂(Ahmad Salamatian,1941～　)。1977 年,萨拉马蒂与他人共同创立了伊朗民权组织伊朗捍卫自由与人权委员会。伊斯兰革命胜利后,他一度任临时政府代理外交部长。1980 年 2 月,萨拉马蒂当选为议员。

一个月后的 10 月 16 日,福柯在《新观察家》报上撰文称:"甚至与在越南相比,他们(指美国——引者注)更不愿意放弃自己的意志。""只有(伊朗人)对苏联的恐惧可以与(伊朗人)的仇美情绪相等。""伊朗经济发展的失败阻止了建立一个自由、现代化和西化政权的基础。相反,今年,一个巨大的运动从下面爆发了,过去受到打击的政党正在慢慢恢复元气。这一运动使 50 万人走上了德黑兰的街头,反对机枪和坦克。""他们不但喊出了'处死国王',还喊出了'伊斯兰! 伊斯兰! 霍梅尼,我们追随你!'甚至还喊出了'霍梅尼为国王!'"他引用一位伊朗反对国王人士的话说:"通过提高其重要性,在国王和美国人面前,霍梅尼巩固了我们的团结。无论如何,他的名字只是一个号召,因为他没有计划。不要忘记,自 1963 年以来,政党已经被取缔。此刻,我们团结在霍梅尼周围,但一旦专制被废除,所有这一切都将消散。真正的政治将采取命令,我们将很快忘记老毛拉。"在德黑兰,专家学者说得最多的一句话是:"我们知道他们不想要的,但他们不知道我们想要的。"他们想要的是什么呢? 在福柯的访问中,有 4/5 的人回答:"伊斯兰政府。"当福柯谈及引领当代社会发展的是民主时,他得到了这样的回答:"《古兰经》已经为你们的哲学家指明了方向,如果基督教徒和工业化的西方失去了他们的意义,伊斯兰将知道怎样保护其价值与效力。"福柯在谈及伊朗伊斯兰革命的精神性时说:"但梦想也意味着另一场运动,它是向着相反的方向,是从对话开始的。这是一个把精神维度引入政治生活,以便它不再是精神障碍,而是它寄居的地方,是它的机会和它的促进因素。这是一个我们遇到的困扰今天伊朗所有政治家和宗教生活的影子:阿里·沙里亚梯的梦,两年前,他的死赋予他地位,更赋予了什叶派特权,那看不见的存在,永存的缺失。"①

社会党国际(The International Socialist)发表声明,谴责巴列维国王对民众的镇压。

9月18日,朱迪思·怀尔(Judith Wyer)在《全球信息评论》上撰文《伊朗危机背后的阴谋》,文章写道:"伊朗危机背后是一个由英国情报部门、美国国家安全局局长兹比格涅夫·布热津斯基和中央情报局局长斯坦菲尔德·特纳卷入其中的阴谋。他们的目的是推翻伊朗国王,用一个实施反苏冷战政策的政府取而代之,或通过持续流血来敲诈伊朗国王并摧毁这个国家。"②

9月19日,美国驻伊朗大使沙利文在发给美国政府的电报中称:原来支持巴列维国王、宪法和"白色革命"的人现在开始考虑新的政治选择。人们开始讨论复兴党的命运。他引用访问者的话说:"谢里夫-埃马米内阁代表的是英国人的利益。"③

9月21日,伊朗电台发表公告,取消10月26日巴列维国王的生日和10月31日的王储生日庆典。政府宣布,因违反军管法而被捕的321人获释,另有100人继续羁押。阿穆泽贾尔正式辞去复兴党总书记一职。库姆市长侯赛因·贾梅伊(Hossein Jamei-i)因渎职和提供虚假材料而被解除职务,并规定以后18个月内不得担任公职。在参议院的例会上,科技和高教部大臣胡商·纳哈万迪提议,高校实行自治。

---

① Michel Foucault. What Are the Iranians Dreaming About?. *Le Nouvel Observateur*, October 16, 1978: 16 - 22.

② Judith Wyer. The Plot behind the Iran Crisis. *Executive Intelligence Review*, Vol. 5, No. 36, Septmber 18, 1978: 26 - 28.

③ Sullivan. Fm Amembassy Tehran to Secstate WashDC 442. Draft Date: Septmber 19, 1978. Document Number: 1978TEHRAN09022, National Archives.

意大利《晚邮报》刊登该报记者对巴列维国王的采访。当问及现代化进程与事态的关系时，巴列维国王回答说：可能有关系，另外还有一些因素，如国际颠覆。

9月23日，德黑兰大学师生集会，随后上街示威游行。"萨瓦克"领导人穆贾达姆在库姆阿亚图拉沙里亚马达里的住所与其进行了长达4个小时的交谈，内容涉及伊朗的局势、伊朗的地缘政治、东西方外部势力对伊朗的威胁等。第二天，沙里亚马达里发表了一个由10条内容构成的声明。声明的主要内容有：

（1）我希望国王陛下面对这些困难能够更加宽容和克制，以便按照他的愿望和国家利益解决问题。几天前，当国王陛下的代表会见我，并告诉我说，不要与国王陛下过不去，我告诉他们说，我的一切努力旨在维护君主制。我告诉他们给国王陛下带去口信，面对国家目前更多抵抗带来的困难，国王应该充满信心。我对国王陛下唯一要说的是加快改革步伐。反对国王政府的中心之一在纳贾夫，我完全反对这一基地。我考虑的是如何维护国家、信仰和君主制。我依据宪法保护大众和君主，为了这一目标，我选择了中立。这一道路符合国王陛下的利益，符合我的利益，也符合与我走同一道路者和与我用同样方式来思考伊朗利益者。我所走的道路意味着阻止极端主义者采取实际行动。如果他们觉得我的道路安全有利（于政府），那么，我将不会像一堵墙一样防止极端主义者。我将采取能够使我被接受的方法。我采取中立政策的原因旨在赢得国内外的人心及公众舆论，因为我不能靠摧毁这个国家来赢得地位。我拥护宪法以便更好地保护民众、王权和国家，并在这一方向上取得更加丰硕的成果。

（2）阿亚图拉霍梅尼反对伊朗政权，纳贾夫是掀起推翻国王政权运动的基地。从纳贾夫源源不断传播出来的宣言和声明是示威游行和屠杀的原因。如果我们考虑其他因素作为事态发展的原因，毫无疑问，纳贾夫的煽动将是最有成效的。这些在创造所需影响上是百分之百成功的。阿亚图拉霍梅尼与那些与他有同样思维和觉得伊斯兰国家适合这个国家的人们是破坏性力量，至于建设性方面，他们既没有组织，也没有力量去落实。我确信，无论他们做什么，将有其他人从他们的行为中受益。我百分之百地反对他们采取的、给人们带来麻烦的行动，如号召罢工、罢市、示威游行，导致混乱，破坏和平。今天，那些参加悼念阿亚图拉戈帕贾尼（Lotfollah Safi Golpaygani，1919~ ）的儿子的人们呼喊强烈的口号。坐在我一旁与我观点一致的一个人开玩笑说："我们需要更多的存在于过去的压迫而不是公正的承诺。"我开诚布公地讲我反对阿亚图拉霍梅尼和他的做法。一些伊斯兰教法学者过来与我讨论阿亚图拉霍梅尼和我本人的立场态度，想知道我们之间的分歧。我说那好，他反对国王而我不是这样。我曾捎信给阿亚图拉霍梅尼，谈道，当他试图为反对伊朗政府找到借口时，怎么对伊拉克政府杀害无辜者，向穆斯林开火保持沉默，他们只是徒步从纳贾夫到卡尔巴拉。事实是伊朗政府正在做许多有益的工作。我不惧怕阿亚图拉霍梅尼，但他的支持者是疯子，他们用武器和催泪弹毫不犹豫地杀人，他们号召采取破坏行动。我们即使在自己的家里也没有安全感。你给予我们采取平衡方式的权利以便我们保护自己的生命，免遭侵犯，保证安全，我们在为国王陛下和人民履行自己的职责。

（3）有勇气站出来反对阿亚图拉霍梅尼的人和支持他的人少之又少。在这最后几年里，其支持者的所作所为表明，很多想法与我一样的人，他们支持王权，但又非常害怕他们。因为他们没有被组织起来，他们非常焦虑。应该安排他们，创造这样的环境，使他们内心的恐惧感逐渐消失，组织起来，团结一致反对纳贾夫。我的这一中立政策将使其转向我以便我们能够大力实施创建组织的政策，为实施公开的斗争赢得更大的力量。这只是一个未来的计划，然而，我们应该聚集所有的能量去组织和找到一条落实未来行动计划的道路。

（4）我完全支持除了军人统治之初杀害大量民众之外的新政府。应认真考虑并切实采取行动以解决面包、肉、教育之类的问题，在学校中实施宗教计划以阻止共产主义。军政府的建立是有用和有价值的工作，应该继续下去。我公开向国王陛下，还要告诉首相，尽可能地延长军管时间。然而，把一切突发事件归罪于政府已经成为时尚，如阿巴丹电影院事件。不幸的是，大多数头脑简单的人正在被少数共产主义分子的宣传所影响。军管可以降低这种煽动的效果。

(5) 我的大门是敞开的。有一些人是我多年的老朋友。我不能面对人民把门关上。他们把外国新闻记者带过来,但我知道,我的宗教义务是什么。尽管我已根据《人权宣言》表达了我的观点,并说宣言只不过是一个骗局,因为只要世界上的五大国有投票权,人权就毫无意义。任何法律都只适用于它的时代。在伊斯兰,有些法律已经在今天失去了效力。我们有伊斯兰在履行着平等、仁慈、虔诚和美德等人权。

(6) 我明确告诉你们,阿里·阿米尼正试图通过我的朋友与我接近。但我要清楚表明,这不是我的追求,我不主张任何人控制政府。这是因为我把政府看作履行自己的工作,我希望政府立即采取措施清除腐败,消除导致两极分化和动荡的那些人。

(7) 我不相信释放所有的犯人,释放那些你认为释放后不会再次进行煽动的人。剩下来的人应该留在监狱里,尤其是那些反对国王的人。

(8) 大量的新闻记者到我这里来,我与他们直接谈论宪法,我拥护宪法。另一方面,阿亚图拉霍梅尼不相信政权和宪法。在访问期间,我反复被问到立宪革命十九条的问题。我多次解释,我支持这些发展,不管它们是以什么名义存在的。但如果他们称我们为"反革命",这是不正确的。因为我们反对赌博、卖淫、盗窃、腐败和共产主义的腐败,但我们不反对科学和工业的进步。

(9) 继伊朗政治中心首都德黑兰之后,库姆作为宗教中心是吸引外国人的中心。继纳贾夫之后,它是世界什叶派穆斯林最重要的圣城。鉴于此,我们希望不要把不称职、低级的官员选进库姆政府。应选拔有经验的、德才兼备的人到这里任职。应全力关注库姆的重建和发展。

(10) 政府最好不是一次性地而是反复地,用不同的文式和文法向人民解释事态。因为用这种方法可以使人们认识到他们和国家正处于怎样的危险之中,这将是行之有效和有用的。用这些方法也可化解反对派造成的问题。持不同政见者可以被组织起来,然后我们反对阿亚图拉霍梅尼和他的运动。要让人民注意,如果这种状况继续下去,他们的生命、荣誉、财产都将处于危险之中。应通过不同方式,如在杂志、报纸和期刊上撰写文章,通过电台和电视台的宣传让人民理解这一点。我再次强调,政府应该迟早斩断腐败的根源,它应该采取决定性行动,创造一种局势,使人们认识到,不再像过去,政府和它所采取的步骤是认真的①。

福柯在与大阿亚图拉沙里亚马达里的交谈中,大阿亚图拉开门见山地说:"我们正在等待伊马目归来,这并不意味着我们放弃了一个好政府的可能性。这正是你们基督徒在努力实现的,虽然你们正在等待末日审判。"②

9月23日下午3点半,在厄尔布尔什山脚下、德黑兰北部的夏宫,巴列维国王召见了伊朗社会学家艾哈森·纳拉吉(Ehsan Naraghi,1926～2012),这是两人的第一次见面。会谈中,巴列维国王自责说:"我对未能及时与你会面负有责任,你现在干什么,对时局有何看法? 我想听听你对当前伊朗时局的看法,这场动荡的根源在哪儿,谁在推动它? 谁在坚持抗议? 是谁在操纵着这一宗教运动?"纳拉吉迅速做出回答,他强调说:"陛下,是你本人。"巴列维国王吃惊地反问:"我? 为什么是我?"纳拉吉接着说:"15年前,即1962年,你在阿尔桑贾尼(Arsanjani)的陪同下访问伊拉克圣地。在此,你公开攻击宗教领导人,批评他们反对农业改革和赋予妇女参与议会活动的权利,并以此作为他们反动的标志。你如此伤人感情甚至辱骂以至于当时广播电视部门的领导人穆尼研(Moiniyan)不得不对你的言论进行审查……实际上,你的态度如此绝对,第二天,我就与我的熟人说:'我们一定不要忘记我们的陛下在这历史性的一天掀起了一场反对他自己的巨大的伊斯兰运动。'当我的同事要我做出解释时,我说:'从今以后,宗教领导人不得不进入政治领域,去反驳对他们的保守主义指控,并证明他们反对农业改革不是基于对旧秩序的依恋。依靠什叶派巨大的资源,他们将表明他们比国王陛下及其白色革命更具革命性。'""萨瓦克与伊朗社会学研究所为敌,迫使我在1969年离开国家。"过去,纳拉吉在其出版的一系列专著、文章以及在接见记者采访时谈及:"人们追寻的专家治国之路不能把我们引向巴列维国王所期待的'伟大文明',而是引向混乱和动荡。我认为他们的政策将把民族一分为二:一侧是温和的少数派,另一侧是坚持传统的绝大多数派。我们的民族团结将受到削弱,并经历前所未有的文化冲

---

① Jalald-Dine Madani. *History of Islamic Revolution of Iran*. Tehran:International Publishing Co., 1996:405－408.

② Michel Foucault. What Are the Iranians Dreaming About?. *Le Nouvel Observateur*, October 16, 1978:16－22.

突。"巴列维国王则说："你一定知道,我是一个宗教观念很强的人,我从不反对宗教,但是,就我们两个所知,过去,我们宗教人士宣扬迷信思想,无视文盲:他们总是为了自己的宗教目的而煽动群众的狂热情绪。他们为了取得权力已经把宗教带进了各个领域,正在实践上把国家引向倒退。他们对国家的进步和发展不感兴趣。"纳拉吉说："先生,我们国家的宪法有3根支柱:教士、君主和用自由选举来表达的民族意愿。现在议会已名存实亡,你必须更多地依赖教士。"巴列维国王说："教士与君主间的理解一直到阿亚图拉布鲁杰迪(Seyyed Hossein Borujerdi,1875~1961)的去世,由于他不同意土地改革,在他在世时,我们甚至推迟了农业改革。"纳拉吉接着说："但是陛下,他们的反对不是保护大地主的利益。教士们只是简单地感觉到改革有悖于伊斯兰教的原则,伊斯兰在一定限度内保护私有财产。这也是它与共产主义的本质区别。"巴列维国王说："是的,宗教人士与共产主义者在反对政府的游行中肩并肩,甚至不清楚他们哪一方煽动示威游行。在我看来,把他们联结在一起的是摧毁我们民族取得的成就,尤其是在经济上取得成就的共同愿望。"[1]

伊拉克政府下令,禁止任何人接近阿亚图拉霍梅尼。

9月24日,伊拉克警察包围了阿亚图拉霍梅尼在纳贾夫的住所,消息传开,激起了伊朗、伊拉克及其他伊斯兰国家穆斯林的极大愤慨。伊拉克情报局长巴赞·伊卜拉欣·提克里蒂面见阿亚图拉霍梅尼。提克里蒂对阿亚图拉霍梅尼说："你可以继续留在伊拉克,但条件是你要停止一切革命行动,不能过问政治。"阿亚图拉霍梅尼斩钉截铁地回答道："出于对伊斯兰民族的责任感,我决不保持沉默,也不会做出任何妥协。"[2]当天,伊朗万名石油工人大罢工。

美国驻伊朗大使威廉·H.沙利文致电美国海军作战部长托马斯·比布·海沃德(Thomas Bibb Hayward,1924~),请求他尽快安排斯普鲁恩斯级驱逐舰到伊朗的阿拔斯港口,这是他的第二次请求,第一次请求是在几个月前[3]。沙利文的目的是促成伊朗购买美国军舰合同的早日签订,但在"黑色星期五"

①　Ehsan Naraghi. *From Palace to Prison: Inside the Iranian Revolution*. Translated from the French by Nilou Mobasser. London: I. B. Tauris & Co Ltd Publishers, 1994: 3 - 8.

②　Hamid Ansari. *The Narrative of Awakening: A Look at Imam Khomeinis Ideal, Scientific and Political Biography*. Tehran: the Institute for Compilation and Publication of Imam Khomeinis works (International Affairs Divsion), 2000: 145.

③　Sullivan. Fm Amembassy Tehran to WashDC C Immediate 586. Draft Date: Septmber 26, 1978. Document Number: 1978TEHRAN09314, National Archives.

这样的大背景下,进一步加重了伊朗反对派的仇恨国王和仇美情绪。

9月25日,巴列维国王任命阿里·戈利·阿达兰为宫廷大臣。第二天,新大臣宣布,国王禁止王室成员同一些政府组织有经济往来。这个新的包括20条内容的法案,称之为"王室行为法典"。埃马米首相一度考虑通过阿亚图拉霍梅尼来缓和局势,他宣布阿亚图拉霍梅尼随时可以返回伊朗,并表示将派代表前往纳贾夫,就伊朗局势与其进行磋商。阿亚图拉霍梅尼则果断地说"不"。伊朗政府与宗教反对派领导人阿亚图拉沙里亚马达里再次进行会谈,会谈后,伊朗政府向伊拉克政府传达意见,希望放松对阿亚图拉霍梅尼的监视。阿亚图拉沙里亚马达里在接受英国记者采访时说,民族阵线领导人告诉他,美国人想摆脱巴列维国王[1]。

9月26日,英国驻伊朗大使安东尼·帕森斯(Anthony Parsons,1922~1996)在英国举办的国际贸易展览会上发表讲话,他再次强调英国政府对巴列维国王政府的支持。

9月29日,《华盛顿战略和国际问题研究评论》编辑沃尔特·杜拉在《亚洲华尔街日报》撰文《伊朗:未实现的期望太多了》,文章写道:"伊朗最近动乱的背景是复杂的:各种革命活动很少是宗旨分明和直截了当的。在过去10年中,伊朗取得了巨大的经济成就,但是这一成就却包含艰辛和脱节。据说伊朗平均每人收入为2 400美元,但是,有些人赚取过多的钱,而大部分人得到的钱却少得可怜。一直存在着大量的贪污。当然,每一个在经济上快速前进的第三世界国家,以及少数根本没有做出任何进展的国家,情况皆如此。但是,在伊朗人们的期望比任何地方都高。""没有实现的期望一向是革命运动的火种。""伊朗国王的错误帮助了他的反对派。他在西方的反对派常常说他搞'法西斯'统治。""伊朗中产阶级的经济地位在最近几年已大大改善,它的人数也有增加,但是它对政治的影响一直不大,这就引起了很大的怨愤。""伊朗国王对宗教领袖和穆斯林极端分子的情感没有足够的重视……历届伊朗政府不但没有取得他们中一些比较开明者的支持,反而不注意他们,低估了发生对抗的危险。""所有这些证明了德·托克维尔(Alexis-Charles-Henri Clérel de Tocqueville,1805~1859)的老格言:只有那些试图改革自己的人才会招来危

---

[1] Sullivan. Fm Amembassy Tehran to Secstate WashDC 442. Draft Date: Septmber 19, 1978. Document Number: 1978TEHRAN09022, National Archives.

险。""伊朗现在是太先进了,即便是由宗教领袖们来统治,或是像阿富汗那样由一个公开的亲苏集团来,都是不行的……如果目前的政府被推翻的话,极左派就不得不屈从于这些宗教领袖的要求。但是,这些宗教领袖的势力纯粹是消极的。他们也许可以推翻一个政府,但是他们治理不了一个国家。""因而,可能的是,在经过一段空白之后,出现一位军事领袖,他将以民粹派口号为幌子,奉行一种也许与目前不同的政策。他会仍然是主张伊朗第一,而不主张做苏联卫星国的人。他会力图加强伊朗的力量。他肯定不会放弃石油税,并且他仍然得卖石油。伊朗面临的主要危险不是出现一个倾向性迥然不同的政权,而是一个长期的混乱。鉴于伊朗作为一个主要产油国的重要性,这种混乱局面不仅会影响到西方工业化国家,而且也会影响到第三世界进口石油的国家。它对于从近东到印度和非洲之角的地区都可能引起严重的政治和军事反响。不像大多数亚洲和非洲的国家,伊朗在历史上很多时候都是独立的。它有过暴力时期,但是也有过年轻国家并不多见的民族团结和治国有力的传统。说来奇怪,人们不得不担心,危机对于伊朗的岌岌可危的邻国比之对于伊朗本身的危险还要大。"[①]

9 月 30 日,复兴党宣布解散。这个在 1974 年 3 月 4 日成立的政党,按巴列维国王当时的设想,是将政府各渠道追求的目标统一为一个目标。从其实践来看,巴列维国王不得不承认,"创建这个党是个错误"[②]。伊朗反对派领导人呼吁,10 月 1 日,伊朗全国举行总罢工,以抗议伊拉克政府对阿亚图拉霍梅尼的软禁。

巴列维国王派特使前往阿曼,商讨伊朗裔的黎巴嫩最高宗教领导人赛义德·穆萨·萨德尔(Sayyed Mūsá al-Sadr,1928~?)的失踪问题,萨德尔是阿亚图拉霍梅尼的得意门生,也是后来成为伊朗总统和精神领袖的阿亚图拉哈梅内伊的同窗,他的一个外甥女婿就是伊朗的前总统哈塔米。1978 年 8 月 25 日,应利比亚领导人卡扎菲的邀请,萨德尔在谢赫·穆罕默德·雅库布(Sheikh Muhammad Yaacoub) 和记者阿巴斯·巴德丁(Abbas Badreddine)的

---

① Walter Doller. Iran: Too Much Hopes Unrealizing. *The Wall Street Journal Asia*, Septmber 29, 1978.

② [伊朗]穆罕默德·礼萨·巴列维. 对历史的回答[M]. 刘津坤,黄晓健,译. 北京:中国对外翻译出版公司,1986:125.

陪同下访问利比亚。8月31日,他最后一次露面,从此杳无音讯,神秘失踪。他的失踪是20世纪重大悬案之一,对中东乃至整个世界的国际关系皆产生了重大影响。10月1日,巴列维国王派特使前往叙利亚,调查萨德尔失踪一事。欧洲的什叶派领导人赛义德·迈赫迪·鲁哈尼(Seyyed Mehdi Rouhani)要求法国总统吉斯卡尔·德斯坦(Giscard d'Estaing,1926~ ,1974年5月19日~1981年5月19日在位)对此事展开彻底调查。伊朗的自由与人权协会(属于民族阵线)也要求国际人权协会对此事展开调查。

10月1日,国务大臣马努切赫尔·阿兹曼表示,大赦所有参与"反国家"的伊朗人,其中包括阿亚图拉霍梅尼。阿亚图拉霍梅尼则表示,除非废除君主制,否则他不回国。

当天,美国驻伊拉克大使爱德华·L.派克(Edward L. Peck,1928~)在给美国国务院的电报中称:9月30日,驻伊朗大使馆的参赞沙菲(Shafei)告诉美国外交官波罗夫(Poloff),伊拉克当局已经对阿亚图拉霍梅尼进行了严密的监视,警察守卫在他的住所周围,防止人们进出其房子[①]。伊拉克当局对阿亚图拉霍梅尼的软禁引发了伊朗新一轮的抗议浪潮。伊斯法罕、雅兹德、设拉子等多个城市的店铺几乎全部关门,大不里士和克尔曼沙赫的大部分商店关门,德黑兰南部的一些商店关门。当天,德黑兰南部的一农贸市场被烧,造成3人死亡。在克尔曼沙赫,1家电影院、10家银行和几家酒店遭到了破坏。伊朗中央银行和邮电行业的雇员罢工,随着这些高薪行业人员的罢工,伊朗进入到了罢工的高潮,从独资企业到合资企业,从中小企业到大企业,从一般的民营企业到国家控制的石油企业,从首都德黑兰到地方上的中小城市,雇员们纷纷卷入罢工浪潮,为最终摧毁巴列维国王统治的经济基础创造了条件。待遇一向很好的伊朗中央银行的雇员之所以要罢工,起因于伊朗商业银行普遍加薪18%~50%,所以他们要求增加工资。在政府的要挟下,虽然他们重新回到了工作岗位,但拒绝为客户服务[②]。200名大学教授联名呼吁结束军管,高教大臣纳赫万迪则发表电视讲话说:这些大学教授不具代表性。

---

① Peck. Fm Usint Baghdad to Secstate WashDC 6825. Draft Date:October 1,1978. Document Number:1978BAGHDA02018,National Archives.

② Sullivan. Fm Amembassy Tehran to Secstate WashDC 729. Draft Date:October3,1978. Document Number:1978TEHRAN09582,National Archives.

在马什哈德，警察分局局长马特萨·扎马尼普尔（Mortexa Zamanipoor）上校在送儿子上学的路上被暗杀。同时被杀的还有其司机。当警察局长的生命都得不到保护时，普通平民的生命就可想而知了。

伊朗议会举行特别会议，讨论"集会自由法"，副议长、泛伊朗党领导人穆哈森·皮扎沙普尔对提案进行了批评，称伊朗的集会自由从此不复存在。司法大臣伯赫里（Mohammad Baheri）予以反击，结果，约 30 名反对派议员与皮扎沙普尔一起退席。

当天，在对 1 月份被捕的德黑兰科技大学的 18 名学生进行审讯时，德黑兰副检察长呼吁释放学生，他说，学生也是政府黑暗统治的"受害者"[①]。

在意大利首都罗马，在"非共产主义伊朗学生大会"（Non-Communist Iranian Students Congress）上，巴尼·艾哈迈德宣布，他领导的社会民主党将加入社会党国际。

10 月 2 日，伊朗各大媒体纷纷发表有关反对集会法的批评文章，民族阵线领导人桑贾比称其限制聚会自由，违背宪法。他说，政府无权限制政治团体和会议的自由——只有议会有权这么做。前首相阿里·阿米尼也发表了同样的看法。民族阵线另一领导人巴霍蒂亚尔称，内政部没有权力处理政党的事情。司法大臣伯赫里在接受电视记者采访时，放低了在议会会议上的调子，并表达了歉意。在接受电视记者采访时，伯赫里公开道歉。埃马米政府发表公告，宣布大赦包括阿亚图拉霍梅尼在内的所有政治犯。公告中说，所有流亡者不必担心受过去法律的制裁，要在精神上回归到伊朗的重建上。"所有接受伊朗宪法的人，不管其意识形态和政治观点如何，都将得到政府的支持。只有这样，才能为民主创造条件，实现国家的统一与完整。所有在外的留学生不必担心回国后遭到迫害。"[②]

在克尔曼沙赫、杜鲁德、阿巴丹等地，要求取消对阿亚图拉霍梅尼软禁而举行示威游行。在阿巴丹，示威者与警察发生冲突，又有 6 人在冲突中死亡。

当天下午，"萨瓦克"派代表前往伊拉克，就阿亚图拉霍梅尼的去留问题与

①　Sullivan. Fm Amembassy Tehran to Secstate WashDC 730. Draft Date：October3，1978. Document Number：1978TEHRAN09584，National Archives.

②　Sullivan. Fm Amembassy Tehran to WashDC Immediate 695. Draft Date：October 2，1978. Document Number：1978TEHRAN09526，National Archives.

伊拉克的前情报部长萨敦·沙基尔（Sadun Shakir,1973～1977年在任）进行了长达3个半小时的会谈。会谈的主要内容有：伊朗情报部门对阿亚图拉霍梅尼的态度以及要求伊拉克与伊朗合作；沙基尔认为伊拉克在对待阿亚图拉霍梅尼问题上的举措是正确的；沙基尔提出了伊朗的反伊拉克宣传问题；沙基尔表示，通过与阿亚图拉霍梅尼的多次接触，他觉得阿亚图拉霍梅尼不是一个轻易会改变自己主张的人，他会为自己的信仰一直进行努力；双方同意限制阿亚图拉霍梅尼的行动，如果让他自由，会给伊朗和伊拉克都带来伤害；沙基尔认为，阿亚图拉霍梅尼在伊拉克会给两伊带来危害，如果让他到其他地方，可能会带来更大问题；阿亚图拉霍梅尼已经得到签证，但时间未定，他可以随时离开伊拉克；如果阿亚图拉霍梅尼离开伊拉克，伊拉克政府没有权力阻止其决定。

起初，伊拉克的安全人员来到纳贾夫，告诉阿亚图拉霍梅尼，他可以做他想做的一切。然后就离开了。几天后，又来了一个比先前官职更大的官员，他正式通知阿亚图拉霍梅尼说，由于伊拉克政府要兑现对伊朗政府的承诺，伊拉克政府不能容忍阿亚图拉霍梅尼在这里随心所欲，为所欲为。然后，人就走了。第二天，他又来了，并说，在这里的伊朗反对派，既不能说，也不能写，更不能向外发布讲话录音，因为这违背了伊拉克政府的原则。阿亚图拉霍梅尼回答说："对我来说，这是宗教义务。只要有机会，我不但要就相关问题发表声明，而且还要在讲台上发表看法，我还要将其制成录音带，送到伊朗。这是我的宗教责任，就像你履行你的职责一样。纳贾夫对我来说并不重要，我不想待在这里了。"对方回答说："不论你走到那里，问题都一样。"阿亚图拉霍梅尼听到自己将被限制人身自由，当时陷入了沉思。一阵思考过后，他说："我将离开这里，到别的国家。"①

接着，阿亚图拉霍梅尼与他的翻译杜阿伊（Du'a'i）商量。当他发现他们对他的朋友不满时，鼓励他的朋友，要抵抗下去。他们告诉阿亚图拉霍梅尼，他们并不关心他本人，而是关心他的支持者。担心其支持者受到伤害，阿亚图拉霍梅尼决定离开伊拉克。他让杜阿伊办理相关事宜。杜阿伊办了前往科威特的签证。按计划，阿亚图拉霍梅尼一行先到科威特，然后再到叙利亚。按当

① Jalald-Dine Madani. *History of Islamic Revolution of Iran*. Tehran: International Publishing Co., 1996: 384.

时的办事原则,他们从来没有想到要去巴黎。但是,当他们来到科威特边境时,科威特政府遵照巴列维国王的旨意,拒绝阿亚图拉霍梅尼一行入境。不得已,他们只有折返回去,到了伊拉克的巴士拉,在此作了短暂停留后,最终决定前往巴黎。由于科威特拒绝阿亚图拉霍梅尼入境,科威特政府遭到了伊朗反对派的强烈反对,有人发出了对科威特驻伊朗大使的威胁,他只得暂时回国。在前往法国之前,阿亚图拉霍梅尼也曾向土耳其提出申请,但迟迟没有得到答复。阿尔及利亚和利比亚则主动提出邀请,希望阿亚图拉霍梅尼前往,但他予以拒绝①。在阿亚图拉霍梅尼看来,法国是一个不依赖于伊朗的国度,也不是伊朗的宗主国。

此时,国王的一个秘密计划正在酝酿并实施之中。在克尔曼沙赫(Kermanshah)空军基地的伊朗空军司令胡斯罗达德(Khusrodad)派眼镜蛇直升机在巴士拉绑架阿亚图拉霍梅尼。这些飞机沿纳夫特沙赫尔(Naft Shahr)和科威特边界飞行。同时,一架"弯刀"喷气机在克尔曼沙赫机场待命,一旦在巴士拉绑架成功,先由直升机将阿亚图拉霍梅尼运往机场,再由它将阿亚图拉霍梅尼运往伊朗在波斯湾的基什岛(Kish Island)。另一架从伊斯法罕起飞的全副武装直升机飞往基什岛,将阿亚图拉霍梅尼运到一个秘密地方,从此使其永远在公众的视野中消失。反对派知道这一计划后,设法阻止了阴谋的实施。

首相埃马米会见美国驻伊朗大使沙利文和英国驻伊朗大使安东尼·帕森斯,他在会见中说:在穆萨·萨德尔消失前不久,伊朗政府还与萨德尔有过接触。萨德尔称答应与阿亚图拉霍梅尼决裂,支持巴列维国王。在谈话中,他用了这样一句话:"我们送走了他。"②据沙利文分析,如果萨德尔真的与政府达成协议,同时,他又是利比亚向阿亚图拉霍梅尼提供基金的渠道,这很可能是他失踪的主要原因,因为卡扎菲不喜欢双面人。

在会见中,他们谈论了阿亚图拉霍梅尼的去留问题。原则上,他们认为阿亚图拉霍梅尼留在伊拉克是最好的。他们同意伊拉克驱逐他,并倾向于科威特拒绝为其签证。他们对土耳其能否将其控制表示怀疑。最后,他们讨论了

---

① French, Soviets Warn Khomeini. *Executive Intelligence Review*, Vol. 5, No. 44, November 14, 1978: 28.

② Sullivan. Fm Amembassy Tehran to WashDC Priority 716. Draft Date: October 3, 1978. Document Number: 1978TEHRAN09565, National Archives.

找一个愿意接受他的伊斯兰国家,但没有找到一个合适的①。

10月3日,埃马米政府发表声明,答应罢工的银行、电信和石油工人提出的所有要求。

当天,美国驻伊朗大使威廉·H.沙利文在致美国国务院的电报中说:据当地记者称,伊拉克大使馆已经拒绝了阿亚图拉霍梅尼在巴士拉的避难,这也就是说,阿亚图拉霍梅尼处于随时可能被捕的境地。阿亚图拉霍梅尼居住房子的周围采取了为其自身安全的措施,伊拉克政府担心的是众多人在霍梅尼的房子里进进出出。鉴于阿亚图拉霍梅尼的反对,伊拉克当局取消了周围的武装人员,阿亚图拉霍梅尼的安全由他本人负责,不过,伊拉克的一些便衣警察一直在观察②。

美国政府指使沙利文,反对苏联介入伊朗的内部事务,英国和美国也不过深地介入。至于阿亚图拉霍梅尼留在伊拉克的问题,沙利文要在第二天与埃马米的会谈中尽量争取,如果不行的话,看能否让沙特阿拉伯、阿尔及利亚从中斡旋。沙利文要让埃马米知道,目前伊朗的局势是由于伊朗政府对待阿亚图拉霍梅尼不恰当的态度造成的,伊拉克不对其施压,符合伊朗的利益,最好让阿亚图拉霍梅尼留在伊拉克,不到其他国家③。

10月4日,沙利文在发给美国国务院的电报中称,首相埃马米告诉他,巴列维国王已下令,如果阿亚图拉霍梅尼返回伊朗,立即对他实施逮捕④。同时,埃马米首相最担心的是伊朗发生内战。英国和美国大使都倾向于阿亚图拉霍梅尼留在伊拉克,但面对他已经前往科威特的现实,埃马米首相表示将向巴列维国王提议,由伊朗驻科威特大使向科威特政府提出适当照顾的请求。巴列维国王最担心的是阿亚图拉霍梅尼回国,他指令伊朗驻科威特大使,如果阿亚图拉霍梅尼来到科威特,要尽量阻止他回到伊朗。

当天,在前首相胡韦达母亲的家里,美国驻伊朗大使沙利文与胡韦达进行

---

① Sullivan. Fm Secstate WashDC Info Usdel Secretary Immediate 0000. Draft Date:October 3,1978. Document Number:1978STATE251008,National Archives.

② Sullivan. Fm Amembassy Tehran to WashDC Immediate 718. Draft Date:October 3,1978. Document Number:1978TEHRAN09569,National Archives.

③ Fm Secstate WashDC to Amembassy Tehran Niact Immeaiate. October 3,1978. Document Number:1978STATE251526,National Archives.

④ Sullivan. Fm Amembassy Tehran to Secstate WashDC Niact Immediate. Draft Date:October 4,1978. Document Number:1978TEHRAN09627,National Archives.

了长谈。沙利文这次谈话的目的主要是想让胡韦达出面组织下一年的议会选举。在沙利文看来,过去国王政府所做的一切自由、民主承诺还都只是在口头上,而反对派和伊朗民众需要的是实际步骤。针对沙利文的建议,胡韦达称他最好做些幕后工作,让年轻人来工作更合适,应该把机会让给年轻人。他还提到,如果他做工作,也需要巴列维国王的授权。胡韦达谈及,巴列维国王应该从"伟大文明"转向更适中的、更温和的目标。当沙利文问谁给巴列维国王提建议时,胡韦达的回答是:"几乎没有人,王后是自然的,胡商每周2~3次,谢里夫-埃马米首相是固定的,但都是具体问题。阿德兰(Ardalan)与他谈些礼节性的问题。没有人与他谈政治问题。"①最后,胡韦达希望沙利文与国王进行一次长谈。

10月5日,美国驻伊朗大使沙利文与伊朗国家石油公司总裁胡商·安萨里进行了长谈。在安萨里看来,巴列维国王从近期的事件中吸取了教训,改变了发展计划的顺序。在过去几年,国王把2/3的预算用在了军备、石油公司、石油化工、核能和钢厂五大项目的建设上。这些离老百姓的生活太远,他们对面包和黄油更感兴趣,这与巴列维国王建立伟大的文明有一定的差距,所以,他要使建设计划更接受民众需求。但这并不意味着他放弃了原来的计划,只是将重点发展项目作了调整②。

10月6日,爱德华·L.派克在打给华盛顿的电报中分析了伊拉克政府让阿亚图拉霍梅尼在伊拉克停留的原因。他在电报中谈道:伊拉克决定以后让阿亚图拉霍梅尼居住在这里是基于以下考虑:伊拉克希望与伊朗保持良好关系;新的伊朗外交照会强烈希望阿亚图拉霍梅尼留在伊拉克,另外,确保他找不到其他流放地,这是最好的预期效果。在伊拉克看来,阿亚图拉霍梅尼在此存在,从长远来看,有利于两伊关系的加强,但伊拉克又要严格限制阿亚图拉霍梅尼的行动,害怕他给伊拉克带来不利影响。当然,这也是受到阿富汗和利比亚局势影响的结果,伊拉克害怕出现一个亲苏联的政权。伊拉克领导人也必须考虑国内超过半数的什叶派穆斯林的感情,驱逐阿亚图拉霍梅尼有悖于

---

① Fm Secstate WashDC to Amembassy Tehran Priority 780. October 5, 1978. Document Number:1978TEHRAN09689,National Archives.

② Sullivan. Fm Amembassy Tehran to WashDC Priority 807. Draft Date:October 5, 1978. Document Number:1978TEHRAN09743,National Archives.

传统阿拉伯人的价值观和伊斯兰精神。出于生存的需要，阿亚图拉霍梅尼也是少批评伊拉克领导人而多批评伊朗国王。这也令伊拉克领导人担忧，一旦伊朗出现剧变，这会对伊拉克产生一定影响。由于阿亚图拉霍梅尼影响太大，也不排除伊拉克将其驱逐①。

10月6日②，也就是派克给美国政府打去分析阿亚图拉霍梅尼去留电报的当天，阿亚图拉霍梅尼登上了飞往巴黎的航班，最后来到了巴黎郊区的诺夫勒·夏托（Noufe Le Chateau）一伊朗侨民家里，并安顿下来。伊朗学者费雷敦·胡韦达对初来乍到的阿亚图拉霍梅尼作了这样的描述："一个长得奇形怪状的人站在机舱门口，活像一个坠入陌生世界的天外来客。"③巴列维国王政府本以为把阿亚图拉霍梅尼驱除出中东，远离伊朗政治中心，可以缓和伊朗的国内危机，没想到，阿亚图拉霍梅尼一到巴黎，伊朗的各路反对派，都团结在他的旗帜之下。法国总统吉斯卡尔·德斯坦下令，禁止阿亚图拉霍梅尼在法国从事政治活动。这则新闻引起了抗议浪潮。德斯坦总统一度打算驱逐阿亚图拉霍梅尼出法国，在他下令之前，伊朗驻法国外交官找到了他。这名伊朗人警告德斯坦总统：如果法国政府驱逐阿亚图拉霍梅尼出法国，伊朗民众将会做出强烈反应，使局势难以掌控，这将直接影响伊朗与欧洲，尤其与法国的关系。德斯坦总统被说服了，就这样，阿亚图拉霍梅尼在法国一直待到1979年1月底。他在巴黎的117天中，包括电台、电视台、报纸、杂志在内的各路新闻记者纷纷前来采访他，与他交谈。他对他理想中的伊斯兰政府更是和盘托出，这些记者通过不同的媒体传达给世界不同角落的人们，让人们认识到了他的理想和奋斗目标。

当英国BBC记者问及伊斯兰政府的前景时，阿亚图拉霍梅尼回答道："不可能倒退（到君主制时代），希望这样的人是极少数。整个伊朗全国都在高喊：'我们要伊斯兰共和国。'伊斯兰政权和伊斯兰共和国依大众愿望和全民公决建立，其宪法是伊斯兰法，必须以伊斯兰法为依据。伊斯兰法是最进步的法

---

① Peck. Fm Usint Baghdad to Secstate WashDC Immediate. Draft Date: October 4, 1978. Document Number: 1978BAGHDA02049, National Archives.
② 在阿亚图拉霍梅尼抵达巴黎的时间问题上，按费雷敦·胡韦达的说法是10月3日，按伊朗伊马目霍梅尼著作编译局出版的有关传记的说法是10月6日，结合派克的电报，10月6日更为可信。
③ ［伊朗］费雷敦·胡韦达.伊朗国王倒台始末记[M].周仲贤，译.广州：广东人民出版社，1981：1.

律，宪法中与这一进步法律一致的将予以保留，不一致的将予以摒弃。"①

在巴黎，阿亚图拉霍梅尼收到了巴勒斯坦解放组织执行委员会主席亚西尔·阿拉法特（Yasir Arafat，1929～2004）的信。阿拉法特在信中写道："圣战者伊马目，你的斗争在本质上震撼了我们。我们知道，你正在为所谓的革命政府强加给你们的所有限制和约束而战斗，并且掌握着斗争的领导权。"10月8日，阿亚图拉霍梅尼在给阿拉法特回信中写道："谈及巴勒斯坦问题，我们一贯反对以色列，支持他们的敌人。我们在舆论上支持你们，结束以色列人对所有民族的压迫。现在伊朗人民正在经历不同寻常的时期，你应该在舆论上支持我们被压迫民族，将你们的意见公诸世人，将你们的观点撒向世界。"②

伊朗学者贾拉拉·丁·马达尼（Jalaad-Dine Madani）评价阿亚图拉霍梅尼这次由伊拉克纳贾夫到巴黎之行说："他的巴黎之行是当代伊朗历史的转折点。"③应伊朗反对派的要求，法国有关方面在阿亚图拉霍梅尼新住所附近的邮局，新增了几条电话线，以便与外界更好地联系。

在与美国商人两个多小时的交谈中，前首相阿穆泽贾尔谈道：在未来的一段时间，美国应该支持巴列维国王，他看到一些美国官员不支持国王，如果巴列维国王倒台，意味着伊朗的分裂，阿塞拜疆人、卑路支人和阿拉伯人都将脱离伊朗。他承认，他和其他人未能正确评估宗教领导人的力量和在经济及社会分配上民众不满的强烈程度。他声称，全国约有16个伊斯兰教法学家，其中2万人在德黑兰，政府中没有人对这些人带来的能量进行正确的评估。他还谈道，由苏联出资，巴解组织负责培训的伊朗年轻人已经返回伊朗，对伊朗目前的局势产生了重要影响。他还谈到了美国支持伊朗反对派的一些证据。他谈道，巴列维国王已经充分认识到了自己的缺点，缺乏与人民沟通，没有了解他们的真正需要。伊朗目前必须改变投资重点，把重点向武器装备、石油、化工方向的投资转向服务设施的投入④。

① Shaul Bakhash. *The Reign of the Ayatollahs: Iran and the Islamic Revolution*. London：I.B. Tauris & Co Ltd.，1985：48.

② Jalald-Dine Madani. *History of Islamic Revolution of Iran*. Tehran：International Publishing Co.，1996：388.

③ Jalald-Dine Madani. *Islamic Revolution of Iran*. Tehran：International Publishing Co.，2002：384.

④ Sullivan. Fm Amembassy Tehran to WashDC 865. Draft Date：October 10，1978. Document Number：1978TEHRAN09841，National Archives.

10月7日,伊朗外交部发表声明称,纳西里已辞去伊朗驻巴基斯坦大使一职。

10月8日,沙利文在致美国国务院的电报中称:据说,阿亚图拉霍梅尼的支持者建议他前往美国,如果他真有这样的打算,美国已建议法国在第一时间通知美国。

10月9日,伊斯法罕一钢铁厂3万工人罢工,并提出一个由25点要求构成的请愿书。

10月10日,伊朗3万铁路工人罢工,大不里士拖拉机厂的2 000名工人罢工。加之海关、邮局、石油等行业工人的罢工,伊朗经济正逐渐走向崩溃的边缘。阿巴丹石油工人的罢工造成伊朗石油产量锐减,由日产600万桶下降为不足150万桶,进而导致伊朗石油这一支柱产业瘫痪。最为突出的要算财政部这样的政府部门职员的罢工,罢工者要求把工资翻一番。

阿亚图拉霍梅尼在巴黎发表声明:为了实现"伊朗独立和伊斯兰教法学家治国",要达到3个紧迫目标:第一,废除君主制;第二,罢免"国王政策的同谋和工具"的大臣和议员的职务,并使他们受到审判和惩罚;第三,取消一切外国统治。最后,他还谴责了人民党"与国王的机构接触,以便削弱伊斯兰运动"。他呼吁伊朗军队起来反抗。他还表示,他不准备长期待在法国,准备到叙利亚或者阿尔及利亚。

当天,阿亚图拉霍梅尼接受了法国电视台的采访,他在采访中称,他要不惜一切代价完成伊斯兰的使命,哪怕从一个机场到另一个机场,他也要发表声明①。民族阵线领导人卡里姆·桑贾比再次宣布,该阵线将加入社会党国际,并出席该组织11月3~5日举行的会议。

当晚,沙利文与巴列维国王进行了长谈,主要围绕伊朗预算的投入领域和未来的议会选举问题展开。巴列维国王提到阿亚图拉沙里亚马达里建议他邀请阿亚图拉霍梅尼回国,想听听沙利文对此事的看法。沙利文回答道:目前,阿亚图拉霍梅尼没有回国的打算,这点可从他在巴黎的讲话看出。在谈及预算投入问题时,他说,他已削减了军备购买计划,并停止一些核项目。谈到选举问题,他说他正在思考这个问题。沙利文建议巴列维国王与其支持者分享,

---

① Hartman. Fm AmEmbassy Pairs to Secstate WashDC. Draft Date: October11, 1978. Document Number: 1978PARIS33642, National Archives.

并提议前首相胡韦达负责这一问题。这一提议立即遭到巴列维国王的拒绝。巴列维国王说，现代政治必须有一些聚会平台。也许需要很多政党，而不是一个单一的国家党。不幸的是，胡韦达不可能开启伊朗政治的新时代，因为他遭到了太多的"嫉妒"①。

10月11日，伊朗的3家英文和法文报纸《德黑兰报》《世界报》和《德黑兰日报》因反对第二次世界大战后首次正式实行新闻检查而罢工。罢工者要求把外国人送回去。由于罢工，这些报纸和其他一些报纸停刊。政府只得发表新的声明以取代书报检查令。声明的主要内容有：① 政府根据宪法保证新闻自由；② 强调新闻自由政策，政府保证政府机器和官员不直接或间接干预新闻工作者履行法定职责；③ 政府保证国家所有新闻工作者的职业安全，宣布根据宪法用司法权威解决所有与新闻相关的问题。伊朗的多个媒体用"一个世纪的新闻检查走向终结"作为报道此次新闻的标题。美国合众通讯社报道称："谢里夫-埃马米通过签订协议结束了一个多世纪的书报检查制度，它保证了宪法赋予新闻记者的所有自由。"②

当天，利兹·瑟古德（Liz Thurgood）在《卫报》上撰文称："目前，他们的领袖是体衰的宗教领袖阿亚图拉霍梅尼……由于这些青年们在政治上的幼稚而又对伊朗国王满腔仇恨，明天的英雄很可能是另外一个人——事实上是任何一个把反对伊朗国王的旗帜举得更高的人。""不满的原因很多，从住房费用高、教育条件太差，一直到赋税太重和贪污腐化盛行。""但是他们最愤恨的还是15年来的镇压。""这些人正是可以从伊朗国王提出的'伊朗国王——人民革命'19点计划，以及随之而来的对实利主义的欢迎中获利最多的人。""这些感到幻灭的青年人主要来自城市中的下层和中下层阶级，有学生、出租汽车司机、蓝领工人、集市商人、年轻的家庭妇女，甚至还有中层的公务员。"③

10月13日，国务大臣马努切赫尔·阿兹曼宣布，应记者们的要求，取消新闻检查制度。伊朗政府派伊朗驻美国大使阿德希尔·扎赫迪前往巴黎。阿亚图拉霍梅尼呼吁，10月16日为全国哀悼日，以悼念"黑色星期五"的死难者。

---

① Sullivan. Fm Amembassy Tehran to WashDC Immediate 881, Draft Date: October 11, 1978. Document Number: 1978TEHRAN09872, National Archives.

② Jalald-Dine Madani. *History of Islamic Revolution of Iran*. Tehran: International Publishing Co., 1996: 380.

③ Liz Thurgood. Youth Acts as A Pioneer in Confrontation. *The Guardian*, October 11, 1979.

10 月 15 日,英国驻伊朗大使安东尼·帕森斯和美国驻伊朗大使沙利文共同会见埃马米首相。首相告诉他们,90％的罢工问题已得到解决,他与阿亚图拉沙里亚马达里的沟通也相当顺利。他还谈道,阿亚图拉霍梅尼最好到一个伊斯兰国家,比如叙利亚,并保持沉默。

科技和高教部大臣胡商·纳哈万迪提交辞呈,目的是组建"伊朗民族运动"(Iran's National Movement)。费尔多西大学校长帕韦兹·阿穆泽贾尔(Parviz Amouzegar)递交辞呈,他说,在大学尚未独立之前,他无法运作学校。

10 月 16 日,阿亚图拉霍梅尼长子去世一周年纪念日。这一天,伊朗全国举行总罢工,商人罢市,商店关门,学生也进行罢课。为纪念"黑色星期五",伊朗所有城市都出现了示威游行。当天,至少有 6 人被打死,33 人受伤。

这一天,阿亚图拉霍梅尼发表了致伊朗石油工人的公开信。他在信中说:"我与伊朗人民祝福伊朗国家石油公司的工人和雇员。安拉祝福你们,觉醒的人们,通过有价值的活动捍卫了民族的尊严。你们的努力正在变得越来越有价值,与其说你们每天都在战斗,不如说你们每一小时都在战斗。对于被压迫的伊朗人民来说它是有价值的,因为它阻止了这些黑金和宝贵财富被掠夺,这样的掠夺通过叛徒,掠夺者多年来一直在进行。你们用你们最大的能力中止了对我们这个国家贫穷人民财富的浪费。你们已经沉重打击了靠这些财富来维持其邪恶统治和稳定其摇摇欲坠的政权的骗子。""美国政治家应该警告这些违背美国人民利益的专制的、反人权政策的政府。我们神圣的伊斯兰运动将结束伊朗的专制和独裁。"[①]

伊朗伊斯兰革命爆发数月以来,主要有以下标语口号:

> "德黑兰大屠杀第四十天后,军事法和邪恶帝国系统一如既往,把我们今天的命运和我们明天的未来置于危险之中。超级大国压迫我们,通过国王窃取我们的财富。"

> "我们将继续反对偷走我们石油的超级大国的统治,战斗到伊朗恢复其自由和独立为止。"

> "伟大的伊朗人民;我们国家的历史上从来没有如此规模的运动,年

---

① Jalald-Dine Madani. *History of Islamic Revolution of Iran*. Tehran: International Publishing Co., 1996: 389 – 390.

轻人和老人，怀抱婴儿的妇女，为拯救他们的国家和伊斯兰教而勇敢面对子弹。"

"孩子和老人，所有的人都喊'处死国王'，以这样的方式直到国王发疯。"

"你们的道路是真主之路，你们是为解放人类的先知和伊马目而战。"

"统一自己，坚定所有穆斯林的阵线，积极参加军事统一运动。"

"向军方传递我的温暖问候，告诉他们那些被他们的机枪杀害的人是他们的兄弟姐妹，告诉他们，他们不应该为了满足国王的犯罪设计而大开杀戒。"

"英国猪滚回去！"①

10月17日，巴列维国王接见了由美国议员史蒂芬 J. 索拉兹（Stephen J. Solarz）率领的美国议会代表团。巴列维国王在回答希望得到美国什么样的帮助来克服当前危机这一问题时说，美国政治家可以向伊朗人解释什么是真正的民主。国王称，伊朗人把民主概念与无序观念或《古兰经》中的清规戒律混淆了。民主的观念建立在接受大多数人意愿和依法治理的基础之上，但多数伊朗人不懂这一点②。索拉兹在离开伊朗之前，秘密会见了民族解放运动成员纳赛尔·米纳基（Nasser Minatchi）和激进运动成员拉赫马拉图拉·穆贾达姆-马拉黑（Rahmatollah Moghaddam-Maraghei）。米纳基和马拉黑皆主张巴列维国王改善伊朗的人权状况。以后几天，美国的政府官员和政治家纷纷来到伊朗，其中有国防部副部长查尔斯·威廉·邓肯（Charles William Duncan，1926～　　）、负责经济事务的副国务卿理查德 N. 库珀（Richard N. Cooper）、负责中东南亚事务的副国务卿杰克·米克罗斯（Jack Miklos）以及地区安全总监科利（kelly）。伊朗议会反对派领导人阿拔斯·阿赫巴尔（Abbas Akhbar）提交指责政府的议案。迈赫迪·巴扎尔甘领导的"自由运动"和卡里姆·桑贾比领导的"民族阵线"宣布支持阿亚图拉霍梅尼的领导，反对巴列维国王。桑贾

---

①　Fm Secstate WashDC to Amembassy Tehran Priority 8780. October 13, 1978. Document Number：1978PARIS33871，National Archives.

②　Javier Gil Guerrero. *The Carter Administration and the fall of Iran's Pahlavi Dynasty: US-Iran relations on the brink of the 1979 Revolution*. London：Palgrave Macmillan, 2016：113.

比说,现政府只有在真正的民主与军事专政之间做出选择。伊朗 340 名教授联名致信法国总统吉斯卡尔·德斯坦,请求其放松对阿亚图拉霍梅尼的禁锢①。当天,纳西里将军从巴基斯坦回到德黑兰,接受对其调查。政府发表声明说,两周内公布政府腐败分子名单。

10 月 18 日,沙利文给美国驻法国大使馆及国务院的电报中称:"我们将继续关注霍梅尼的声明和会议的异常行动。霍梅尼仍然是一个关键的反对派人物,在某种情况下,我们不希望看到将来某个时候得以解决。"②

10 月 19 日,伊朗政府发表声明称,所有伊朗人,只要尊重宪法,都将得到赦免。

10 月 21 日,德黑兰大学师生喊出口号:"反对美国!""反对西方!"

10 月 22 日,在哈马丹(Hamadan)和布什尔(Bushehr),警察向示威游行者开枪,至少有 6 人被打死。

当天早上,媒体报道说,巴扎尔甘和米纳奇前往巴黎,会晤阿亚图拉霍梅尼。巴扎尔甘是捍卫人权与自由委员会(Committee for The Defence of Human Rights and Freedom,简称 CDHRF)和伊朗自由运动的领导人。米纳奇是捍卫人权与自由委员会的财务主管,也是大阿亚图拉沙里亚马达里的密友。在过去几天,民族阵线领导人巴霍蒂亚尔多次发表讲话,表明其解决问题的立场。他们要求:政府必须承认过去的错误;只能选举那些在过去 25 年中无腐败记录的人;取消军事管制,在伊朗实行军事管制将导致灾难③。

美国驻伊朗大使威廉·H.沙利文和英国驻伊朗大使安东尼·帕森斯会见巴列维国王,他们向国王表达他们的看法:"军事解决是毫无希望的。"④在布热津斯基看来,这一观点虽然没有得到美国政府的确认,但也与美国国务院对伊朗局势的看法一致。美国政府反对伊朗成立军政府。

10 月 23 日,埃马米政府宣布,在国王 10 月 26 日 59 岁生日的前一天,将

---

① Sullivan. Fm Amembassy Tehran to WashDC 1048. Draft Date: October 18, 1978. Document Number: 1978TEHRAN10189, National Archives.

② Sullivan. Fm Amembassy Tehran to Amembassy Paris, Info Secstate WashDC 1040. Draft Date: October 18, 1978. Document Number: 1978TEHRAN10177, National Archives.

③ Sullivan. Fm Amembassy Tehran to Secstate WashDC Priority 1096. Draft Date: October 22, 1978. Document Number: 1978TEHRAN10281, National Archives.

④ Gholam Reza Afkhami. *The Life and Times of the Shah*. Berkeley, Los Angeles and London: University California Press, 2009: 470.

释放 1 451 名犯人,其中有 1 120 人为政治犯。后来实际释放为 1 500 人。① 在这些人中,有两个重要人物,阿亚图拉侯赛因·阿里·蒙塔泽里和阿亚图拉穆罕默德·塔莱加尼,他们都是阿亚图拉霍梅尼的支持者。司法大臣穆罕默德·伯赫里称,将恢复这些被释放者的工作。

当天下午,在阿亚图拉沙里亚马达里儿子的安排下,自由运动领导人巴扎尔甘与首相埃马米进行会谈。按计划,民族阵线左翼领导人萨哈比也要参加,但他没有出席。巴扎尔甘提出了 12 项要求。埃马米与巴扎尔甘通过协商,达成协议,接受了其中的 9 项,具体内容为:第一,巴扎尔甘与宗教领导人希望建立自己的政党,希望政府不要干预,如果可能的话,予以支持。第二,宗教聚会地"侯赛尼耶"附近旧的赛米兰道路重新开放。第三,巴扎尔甘人权组织通过注册合法化。第四,完全的新闻自由。第五,王室成员远离商业活动,并对其进行严格控制。首相表示为此努力。第六,来年夏季的议会选举不得推迟。第七,加快审判腐败分子的进程。首相在表示赞成的同时,并承诺立即向议会提议。第八,巴列维国王退休,不再执政,也不干预日常的政府事务。首相表示同意,并解释,国王一直是军队的总司令,在目前情况下不会走得太远。第九,在教科书中加入更多的宗教内容。埃马米首相拒绝了以下 3 项:第一,立即结束军管。埃马米说,如果可能的话,他要在 6 个月内结束。第二,立即解散议会,埃马米首相说,他可以比原定大选提前 1~2 个月。第三,释放所有政治犯。埃马米首相说,在即将到来的国王生日,将对除了杀人犯和恐怖主义分子外的所有人予以特赦②。另外,巴扎尔甘等人还要到巴黎征求阿亚图拉霍梅尼的意见,争取在宪法框架内促成伊朗的政治现代化进程。

在当天德黑兰的冲突中,洛克希德公司的 11 辆大轿车被毁,另有 4 名美国人受伤。

巴列维国王称,要削减购买美国武器,价值数十亿美元。

10 月 24 日,英国议会下院反对党领袖就英国外交大臣欧文支持巴列维国王的言论,提出强烈批评,称巴列维国王是"媚外的和反对伊朗人的"。同一

---

① ［伊朗］穆罕默德·礼萨·巴列维.对历史的回答[M].刘津坤,黄晓健,译.北京:中国对外翻译出版公司,1986:169.

② Sullivan. Fm Amembassy Tehran to WashDC 1140. Draft Date: October 24, 1978. Document Number: 1978TEHRAN10378, National Archives.

天,美国副国防部长邓肯抵达德黑兰,就伊朗减少购买美国武器一事,与巴列维国王进行秘密磋商。邓肯与巴列维国王的会谈是在美国驻伊朗大使沙利文的陪同下进行的。由于国王此时的心思已不在军购上,所以只谈了30分钟,国王就让邓肯先离去,而把沙利文留了下来。紧接着,英国大使安东尼·帕森斯加入到了巴列维国王与沙利文的会谈。会谈持续了两个小时,中间一度为报告库姆和阿瓦士等发生紧急情况的两个电话所打断。第一个电话是伊朗国家石油公司总裁胡商·安萨里打来的,他在电话中说,10月23日晚,他已被领导运动的宗教领导人"羁押"起来,现在阿瓦士石油工人的罢工不再要求增加工资,而是"政治"诉求。他还说,仅10月23日一天,伊朗就损失了600万桶石油。他在电话中还表示为哈马丹的情况担忧。第二个电话来自库姆,那里的情况一样不容乐观,狙击手开始从房顶向士兵射击。在接下来的会谈中,巴列维国王提出了两个选择,一个是建立军政府,在他看来,这是行不通的,最好是由其临时主持;一个是建立联合政府,他对此也缺乏信心,原因在于他对未来联合政府对他的"忠诚"心里没底,也对自己的掌控能力没底,但在他看来,可以使目前伊朗的局势平静下来。接下来,两位大使提出了联合建议:第一,对伊朗局势的判断,两位大使认为伊朗的局势没有国王眼中的那么糟糕,虽然有令人不安的伊朗国家石油公司的罢工和学生不法行为等现象存在,但人们仍在工作,服务持续进行,商店照常营业,还算是正常状态,不是致命的;第二,"军事解决方案"是行不通的;第三,缺乏判断可能失去进入"联盟"政府者忠诚的基础,他们注意到一些政治家在巴黎与阿亚图拉霍梅尼合作,坚决反对巴列维国王。第四,组建联合政府有利于伊朗下一步的稳定;现阶段最必要的是政府采取积极的和有计划的行动,即积极主动地采取措施而不是被动应对;第五,就石油工人罢工而言,他们怀疑政府对其"政治"需求会明智地投降,如果罢工迫使石油工业停顿一段时间,它是不需要的撒手锏。事实上,它可能会使一些人觉得,罢工伤害到了实施罢工的人。巴列维国王感谢两位大使提出建议,表示,他要与伊朗人民一道解决当前危机,并希望以后继续与他们交谈①。当天,阿亚图拉霍梅尼在巴黎会见了民族阵线领导人巴扎尔甘。两人的会面共进行了3次,旨在加强双方的合作。

---

① Sullivan. Fm Amembassy Tehran to Secstate WashDC Immediate 1147. Draft Date: October 24, 1978. Document Number: 1978TEHRAN10383, National Archives.

10月25日,在接受记者采访时,阿亚图拉霍梅尼说:"今天,我仍然像起初那样坚决反对和解与妥协,因为这既不能使伊朗摆脱,也不能结束镇压和屠杀。""如果伊朗的舆论都同意伊朗政权必须下台,那么后者将被迫放弃镇压,人民胜利的时刻将因而加速到来"。他还说:"在伊朗已经存在着空白,唯一能摆脱这一局势的办法是由穆斯林人民选举出一个政权来执政。这将表明能推翻政权的人,也能够领导这个国家。"当问及人民反抗运动被共产主义左派所控制的危险时,这位什叶派宗教领袖表示坚信,这些今天自称是马克思主义的对现政权不满的青年,明天将支持伊斯兰政府。他说:"同以伊斯兰教的名义造反的3 000万波斯人相比,他们不构成什么力量。""在建立伊斯兰政府和扩大自由以及将随之而来的发展机会面前,人们将可以引导那些寻求真理和正义的人去信奉伊斯兰教。""决心继续过长达15年的流亡生活。只要国王仍然执政,我将不回伊朗。""是那些大国违背了人权,而不是这些国家的人民。"他还表达了对"支持伊朗人民反抗的西方人民"的感谢。他还表示,很多有才华的人,国王的政府从未用过,这些人向国王提供必要的情况,还把自由的观点告诉了他。

在接受路透社记者采访时,巴列维国王称,他没有辞职的打算。

新任科学和教育部大臣阿布杜法泽尔·卡希·沙里亚帕纳希(Abdolfazl Gasi Shariatpanahi)宣布撤销有争议的大学议案,称将提供新的议案。新议案的主要内容有:不得逮捕在校大学生;大学校长去政治化,由学校的学术委员会选举产生;解散学校董事会,建构新的大学决策机制;恢复校园秩序;政府撤走校园的军警;恢复被迫停职教师的职位;释放因政治原因被捕的学生,等等。沙利文对其评价说:如果这些措施落实的话,伊朗的高校自由与民主的氛围将比美国等西方国家的还要宽松①。

10月24日和25日两天,学生罢课、工人罢工仍在进行。

10月25日,亚历山大·鲍文(Alexander Bowen)在苏联《文学报》撰文《伊朗:后果和原因》。文中谈道20世纪伊朗的3次危机:40年代末至50年代初伊朗的国有化、60年代初开始的"白色革命"和正在发生的社会运动。他在总结伊朗这次社会动荡的原因时说:"由于改革是由脱离人民的政府官员制定和

---

① Sullivan. Fm Amembassy Tehran to Secstate WashDC 1149. Draft Date:October24, 1978. Document Number:1978TEHRAN10384, National Archives.

实行的,因此所有这些改革都具有半途而废的、不彻底的、经常是修饰门面的性质。在改革中一些问题被解决了,但同时又产生了其他一些更尖锐的问题。""军费开支的沉重负担,经济发展的不协调,引起了尖锐的比例失调和社会紧张气氛的不断加剧。"

10 月 26 日,贾赫罗姆市的警察局长被打死,首席军事长官被打伤。在周末的冲突中,至少有 15 人被打死。大学和中学校园里都安装了扩音器,播送充满仇恨和狂热的言论,高中生也加入了示威游行的行列。

当天,阿亚图拉霍梅尼向伊朗民众发表讲话说:"伊朗目前的局势使我深感忧虑。我担心对国王及其帮凶的强大压力会使他们狗急跳墙,可能做出更疯狂的事情,给伊朗人民带来更大的伤害和破坏。"他在接受采访时说,要用"消耗战"对付巴列维国王政府。

这一天也是巴列维国王的生日。巴列维国王在其生日讲话中,承认过去犯了错误,承诺加强法制建设,继续惩治腐败,并呼吁民族团结。美国总统卡特、苏联最高领导人勃列日涅夫纷纷向其打来电报,祝贺其生日愉快。

10 月 26 日,爱德华·莫蒂默(Edward Mortimer,1943~　)在《泰晤士报》上撰文《使国王继续执政的"伊朗价值"》,文章写道:"自从 1973 年 12 月开始的石油大涨价使这个国家的财政收入突然提高 3 倍,它将使全国都感到经济上的好处。"问题出在什么地方呢? 这个问题的一大部分答案可以在目前出版的一本非常及时的书中找到。该书的作者罗伯特·格雷厄姆是《金融时报》驻中东的记者。他于 1975~1977 年驻德黑兰,当时这里正是繁荣发生问题的时期,由繁荣所引起的大部分幻想破灭了。他在书里概述的正是这个过程,他给这本书起了一个恰如其分的名字,叫做《权力的幻想》。

格雷厄姆认为,伊朗国王的根本性错误是试图毕其功于一役,操之过急。直到 1973 年,外汇短缺还是限制经济发展的主要原因。但是当外汇问题一下子解决了,国王就认为,其他方面的牵制——特别是人力不足和基础结构薄弱——就不那么严重了。国王把对他自己计划的种种疑虑以及预算机构抛在一边,于 1974 年做出决定,立即把第五个五年计划中的国营部门的投资指标翻了一番。

总而言之,他想用撒手花钱的办法把所有的问题一下子解决,既没有明确的先后缓急的次序,也没有为各项工程提供熟练的劳动力和原材料。其结果是造成几近全面混乱。许多人发了财,但是,由于必不可少的基础工程没有做,大多数工程要么不得不放弃,要么在浪费数百万美元之后才能动工兴建。

这真是给最大多数的人带来最大程度的失望的妙法。它使这个国家已经在迅速城市化的局面进一步加快了,从而使农业经济(经济上活跃的伊朗人从事农业劳动仍然要比其他工作的为多)越来越不相称。这个情况既扩大了城乡的不平等,又增加了进口粮食的需要,从而促使日常必需品价格进一步上涨。

在新的城市社会中,它也扩大了贫富之间的差距,使两者都感受到激烈竞争的经济压力,这种经济所表现出来的是,一般来说,物质标准可能是改善了,但是生活的质量却急剧下降了。格雷厄姆令人信服地描述了德黑兰生活的阴暗面:"由于这个社会内部运转的问题增加了,各社会集团之间的接触却减少了。资产阶级原来是生活在群众之中的,现在却在设法避开老百姓。市民们对自己的处境感到不满,妒忌比他们过得好的人。唯一相同的是大家都感到不满……"

所有这一切都发生在一个政治制度高度集中的国家内。格雷厄姆生动而细致地描述这个国家政治制度的轮廓。他叙述了国王是怎样有计划地搞垮甚至很难成为独立力量的个人或组织。他只强调这一制度的两极,即他自己和"人民",并且要每个重要的官员都向他汇报。

保证国王的个人权力和安全就是全部的目的,付出的代价是经济的效能。对伊朗文化的影响和冲击是:一派人希望效法西方,另一派人则要维护"伊朗的传统价值观"。事实上,伊朗价值观已被搞得面目全非了。

10月27日,当天的报道中称,又有5人被打死,多人受伤。在伊斯法罕,军队为镇压示威者,出动了坦克和装甲车。

阿亚图拉沙里亚马达里在接受法新社记者采访时说:"我们要把独裁政府变成民主政府,并为捍卫民主而执行宪法。"当谈到他与阿亚图拉霍梅尼的关系时,他说:"我们的要求是一致的。阿亚图拉霍梅尼希望建立一个基于伊斯兰法基础之上的民主政府,这就是我们的共同目标。阿亚图拉霍梅尼说,君主政体应该被一个伊斯兰政府所取代。他要求有一个正义的政府。我们要的也是这样一个政府。""人民和我们(宗教上层)不再抱任何希望。它所进行的屠杀彻底宣判了它的死刑。这个政府开始时曾实现过它做出的某些承诺,而现在已没有任何生气了。它将自然死亡。""政府要求我们会见它的代表。我们拒绝了。人们非正式地要求我们在众议院组织一个由 5 位宗教领袖组成的委员会。但是,由于这还不是一个人民的众议院,我们没有同意这一建议。""没有一个可以信任的政府,就不会有自由选举。"接着,他送儿子和女婿前往巴黎。当天,首相埃马米亲赴库姆,与阿亚图拉沙里亚马达里举行了两个半小时的会谈。埃马米劝阿亚图拉沙里亚马达里召集一个宗教会议,选出一个宗教领导人,遭到了沙里亚马达里的拒绝,但马什哈德的设拉子表示原意。

美国驻伊朗大使沙利文在打给美国政府的电报中称,他与英国驻伊朗大使将于 10 月 29 日拜访埃马米首相,届时将向他建议,启动没有人民党参加的"真正民主的"下届议会选举进程。如果埃马米首相同意他们的看法,他们将提出如下条件:第一,提前解散议会;第二,在来年 3 月前结束军事管制;第三,重新安排国王、议会与内阁的权力;伊斯兰教法学家监督宪法。在他们看来,这些条件是可以接受,是结束目前伊朗混乱局面的较好办法。其意义在于:① 它在一定意义上将恢复国王的地位;② 将使军队返回军营;③ 将把伊朗的政治活动由邪恶引向光明的未来;④ 将使温和的神职人员和负责任的政治家与阿亚图拉霍梅尼分道扬镳;⑤ 它赋予选举进程以特殊的合法性;⑥ 最终产生一个合法的议会。沙利文还在电报中说:伊朗的政治家自私自利是出了名的。他甚至怀疑伊朗局势发展到当下这一地步是巴列维国王的有意安排。他还专门向美国政府解释为何与首相而不是与国王会谈该问题,因为在他看来,将来计划的执行还得先从首相这里开始。他还专门谈到了美国政界对伊朗局势的操控问题,由于伊朗的仇外心理越来越强,美国对伊朗手放得越松越好。最后,他强烈反对美国政府向阿亚图拉霍梅尼转向,在他看来,无论从霍梅尼的"伊斯兰共和国"声明或是其追随者的"半马克思主义"的沙里亚梯思想倾向都表明,他的政治倾向是朝着纳赛尔(Gamal Abdel Nasser,1918～1970)和卡扎菲的方向发展的。美国应该与阿亚图拉霍梅尼保持一定距离。在沙利文看来,"美国的政策是继续与巴列维国王合作,因为他表现出惊人的灵活性,如果巴列维国王能够负起责任的话,伊朗可以建立起真正的民主政体"[①]。

10 月 28 日,美国国务卿万斯在打给美国驻伊朗大使馆的电报中称:拜访

[①] Sullivan. Fm Amembassy Tehran to Secstate WashDC Niact Immediate 1184. Draft Date: October27, 1978. Document Number: 1978TEHRAN10445, National Archives.

阿亚图拉霍梅尼的人发现,他对推翻巴列维王朝信心十足,拒绝与巴列维政府的任何妥协,不承认阿里·阿米尼为首相以及类似的安排,他确信他们正走在伊斯兰共和国的路上[①]。

10月28日,乔纳森·坎德尔(Jonathan Kandel)在《华盛顿邮报》撰文《国王宁愿放松新闻检查而不让上街闹事》。文章写道:"一位国家安全局的高级官员说:'报纸这些日子刊登的任何东西都比谣言好,谣言是我们最可恨的敌人'。""迄今为止,报纸尚未攻击国王、皇亲国戚及其家臣、侍从。但是,编辑们声称下一步将向王室开火,他们注意到王室的主要成员目前大部分在国外。""今年夏末,因军事管制中断了12天之久的报纸感受到了新闻检查的'春天',在此期间,最畅销的波斯文日报《世界报》由每天发行35万至38万份,猛增到70万至80万份,翻了一番还多。8月,该报发行量超过了100万份,因为它首次用头版4个专栏的篇幅斗胆报道了被驱逐出境的穆斯林什叶派领袖阿亚图拉霍梅尼的情况。过去10个月的动乱中,阿亚图拉霍梅尼是反对国王的急先锋。"

10月29日,德黑兰爆发了严重骚乱,全副武装的军队在多个地方与示威游行的群众和学生发生冲突,一家电影院和两家银行被烧,一家洋酒商店被砸。在当天的冲突中,全国37座城市,有8人被打死。

当天,国务大臣马努切赫尔·阿兹曼和司法大臣穆罕默德·伯赫里辞职。同时,34名国家安全组织的高级官员被解职,其中最著名的人物是"萨瓦克"的二把手巴尔维兹-萨贝提(Parveez Sabeti),他多次在电台为保安人员发表谈话,还一度任德黑兰军管委员会主席。第二天,穆斯塔法·佩耶达尔(Mostafa Payedar)和侯赛因·纳贾菲(Hossein Najafi)分别被任命为新的国务大臣和司法大臣。去职后的阿兹曼宣称建立新的政党,反对埃马米政府,坚持伊斯兰原则和宪法。

当天,议员德尔霍什·福马尼对众议院说,胡韦达"使大多数人生活在贫困之中,而他自己却从荷兰买花,从法国买矿泉水,从东地中海购买野味,从非洲购买水果来布置他的餐桌"。他用一种"顽固而幼稚"的话来答复对他的经济上的门户开放政策的批评。他说:"我们有钱,我们要用最好的东西。谁不

[①]　Vance. Fm Secstate WashDC to AmEmbassy Tehran Immediate. Draft Date: October28, 1978. Document Number: 1978STATE275343, National Archives.

喜欢,谁就闭上眼睛好了。"胡韦达及其政府毁灭人民的希望已经到了人民不得不起来面对军队的子弹,宁可死也不愿意再过种悲惨生活的地步。"胡韦达到哪儿去了？这人是不是要使自己受制于这些走狗,而让真正的关键人物继续躲在幕后呢？"

当天,沙利文和英国驻伊朗大使帕森斯与首相埃马米的会谈如期举行。在会谈中,埃马米坦承,迄今为止,巴列维国王尚未下达让他与反对派领导人会晤的命令。关于两位大使的建议,他表示要在第二天与巴列维国王磋商此事。

当晚,阿亚图拉霍梅尼接受了法国《十字架报》记者菲利普·弗兰丁(Philip Frandin)和诺埃尔·达布罗兹(Noel Da Broz)的采访。

弗兰丁问:今天,伊斯兰是作为一种意识形态而存在的,它的宗旨,除了拯救人之外,就是使之能够在个人生活方面和社会生活方面协调一致地生活。那么,在你看来,今天的伊朗必不可少的体制和传统是什么?

阿亚图拉霍梅尼回答道:伊斯兰的出现,是为了使人具有他的全部才华,也就是说,它使人在人格、社会和政治方面得到发展。伊斯兰能做到这一点。伊斯兰法是符合人的需要的。这些法是很清楚的。关于个人,伊斯兰将使他成为一个真人,使他更加纯洁,并提高他对自己的认识。在社会方面,伊斯兰规定了人对共同体的日常行为。它决定着在它同宗教少数民族和在其他国家存在的那些宗教的关系中它的政策的方式。在这方面,伊斯兰法是先进的。同样,如果伊斯兰的经济法得到执行的话,这个国家将会拥有先进的经济。最重要的是伊斯兰文化,如果这种文化得到应用的话,它将使穆斯林能够成为在各方面都进步的人。因此,一切个人、社会和经济大法都集中在《古兰经》和"圣训"中。但在伊朗,国王和那些他扶上台的人想消灭伊斯兰的基础和体制。伊斯兰的体制之一就是自由。在穆斯林民族中,人是自由的人。国王想破坏这种传统。另一种体制,就是伊斯兰为我们提供的独立。伊斯兰法规定,任何民族,任何人都无权干涉我国的事务,而国王想要剥夺我们的这种独立。死心塌地要走到底的国王控制着我们的清真寺,他还想控制伊斯兰学校、阿訇。他想使大学保持科学落后的状态,因为他不愿意在他面前有一些有才能的、独立的医生、技术人员和政界人物。国王想消灭伊斯兰的一切传统和体制,所以伊朗人民反对他。

弗兰丁：宗教领袖霍梅尼，你主张在伊朗建立一个伊斯兰共和国。其主要特点是什么？

阿亚图拉霍梅尼：在伊朗和其他国家推行伊斯兰教的方式只有一种。但是，想推行伊斯兰教的人却不知道怎么做。伊斯兰教在文化、政治和经济各个方面都有纲领。在像巴基斯坦和沙特阿拉伯这样的国家里，推行伊斯兰教进行得并不好。我们希望像伊斯兰教初期，先知穆罕默德时期那样推行伊斯兰教。我们希望促进国家的独立、文化和经济，并把人造就成完人。我们将在这种法则和规定的基础上，按着真主的旨意行动。

弗兰丁：是否将有一个伊斯兰意识形态委员会？

阿亚图拉霍梅尼：将设立一个有权的议会来决定国家和穆斯林的一切事务。必要时，议会可以征求伊斯兰教法学家和圣哲的意见。但是国事将由人民选出的议会管理。现在的宪法中，规定5位宗教领袖参加。原则上，他们可以就伊斯兰问题发表意见。

诺埃尔·达布罗兹问：你有政府计划吗？

阿亚图拉霍梅尼回答：目前，第一步是剥夺国王的权力，国王阻碍国家一切进步、妨碍一切改革，并且损害了我们人民的尊严。至于政府纲领，那是我们将在适当时候谈论的第二步。

达布罗兹：你对各非穆斯林组织的态度是什么？

阿亚图拉霍梅尼：在一个社会里，有一些颠覆性组织，另一些不是颠覆性的。那些反对一个国家的宪法的是颠覆性的。其他非颠覆性的可以自由行动。我们不会接受其目的是要破坏国家的一切组织和团体，例如共产党，我们不允许他们活动。

弗兰丁：有政治犯吗？

阿亚图拉霍梅尼：没有，不会有因宣传上违法而被关押的政治犯，但是在有破坏行为的情况下，我们当然要使用一切适当的手段。

达布罗兹：你们如何对待基督教徒和犹太教徒？

阿亚图拉霍梅尼：关于基督教，我们很尊重他们的信仰。基督教徒可以在我国自由地生活。犹太人和其他少数宗教信仰者可以自由生活，我们对他们将是尊重和有礼貌的。总之，他们的处境将比现在好。

达布罗兹：你们承认以色列国的存在吗？

阿亚图拉霍梅尼：伊斯兰共和国将不承认以色列政府，因为以色列国是一个剥夺了巴勒斯坦人的权利和土地的国家。

达布罗兹：伊朗有很多民族，他们将被同化吗？

阿亚图拉霍梅尼：是有许多民族，但是我们大家只组成一个民族。

10月30日，埃马米政府的一官员把伊朗的局势归因为在英国广播公司工作的伊朗人在伦敦发表的讲话。卡里姆·桑贾比在巴黎会见了阿亚图拉霍梅尼。阿亚图拉霍梅尼提出伊斯兰共和国取代君主制的主张。桑贾比则倾向于改革君主制。会晤后，二人没有发表联合声明，但桑贾比说，阿亚图拉霍梅尼的斗争是民族阵线的斗争。

当天，道格拉斯·沃森（Douglas Watson）在《巴尔的摩太阳报》上撰文《人们预言伊朗国内斗争会更加恶化》，文章写道："这里的危机并不是穷人为粮食和住房而斗争的起义。因为这是一个富裕的国家。比如说，德黑兰真正的贫民窟并不多。但是这中间的可能是：光有金钱并不能买来幸福。"

10月30日和31日，德黑兰举行游行，高呼反国王口号，要求成立以流亡在巴黎的宗教领袖阿亚图拉霍梅尼为首的新政府。

10月31日，众议院再次对埃马米进行信任表决，结果是175票赞成，35票反对，7票弃权。上月第一次投信任票时，只有16张反对票，9月8日军管时的反对票也只有22张，看来国会中反对的人越来越多。埃马米首相在国会发表讲话说："如果我不称职，我也要走。"他指责煽动石油工人罢工者的"行动完全是叛国"。当回答有人提出的对伊拉克和法国对阿亚图拉霍梅尼的态度进行批评时，他说伊朗不能干涉这些国家的内政。他还说，他不能为前首相因反政府骚乱而放逐这位宗教领袖的行为负责。当时这样做的首相现在已经去世。

当天，37 000名炼油工人罢工。要求增加工资，取消戒严，审判情报署署长纳马图拉·纳西里，释放政治犯。全国工人中已有半数罢工。公务人员开始攻击政府。

美国总统卡特发表讲话说："我们同伊朗的友谊和联盟是我们整个对外政策所依靠的重要基础之一。""我们感激他采取了走向民主的行动。我们知道，这个行动遭到某些不喜欢民主原则者的反对,但是我认为,他在施政方面的进步作法对整个西方世界来说都是很有价值的。"①就在卡特发表讲话不久,示威者高呼"打倒国王"的口号,冲过了通向白宫的宾夕法尼亚大街。

10月31日,德黑兰报纸报道:10月30日,在西部城市帕韦,库尔德地区穿着彩色服装的人骑马持枪冲进了该城,冲散了群众集会,打死了30多人。据无党派的《复兴报》报道:在帕韦城的西北59公里的地方,也发生了类似袭击,有25人被打死,150多人受伤。

托尼·阿拉韦(Tony Allaway)在《基督教科学箴言报》撰文称:"显然能够扭转这种局面的只有两个互为仇敌的人:流亡在国外的穆斯林宗教领袖阿亚图拉霍梅尼,或者仍在台上的巴列维国王。""民族阵线领导人桑贾比正在设法说服阿亚图拉霍梅尼先生同意由反对派领导人组成临时政府,直到6个月内举行选举为止。""(巴列维国王)用武力把伊朗镇压到政治上无声无息所造成的创伤,将使他将来把权力移交给他的儿子礼萨王子的工作更为困难。"②

政府估计,自1978年1月份以来,在示威游行引发的暴力冲突中,有上千人被打死。

由于航空人员罢工,使得大部分飞机无法降落和起飞。由于石油工人罢工,日常生活用的丁烷气缺乏。

1978年11月1日,伊朗广播播发了阿亚图拉沙里亚马达里的讲话:"有些人现已武装起来……任何一种武装运动都应在正确的领导下进行,而不应由个人去完成……任何人都无权去判决别人和杀害别人。""并且,这些个人是对付不了坦克和飞机这些东西的。""如果政府不答应我们的要求,我们可以组织我们自己的军队与政府战斗。""如果我们通过合理办法得不到我们所要的东西,我们将开始战斗。""但是,这只有在所有的和平办法都行不通时才这样。""我们要求自由;我们要求停止非法的监禁、严刑拷打和起诉;我们要求停止制订为某些人的利益服务的法律;我们要求结束个人的权力影响和偏爱;我们要求实行真正的立法、司法、行政三权分立。""总之,我们要求结束独裁制度,建立民治、民享的制度。"国家电台称他为世界上8 600万什叶派穆斯林的领袖。当谈及他与阿亚图拉霍梅尼的关系时,他说:"我们都主张建立一个公

---

① 美联社华盛顿1978年10月31日电。
② Tony Allaway. Iran faces Civil War. *The Christian Science Monitor*, October 31, 1978.

正的伊斯兰秩序。"他说他支持伊朗宪法,它的两大支柱是宗教和君主制。他要看到一个真正的伊斯兰政府,它"将与沙特阿拉伯和利比亚的政府毫无共同之处"。

德黑兰 25 万人举行示威游行,欢迎宗教领袖塔莱加尼。民族阵线发言人大流士·福鲁哈尔发表长篇讲话,称士兵们为"人民的兄弟"。福鲁哈尔是伊朗解放运动的创始人之一。该运动自称是穆斯林派和摩萨台派,主张民族独立,积极支持摩萨台的石油国有化政策,摩萨台下台后,塔莱加尼曾多次被捕。1962 年底被捕,一年后获释。1969 年,当他获悉宗教领袖赛迪"被残酷拷打"而致死时,他在基亚西清真寺发表讲话,谴责政府的暴行,旋被拘留,并流放扎布尔 5 年。1975 年在德黑兰再次被捕,1977 年被判处 10 年徒刑。1978 年 10 月 29 日获释。

自 1963 年被取缔后,伊朗人民党首次在德黑兰大学校园公开活动。尽管阿亚图拉霍梅尼对伊朗人民党提出尖锐批评,但人民党领导人对霍梅尼仍然大加称赞。

新上任的司法大臣侯赛因·纳贾菲宣布,将于 12 月 10 日以前释放所有政治犯。

10 月 31 日和 11 月 1 日,英国驻伊朗大使安东尼·帕森斯和美国驻伊朗大使沙利文两次共同会见巴列维国王。在 11 月 1 日的会见中,国王称,他在前一天会见了伊朗国家石油公司董事长阿卜杜拉·安蒂扎姆。安蒂扎姆答应他组建联合政府。但是,当安蒂扎姆接触到巴霍蒂亚尔后,安蒂扎姆改变了主意。巴列维国王还说,巴霍蒂亚尔告诉阿穆泽贾尔,他已与阿亚图拉霍梅尼达成协议。民族阵线进入巴列维国王安排的政府的唯一条件是国王在 1 年内就君主制进行全民公决。巴列维国王说,他拒绝了这样的条件。最后,巴列维国王与英美大使达成一项协议,具体内容为:① 不随意解散现政府;② 安蒂扎姆是组建联合政府最好的选择;③ 如果不能建立联合政府,国王将致力于组建一个以选举为目的的中立政府①。

1978 年 10 月份,伊朗人民党机关报《红星报》发表文章:《俄国的危险、国王的诺言和爱国者的道路》。文章称:"伊朗社会上有 3 种力量在较量:美帝国

---

① Sullivan. Fm Amembassy Tehran to Secstate WashDC Immediate 1306. Draft Date: November 1, 1978. Document Number: 1978TEHRAN10677, National Archives.

主义及其走狗的力量,国王政权是这支力量在伊朗的主要代表;俄国帝国主义及其形形色色的走狗的力量;我国广大人民群众的力量。美国势力在我国占统治地位,俄国想排挤美国,取而代之。人民力量则要同这两种势力作斗争,要驱逐美国,并防止俄国统治伊朗。在这种情况下,要认真研究国王讲话的本质。""他的欺骗性叫喊有下列几个目的:① 以此向美国表明:我是能为你顶住俄国,维护你利益的唯一的人。因此,你要支持我,不要用别人取代我。② 向统治集团中各派说明,只有我才是维护你们利益的人。如果我下台,局势就要大乱,群众将会清除你们,那样你们就无法再掠夺和剥削他们了。③ 把目前的群众运动说成是俄国煽动起来的,借以欺骗一部分群众,使他们不去参加反对他的斗争。""这些革命的任务是什么呢? 第一,要对俄国的危险提高警惕,识别它,认清它的帝国主义本质,特别是要识破这个掠夺者伪装维护进步、自由和支持我国人民的真面目;第二,要继续揭露国王政权以及它所谓反对俄国的谎言;第三,要警惕俄国的追随者混进人民运动的队伍,同这种渗透作斗争,贯彻'不要美国,不要俄国,要独立自主的伊朗'口号。第四,要依靠自己的力量,不要幻想借助任何外国力量来取得民族独立和解放。人民只有通过人民才能推翻统治阶级和国王政权,驱逐帝国主义。总之,要建立和加强独立的有组织的人民力量,反对直到打倒国王政权。这个力量只有坚持反对两个超级大国和国王卖国政权,才能建立起来。"

11 月 1 日,伊朗航空公司技术人员罢工,使得飞机上的乘客下不了飞机。

当天,爱德华·科迪(Edward Cody,1941～)在《华盛顿邮报》撰文《伊朗国王得到美国给予支持的保证》,文章写道:"卡特政府除了越来越紧迫地对伊朗局势表示了一系列的关注外,昨天又向伊朗国王保证美国将给予强有力的支持,并敦促他继续实行改革。"①美国国务卿万斯发表声明,赞成巴列维国王为恢复秩序所作的努力,并鼓励其实行自由化计划。卡特总统的国家安全顾问布热津斯基打电话给巴列维国王,提出国王的首要任务是建立法治和秩序,这是继续实行民主计划的前提条件。

瑞士《日内瓦论坛报》报道称,俾路支斯坦的叛乱部落正在得到大量的苏联武器。

---

① Edward Cody. Shah Having Received the Supporting Guarantee from US. *The Washington Post*, November 1, 1978.

11月2日，由于石油工人罢工，石油工业全部停产。

苏联塔斯社报道称，10万人参加了进军库姆的示威游行，他们高呼口号，谴责美国、英国等国家阴谋干涉伊朗事务。

美联社-道·琼斯新闻社报道，罗伯特·基特利（Robert Keetley）在《伊朗油田工人罢工使人们对伊朗国王的统治能力产生怀疑》一文中写道："迄今为止，经过几个月的暴力行动和动乱之后，在伊朗没有出现任何集中的反对力量或可供选择的政治计划。伊朗国王的敌人有：反对实现现代化的保守派伊斯兰领导人；开明派，他们谋求增加政治自由，让伊朗国王至多成为立宪君主；愤怒的中产阶级公民，他们发现目前的政府骄横、腐败，对他们的需要漠不关心；还有一个人数很少的非法的共产党，它打算建立一个亲苏的政权。然而，美国国务院和国防部的官员都认为，在目前反对伊朗国王独裁统治的零星的、情绪激动的抗议中，共产党人只起次要作用。"

11月2日，美国驻伊朗大使威廉·H.沙利文告诫巴列维国王，不要对好战分子采取更加激烈的行动，否则就有失去卡特政府支持的危险。他还第一次向巴列维国王打出信号，是否考虑退位。

当天，沙利文向美国政府发了6封电报。除了其中两封涉及军购和一封伊朗组织国际会议的以外，其他3封皆与伊朗日益紧张的局势有关。其中一封电报的主要内容是关于在伊朗建立军管政府的。沙利文从多方面得到的情报是，伊朗建立军管政府势在必行。他评价巴列维国王的军管政府说："军管是可行的，但美国和伊朗投入的是长期成本。"[①]另一封电报谈及伊朗航空公司解雇美国雇员和伊朗取消国内航班的信息[②]。美国中东问题专家加里 G.席克（Gary G. Sick，1935～　）在其专著《全部崩塌：美国与伊朗的悲惨遭遇》中写道：11月2日，沙利文给美国国务院发了两封电报。在第二封电报中，他记录了当天他与巴列维国王会面的情况，巴列维国王考虑沙利文的建议，正在考虑退位，沙利文称，国王可能在48小时之内就会有结果。沙利文寻求美国政府的指示。这为美国下一步对伊朗政策的制定至关重要。这封电报是令人吃

---

① Sullivan. Fm Amembassy Tehran to Secstate WashDC Immediate 1326. Draft Date：November 2, 1978. Document Number：1978TEHRAN10706, National Archives.

② Sullivan. Fm Amembassy Tehran to Secstate WashDC Immediate 1335. Draft Date：November 2, 1978. Document Number：1978TEHRAN10722, National Archives.

惊的,它只分发给了国务院和白宫外交决策的小圈子内有限的几个人①。但从目前美国的解密档案来看,没有发现这封电报。至此,华盛顿的官员们才真正意识到,巴列维国王遇到了大麻烦。一周前,沙利文还说,巴列维国王是美国唯一打交道的人。这让华盛顿的官员们只是觉得巴列维国王遇到了信任危机。这也使得美国政府官员们觉得手足无措。一位美国政府官员称,这是一个"180 度的大转弯"。

当天,鉴于伊朗局势紧张,需要美国政府做出决策,卡特政府的国家安全顾问布热津斯基召集特别协调委员会(Special Coordination Committee)。布热津斯基的助手格林·席克告诉他,伊朗局势每况愈下,宗教与社会势力是不容易平定的,美国政府应该加大对伊朗事态发展关注的力度②。会前,布热津斯基则告诉卡特总统:"当我们一步步推动国王走向自由之时,他正逐渐失去意愿。"③会议的参加者有副国务卿克里斯托夫(代表国务卿万斯)、国防部长哈罗德·布朗(Harold Brown,1927~)、参谋长联席会议主席大卫·琼斯(David C. Jones,1921~2013)将军、美国中央情报局局长斯坦菲尔德·特纳和国家安全委员会的大卫·阿伦(David Aaron,1938~)、格林·席克。会议决定由国务卿万斯向美国驻伊朗大使威廉·H.沙利文发去如下电报:"根据最高权威和国务卿万斯的同意,指示你告诉巴列维国王,在目前危机中,美国毫无保留地尽力支持他;美国确信他确定建立新政府的判断和必要时采取决定性行动和领导地位以恢复秩序及其权威;一旦秩序和权威得以恢复,我们希望他将重新致力于推动自由化运动并根除腐败。"④第二天,布热津斯基给巴列维国王打电话,将给沙利文电报中的内容亲自表达给巴列维国王。布热津斯基在电话中重述了美国和英国大使反对使用武力解决问题的看法,并再次强调:"我们建议或主张你不要朝特殊的方向发展。"国王表示,在这特殊的时期,他尽量避免极端事情的发生。

当天,法国总工会表示支持伊朗反对派。

---

① Gary Sick. *All Fall Down: America's Tragic Encounter with Iran*. New York: Penguin Books, 1985: 3.

② Gholam Reza Afkhami. *The Life and Times of the Shah*. Berkeley, Los Angeles and London: University California Press, 2009: 468.

③ Ibid., 470.

④ Ibid., 471.

11月3日，阿里·阿米尼再次前往库姆，会见阿亚图拉沙里亚马达里，双方进行了长时间的交谈。第二天，伊朗《消息报》进行如下报道：阿亚图拉沙里亚马达里解释说，伊斯兰教法学家的诉求与公众的诉求没有不同之处。他说："我们所要的是正确全面地实施宪法。我们既不谋求职位，也不主张什叶派教法学家领导政府。我们希望建立伊斯兰政府意即作为政治家的你们，依照伊斯兰原则办事。一个合作的政府应该由进步的伊斯兰和民族主义者联合建立，其背景应该是百分之百的自由和公正选举。伊斯兰教法学家没有与3 500万穆斯林不同的特别之处。当国民议会举行会议时，依照宪法，伊斯兰教法学家应该监督法律条文的制定和通过。因为目前的议会缺乏自信，大部分代表非由人民选举产生，正是由于这一原因，当要求我们选出5个监督人时，我们将通过自由选举予以回应。"①阿米尼也向阿亚图拉沙里亚马达里表达了自己的看法，将一如既往地朝着宪法和包括反对派在内的广大民众希望的方向努力。

谢里夫-埃马米接受议会的请求，在议会发表讲话。他在讲话中说，如果没有美国的支持，伊朗就完了。沙利文在发给美国政府的电报中说，自从埃马米上台以来，他就与美国进行了很好的合作。埃马米很早就知道美国希望在伊朗进行民主建设。美国政府必须明白，首相埃马米相信巴列维国王应该辞职，而不是继续执政。4年前，当本届国会任期刚开始时，埃马米已经私下里告诉巴列维国王，他应该开启民主化进程，但巴列维国王不听②。

法新社援引阿亚图拉霍梅尼的话说："现在的政府需要改变……现政权想与少数反对派成员谈判，已经晚了。我们已经告诉反对派代表阿米尼博士和桑贾比博士，如果他们同意与当局谈判，他们就要离开我们的运动。"③

华盛顿时间9点零5分至11分，布热津斯基与巴列维国王通电话。布热津斯基对国王说："美国在这次危机中完全地、充分地、毫无保留地支持你。你得到我们的完全支持。无论你就政府的形式或组成作何决定，都将得到我们的支持，我们并没有特别赞成哪一种解决办法。"国王首先对谈话表示感激，

① Jalald-Dine Madani. *History of Islamic Revolution of Iran*. Tehran：International Publishing Co.，1996：411.

② Sullivan. Fm Amembassy Tehran to Secstate WashDC Immediate 1353. Draft Date：November 5，1978. Document Number：1978TEHRAN10745，National Archives.

③ 法新社巴黎1978年11月2日电。

但他暗示,在非常特殊的情况下,有人使他感到,只要有任何可能,就应避免采取极端措施。布热津斯基回应道:"那么,依我来看,你实际上有这么一个问题,就是既要采取某些总的来说是有吸引力的姿态,又要采取一些具体行动来显示有效的权威。"国王回答说:"对。"布热津斯基又说:"从某种意义上讲,形势十分危急,单纯让步很可能造成更富有爆炸性的局面。"

11月3日的示威游行中,人们喊出了"处死美国的国王"的口号。

当天,麦津采夫在苏联《新时代》撰文《危机的新阶段》,文章写道:"在这种条件下,德黑兰许多人士认为,建立民族团结政府是解决目前伊朗危机的唯一手段。"

11月4日,德黑兰大学局势最为动荡。一大早,6 000名学生聚集在校园内,高呼口号,反对巴列维国王放逐阿亚图拉霍梅尼。在德黑兰大学的南门,学生们要推倒巴列维国王的铜像。军警先是用高压水枪向学生进攻,并向空中鸣枪。中午时刻,不知道枪声是从哪里开始,很快,催泪瓦斯弥漫在校园上空,学生们开始奔跑,哭喊声和口号声充满了整个校园。这时,催泪瓦斯变成了子弹,但人们不知道子弹是从哪里射出来的。有人喊出了"谁杀了我的兄弟我将杀死谁"的口号。下午1点,人们听到了机枪扫射的声音。几分钟过后,人们听到了救护车的声音。下午3点,战斗由德黑兰大学的南门转移到了东门,为了抵消催泪瓦斯的漫延,几十名学生点燃了汽车轮胎。战斗由校园扩散到了大街上。数千名学生攻击银行、商店、加油站、政府部门。加油站、电信公司和石油工人加入到了示威游行的行列。示威者还烧毁沿途的汽车。3点30分,战斗达到高潮,学生们纷纷躲避来自建筑物上或其他地方的射击。一伙组织严密的纵火队开进德黑兰,在银行、电影院、酒馆等地方,把家具堆放在大厅或门厅里,浇上汽油,把屋里的人都赶出去后,点火焚烧。短短的一两个小时之内,许多建筑物笼罩在熊熊烈火之中,看上去整个城市都在燃烧。在校园中,有65人被打死。晚上8点30分,人们带着毯子、床单、棉花来到了医院。大街上的示威游行一直持续到了晚上10点。

首相埃马米的"民族和解政府"与以空军司令、德黑兰军事管制负责人奥维西将军为代表的军人之间的争执一直存在。9月,首相将33名"萨瓦克"高级军官解职,10月,又释放了上千名政治犯。以奥维西为代表的军人则主张对反对派强硬。巴列维国王支持埃马米的和解路线,限制奥维西的行动自由,只允许军人对天鸣枪。在卡兹文、大不里士、马什哈德等地,一些违反命令,朝游行示威者开枪的指挥官受到了惩罚。双方的冲突到 11 月 4 日达到了白热化程度。埃马米首相要求处理相关负责军官,奥维西将军则坚决反对。

11 月 4 日,英国驻伊朗大使馆遭到攻击,部分建筑被烧,英国驻伊朗大使帕森斯只得到法国驻伊朗大使馆躲避。示威者也曾冲击美国驻伊朗大使馆,由于保护严密,未造成损失。

当晚,巴列维国王紧急召见沙利文和帕森斯。沙利文先到,巴列维国王对沙利文说,除了军事管制,没有其他更好的办法。巴列维国王要沙利文请求美国政府的支持。沙利文当场告诉国王,他已经预料到了伊朗形势的发展,事先已经向卡特总统和美国政府请示过,总统和政府都支持国王的行动。巴列维国王说,他还招呼了帕森斯,要一起等他。沙利文说,帕森斯正在法国大使馆,英国大使馆已经被烧。巴列维国王说,难怪帕森斯请求用装甲车到法国大使馆去接他。巴列维国王说,这都是英国媒体惹的祸。沙利文向巴列维国王求证,有传言说是"萨瓦克"职业纵火队放的火,旨在激起国王采取更激烈行动,实行军管,是否属实。无精打采的巴列维国王耸了耸肩说:"谁知道啊? 这些天来我准备对一切都宁信其有。"[①]帕森斯赶到后,巴列维国王再为英国大使馆被烧的事表示道歉,他要帕森斯请英国政府放心,重建大使馆的一切费用都由伊朗政府承担。然后他谈了实行军事管制的决定,问英国政府对此有何看法。帕森斯说,由于英国大使馆通信设备被烧毁,无法与英国政府联系,所以没有收到任何指示,也不可能很快就能得到英国政府的指示。巴列维国王说,将在当晚实行军管,次日上午宣布。随后,巴列维国王打电话给总参谋长爱资哈里将军,让他到王宫见国王。沙利文和帕森斯在接待室,正好遇到了前来面见巴列维国王的爱资哈里将军。他们告诉爱资哈里将军,他这次被巴列维国王召见的目的,并祝他顺利完成使命。

11 月 4 日,伊朗中央银行做出规定,对外汇款不得超过 5 000 美元,以防大量资金外流。

阿亚图拉霍梅尼给最近释放的两位宗教领袖——塔莱加尼和蒙塔泽里写信。他在信中说:"第一,由于在伊朗存在得到卡特支持的这样一个政权,你们

---

① 〔美〕威廉·赫·沙利文.出使伊朗[M].邱应觉等,译.北京:世界知识出版社,1984:136.

的入狱是合乎逻辑的";"第二,这种民主——不管怎样,目前的政权是难以实现的——对我们是不合适的,如果这一政权企图实现它的话";"第三,几年来,人民在君主政权统治下的国家里看到了反抗、独立和完整,并向往伟大文明,今天拥护伊斯兰运动,并拒绝这一政权。人民要把斗争进行到底";"第四,你们和其他所有的圣哲、市场商人、政治家、知识分子、被压迫的工人……应该领导人民,直到取得胜利,因为人民决心推翻专制政权,建立一个伊斯兰共和国"[①]。

11月5日,军队撤退,政治罢工影响了石油、电话、交通等国家的主要部门。巴列维国王及其家属的照片在一堆堆的火焰中燃烧,首都德黑兰上空浓烟滚滚。示威者捣毁了新闻部,继头一天火烧英国驻伊朗大使馆后,愤怒的伊朗群众又捣毁了英国航空公司驻德黑兰的办事处。一些银行、警察亭、电影院、商店、办公楼等纷纷起火。新闻大臣穆罕默德·阿米里·德黑兰尼遭到殴打。高教大臣加齐·沙里亚特·帕纳齐和外交大臣艾米尔·胡斯罗·阿夫沙尔以对前一天军队对学生的做法不满提出辞职。反对派反对美国和英国支持国王。德黑兰街道上的汽车大白天也打开车灯,当问及原因时,司机们回答:"为了阿亚图拉霍梅尼而开。"

英国驻伊朗大使帕森斯和美国驻伊朗大使沙利文共同会见巴列维国王。巴列维国王告诉他们,他已经下令,禁止逮捕民族阵线、泛伊朗党和其他温和的反对派领导人及其成员。他希望这些人能够加入到他的联合内阁中。在谈到阿亚图拉霍梅尼时,巴列维国王说,他对法国人能够让霍梅尼保持沉默表示怀疑。他能够做得到的是可以通过限制地方媒体压制阿亚图拉霍梅尼动员群众的声音。巴列维国王还说,军方计划逮捕200名腐败分子以表明其对建立道德秩序的承诺。两位大使则建议,先恢复法律和秩序,然后再惩治腐败[②]。

巴列维国王举行新闻发布会,他在会上说,民族阵线拒绝与其合作,剩下的只有选择建立军政府了。

当晚,在巴列维国王的劝说下,任职两个半月的首相埃马米宣布辞职。数

---

① 美联社巴黎1978年11月4日电。

② Sullivan. Fm Amembassy Tehran Info Usmission Usun New York Immediate 3291. Draft Date：November 7，1978. Document Number：1978STATE283540，National Archives.

周后,他先是把资产换成现金,并尽可能多地转移至国外,然后偷偷地离开了自己的祖国[①]。

11月5日,民族阵线的领导人卡里姆·桑贾比接到巴列维国王的组阁邀请后,要求允许其前往巴黎会见阿亚图拉霍梅尼后再作决定。于是,桑贾比和巴扎尔甘前往巴黎,会见阿亚图拉霍梅尼。会晤后,由他们两人签字,阿亚图拉霍梅尼口头同意,发表了一个声明。声明中说:在目前的君主体制下,不可用政治方法解决这个国家的骚乱。伊朗的现政权是不合宪法的、是非法的。"伊朗现在的君主体制一贯违反宪法,行使暴力和压迫。""只要现在非法的君主制政权继续掌权,伊朗民族主义的和伊斯兰的运动就不会同意组织任何政府。"[②]在与阿亚图拉霍梅尼举行了最后一轮会谈后,桑贾比当着100多名来自世界各地的记者,提出3点主张:① 目前伊朗王权,继续践踏宪法,实施压迫和暴政,宣扬腐败,采取媚外政策,已失去了合法性和宗教支持;② 只要国王的非法军政府存在,伊朗伊斯兰民族运动就不同意建立联合政府;③ 伊朗的民族政府体制应该通过参加公众意见依照伊斯兰民主和独立原则确立[③]。接近桑贾比的人士说,他的声明留有余地,只要伊朗国王退位,根据1906年宪法,可以实行一个挂名的君主政体。阿亚图拉霍梅尼明确提出:"我们的伊斯兰运动的目标是推翻君主统治秩序和巴列维王朝",建立"一个保护伊朗独立和民主的伊斯兰共和国"[④]。巴扎尔甘在接受采访时,也提出3点主张:① 释放所有政治犯;② 惩治过去几年最突出的10名腐败分子;③ 由商人、大学和其他利益相关方派代表组建新的联合政府[⑤]。

以上情况表明,伊朗的世俗反对派——不管是主张走资本主义道路的或是走社会主义道路的和宗教反对派——不论是伊斯兰自由民族主义者或是激进者,结成了事实上的大联盟。随着这一联盟的出现,伊朗的局势也就变得不

---

① [伊朗]费雷敦·胡韦达.伊朗国王倒台始末记[M].周仲贤,译.广州:广东人民出版社,1981:131.

② Janet Afary and Kevin B. Anderson. *Foucault and the Iranian Revolution: Gender and the Seductions of Islamism*. Chicago and London: The University of Chicago Press,2005:71.

③ Jalald-Dine Madani. *History of Islamic Revolution of Iran*. Tehran: International Publishing Co.,1996:412.

④ Mohsen M. Milani. *The Making of Iran's Islamic Revolution: From Monarchy to Islamic Republic*. Boulder: Westview Press,1994:214.

⑤ Sullivan. Fm Amembassy Tehran to Secstate WashDC Priority 1448. Draft Date: November 8, 1978. Document Number: 1978TEHRAN10928, National Archives.

可逆转了。国际安全咨询团领导人马克·多尼斯(Mark Downes)在其《伊朗悬而未决的革命》一书中评价称：此次会晤标示着"霍梅尼已成为伊朗革命运动无可争议的政治领袖"①。

11 月 5 日，刚刚获释的阿亚图拉塔莱加尼发表讲话说："很显然，独裁政府的一些分子和收买的奴仆打算伤害这个伊斯兰国家。他们用放火和在人民当中制造混乱来转移人们的视线。鉴于即将发生难以预见的情况，为防止发生不测和不让无辜的人流血，建议穆斯林群众严格避免发生对抗，避免参加纵火和破坏。"然而，当天欢庆他出狱的活动，还是演变成了一场动乱。德黑兰的银行、影院、宾馆、展览馆、政府部门大多受到冲击。军队虽然被派到了街头，但奥维西将军命令军警不要干预，他想借此向巴列维国王施压，为军队赢得镇压反对派的机会，如果可能的话，得到巴列维国王委任其组建军政府的重任。

民族阵线资深政治家和发言人福鲁哈尔发表讲话，要求人民保持团结，"不陷于不合逻辑的激动"，"民族阵线的职责是要提醒公众执政的政权的特长就是制造混乱并向世界谎报，伊朗人民已放弃了他们争取完全独立的运动。"

当天，教育大臣马努切哈尔(Manuchehr)和新任的科学与高教大臣帕纳希宣布辞职，不再参加内阁会议。

银行和电讯行业的雇员举行第二次罢工。航空雇员的罢工由国内航班扩大到国际航班，虽然外国航空公司可以直接运营，但随着石油工人罢工，出现了燃油缺乏问题，飞机加不了油。罢工的政治目的越来越明显，如航空界的罢工直接要求伊朗航空公司总裁法兹利(Fazli)辞职。由于罢工，伊朗普遍出现了物资短缺，在首都德黑兰，购买汽油、面包等常用物资的队越排越长。

阿亚图拉霍梅尼在接受法新社记者采访时说："巴列维王朝是非法的，伊朗的地缘政治形势有利国王的下台。""伊朗的所谓'白色革命'只不过是一场旨在剥夺全体人民的生活资料的美国式的革命"。他借采访之机，号召伊朗反对派消除分歧，结成联盟。他最后说："目前的斗争是反对想把伊朗置于美国

---

① Mark Downes. *Iran's Unresolved Revolution*. Aldershot：Ashgate Publishing Ltd，2003：114.

统治之下的国王政权和反对想使他们的国家隶属于任何外国统治之下的那些人的斗争"。

  巴列维国王想从反对派中物色首相人选,在没有人对其感兴趣的情况下,他只得选择建立军政府①。

---

  ① ［伊朗］穆罕默德·礼萨·巴列维.对历史的回答［M］.刘津坤等,译.北京:中国对外翻翻出版公司,1986:171.

第四章　爱资哈里军政府

11 月 6 日,伊朗政府宣布关闭所有的中学和大学,以防止新的大规模冲突。

当天 8 点,美国驻伊朗大使威廉·H.沙利文没有听到巴列维国王任命新首相的消息,他打电话给外交大臣艾米尔·胡斯罗·阿夫沙尔。阿福沙尔告诉他,巴列维国王正在录制任命新首相的声明,1 个小时之内将正式广播,但电视报道要等到傍晚。经过 8 个小时的紧急磋商,国王于当天上午 9 点通过广播正式宣布,任命 61 岁的陆军将军爱资哈里为新首相。10 点 45 分,巴列维国王打电话给沙利文,告诉他任命新首相的工作已经完成。爱资哈里毕业于伊朗军事学院,在美国受过军事训练,他还以有行政才能著称,且与商界没有联系。在宗教领导人和政治反对派领导人拒绝政治解决这场日益扩大的席卷全国的政治危机之后,巴列维国王决定谋求军事解决。巴列维国王在宣读任命书时说,爱资哈里正在组建"看守政府"以防止无政府状态和混乱,最终还是要建立联合政府。巴列维国王发誓要对"过去的错误、不法行为、压迫和腐败"予以修正。新首相一上台就要求全国穆斯林宗教领袖们同他合作,以恢复秩序与安全,并与贪污腐化作斗争。爱资哈里说:"只有在穆斯林领袖、一切宗教界人士与全体伊朗人民的合作下,我才能完成我的使命。""我们是暂时执政的,一旦秩序恢复了,我们就将把权力移交给真正的国民政府,这个国民政府将组织完全自由的选举并将给予一切自由。""任何个人、任何团体,只要他是在宪法的范围内行事的,他就将受到尊敬,他的意见将会受到重视。""除了反对宪法的集团之外,没有反对派。"①

---

① Sullivan. Fm Amembassy Tehran to Secstate WashDC Immeaiate 1430. Draft Date: November 7, 1978. Document Number: 1978TEHRAN10878, National Archives.

　　第二天，美国国务卿万斯在致美国驻委内瑞拉大使馆的电报中，引用了沙利文在致美国政府电报中的内容，它可以更好地让人们理解巴列维国王"换马"的原因。沙利文在电报中把 1 个月来，尤其是 1 周来伊朗局势的新变化概括为 4 点：① 反对派对巴列维国王的合法性提出了质疑；② 各个阶层的人普遍认为，由于过去欠账太多，埃马米政府不可能完成向自由选举政府的过渡；③ 中产阶级认识到，宗教势力与共产党势力的组织能力比设想的大得多；④ 人们日益认识到，现政府无法与宗教领导人达成妥协，现在伊朗正处于政治周期的低潮，需要强有力的人物和坚强的决心来解决伊朗的问题①。

　　11 月 6 日，随着武装部队的进驻和新政府的新闻检查制度的实施，《复兴报》《未来报》《德黑兰日报》和《世界报》被查封。许多编辑和记者拒绝在军方指示下恢复工作，出版他们的报纸，当天只有一家，那就是原来复兴党的机关报《复兴报》继续出刊。这天一大早，政府逮捕了 3 家大报的 5 个编辑，当天还有 30 个编辑的住处被查抄。

　　因接到有炸弹威胁的消息，瑞典使馆人员撤离。许多大饭店都接到了炸弹威胁的消息。

　　在接下来的运动中，反对派又提出了新的条件：释放被捕的新闻记者；不准逮捕报刊编辑人员；应该保证新闻自由。对于前两条，爱资哈里军政府表示接受，但拒绝第三条。就这样，一些大报迟迟不予复刊，直到爱资哈里军政府结束。由于大报停刊，一些小报应运而生，以满足人们对最新消息的渴求。另外，还出现了手抄报，在聚会的人群中流传，还有大量的墙报，向人们提供各种各样的消息。

　　当天下午，巴列维国王向全国发表电视讲话：

　　　　你们在两年前出现的开放的政治气氛中都起来反对贪污腐败。我是国家的领导人，也是伊朗人，这场革命是不能没有我的同意的。不幸的是，在你们革命的同时，有人搞阴谋，引起了骚乱和恐怖，从而滥用了你们的愤怒和同情心。大部分罢工和怠工原来都是有正确动机的，但是最近改变了方向，影响了工业和人民的日常生活，甚至停止了对我国极为重要

　　① Sullivan unquoted by Vance. Fm Secstate WashDC to Amembassy Caracas. Draft Date: November 7, 1978. Document Number: 1978STATE282895, National Archives.

的石油的运输。正常的交通和正常的生活被打断了。不安定、恐怖和流血在全国大部分地区已经发展到我国的独立受到威胁的程度。昨天造成首都大部分地区起火的痛心事件不能再继续发生了,人民再也不能容忍了。在埃马米政府辞职以后,为了防止全国发生分裂,防止亡国,为了防止恐怖和流血,为了建立法治、维护和平与安全,我竭尽一切努力建立一个联合政府。只是在证明不可能这样做之后,我才指定了一个临时政府。我十分清楚,为了制止骚乱和流血,可能重犯原来的错误,也可能再次出现原来的困难。

我知道,有些人可能感到,为了确保和平与安定,可能要重新建立政治和财政上反贪污腐败的非神圣同盟。与此同时,我作为国王已宣誓要确保国家的领土完整、国家的统一和什叶派宗教。现在我再次向全国宣誓,并向你们保证,原来的错误不会重犯,原来的贪污腐败不会再出现,甚至会得到补偿。我保证,我在实现和平与稳定之后要任命一个国民政府,使人民享有基本权利和自由,举行自由选举,实施通过符合宪法的起义和许多人的流血牺牲制定的宪法。我也听到了你们的革命的呼声。我是伊朗君主制的监护人,这是全国以真主的名义授予国王的神圣地位,我保证你们得到你们为之而奋斗和牺牲的一切。我保证将来的政府以宪法、社会公正、国家利益为基础,不贪污腐败、不压迫,但在目前情况下,伊朗帝国军队的首要职责是确保和平与稳定。武装部队一向依靠国家,也一向忠于自己的誓言。必须尽快在人人合作的基础上建立和平与稳定,这样将来成立的负有在各方面改善情况的任务的政府才能开始工作。你们和我在过去35年中都遇到过许多严重情况,度过了许多危险时刻。

我祈求真主怜悯我们,使我们相互合作以实现我们最后的目标。我要求宗教领导人——社会的道德教师和伊斯兰教监护人——要求人民保持和平和镇定,这样来拯救世界上唯一的什叶派国家。我要求青年们的道德教师把青年引向和平与安定并为建立真正的民主制铺平道路。我要求所有的父母给自己的孩子出好主意,不要让他们参加骚乱。我要求所有的青年——我们的前途靠他们——停止纵火和流血。我要求所有政界领导人运用其权力拯救国家,不要参与所有政治和意识形态上的争端。我要求所有工人和农民尽力革新和恢复工业的元气。我要求所有伊朗人替伊朗着想。我们都要替伊朗着想。我们大家在这种严峻时刻都要替伊朗着想。我希望你们知道，我同你们站在一起反对殖民主义和贪污腐败。我要同你们一起全力维护国家的领土完整、我们的独立、国家统一和在国内建立自由。我祈求真主帮助我们度过今后的严峻时刻并拯救伊朗。

愿真主满足我们的愿望！

11月6日，在华盛顿，美国国务卿万斯主持政策研究委员会会议，会议的主题是美国从伊朗撤侨问题。当查尔斯·邓肯建议美国向伊朗提供一些控制骚乱的非杀伤性装备时，万斯说，英国人已经在这方面提供了足够的援助，美国没有再提供的必要。海军上将特纳表示，由于过去限制与伊朗反对派接触，现在没有更多的情报提供给大家。

美国驻伊朗大使威廉·H.沙利文建议巴列维国王写信给阿亚图拉沙里亚马达里，促使其与阿亚图拉霍梅尼保持一定距离。巴列维国王答应，他将这样做。英国外交大臣欧文说："我现在认为，继续支持国王是正确的。"意大利外交部说要密切注视伊朗事态的发展。西德外交部则说还没打算撤侨。苏联《真理报》报道德黑兰11月6日的"流血事件"，对示威者表示同情，对民族阵线领导人使用了"资产阶级改良主义者"这种比较有好感的措辞，对阿亚图拉霍梅尼则不带好感。

美国国务卿特别助理吉尔·舒克尔（Jill Schuker）在新闻发布会上回答记者提问时说："我们支持国王的决定。国王是在一个民选政府尚未建立起来以恢复公共秩序的背景下使用他的权力任命军政府，这在文职政府建立以前的一段时间里是必要的，国王一直积极寻求建立一个由反对派成员参加的文职政府。在这些人拒绝参加联合政府，无路可走的情况下，国王请求军方组阁。国王强调，军事统治只是暂时的。他打算尽快推动国家走向自由选举，组建一个新的公民政府。"①

当天，爱资哈里公布了部分新内阁成员名单，11月8日，又公布了部分内阁成员名单，从而组成了一个包括8名文职人员和8名军官，共16人组成的

---

① Vance. Fm Secstate WashDC to All Near Eastern and South Asian Diplomatic Posts Immediate. Draft Date: November 7, 1978. Document Number: 1978STATE282854, National Archives.

内阁。在 8 名军官中,有 5 人是将军,1 人是海军上将;原政府留任的 8 人,新任命的 8 人。具体情况如下:

继续留任的有:

外交大臣艾米尔·胡斯罗·阿夫沙尔

战争事务大臣礼萨·阿齐米将军

邮政电讯大臣卡里姆·穆塔麦迪

工业和矿业大臣穆罕默德·礼萨·阿明

内政大臣兼经济与财政大臣阿拔斯·加拉巴吉

司法大臣侯赛因·纳贾菲

养老保险大臣阿里·纳奇·卡尼

交通运输大臣哈桑·沙奇安

新任命的有:

劳动大臣奥韦西(Oveisi)将军,原德黑兰军管司令

住房与城市发展大臣拉比伊将军,原空军司令

能源大臣穆贾达姆将军

新闻与旅游大臣阿布杜尔·阿三·萨达特曼德(Abdol Assan Saedatmand)将军

文化艺术大臣卡马尔·哈比布拉希(Kamal Habibollahi),原海军司令

教育大臣穆罕默德·阿米里-德黑兰尼,原新闻与旅游大臣

商务大臣艾姆哈德·麦马扎德(Amhad Memarzadeh),原央行副行长、商务部副大臣

国务大臣胡马云·法赫尔(Homayoun Fahr),原农业副大臣

11 月 6 日,阿亚图拉霍梅尼在接受西德《明星》画刊记者采访时说:“美国的利益并不是我们的利益。我国的资源应该为我国人民造福。”当记者问道:伊朗国王是否得到了外国的支持? 他回答:“是的,首先是美国的支持。华盛顿正在为它自己的利益而执行一项明确的政策。但是美国的利益并非我们的利益。”他在对他的“独立的伊朗”作解释时说:“直到现在,外国人不断地干涉我们的事务。我们不再是外国利益的工具了。只有在人民获得真正自由,国家获得真正独立的时候,才能获得真正的进步。”当记者问及是否废除同外国公司签订的工程合同时,他回答说:“真正有利于我国人民的工程自然是可以

接受的。但是许多工程将被拒绝。人们提出一些虚假的重要性。我们会知道如何停止那些追求其自身利益而违反我国利益的公司的活动。""由伊朗国王搞的所有合同都是无效的,因为他是未经选举获得权力的。一切必须重新谈判。"当问及伊朗在西德克虏伯公司中25％的股份和伊朗订购的6艘潜水艇和一个核动力工厂将如何处置时,他说:"在伊朗的许多德国人侵犯了伊朗人民的利益,他们想到的仅仅是他们可以赚取的利益。"当谈到巴列维国王时,他说,他不希望用武力推翻国王,他呼吁武装部队"参加我们推翻那些犯罪分子的运动,并为一个新的伊斯兰政府服务"。他说:"这是伊朗国王的末日。君主制将被废除。巴列维把自己强加于伊朗人民的头上。没有人需要他。他统治国家像是他的私有物。"他还说:如果一个伊斯兰政权在伊朗建立,国王将受到审判,不过,他会在这样的政权建立之前离开伊朗。"如果他不走的话,人民将会要求他出庭受审,并由于他在过去37年中对人民所犯下的罪恶——镇压、剥削、迫害——而被判刑。""我们需要一个伊斯兰政府,一个伊朗伊斯兰共和国。一个以伊斯兰正义的原则为基础的民主政府。我们需要一个独立的国家,在那个国家里,人的尊严受到重视,得到保障。"当记者问及他本人是否担任这个政府首脑时,他回答说:"我们的任务不会随着推翻伊朗国王和摧毁君主制而结束。以后,宗教领袖将会站在人民的一边。"他补充说:"用一个政府取代另一个政府的做法决不能解决这个问题,让一个军人来代替一个平民亦如此,这是完全不能令人满意的。""解决这个问题的唯一办法就是国王让位,这个王朝让位,代之以一个伊斯兰共和国。我们人民将继续斗争,直到我们实现这些目标为止。"

在接见世界各地记者的同时,阿亚图拉霍梅尼每天都会见伊朗的其他流亡反对派人士。

11月6日,《纽约时报》刊登了11篇有关伊朗的文章或消息。其中一篇未署名作者的文章标题为《突然间,伊朗不再稳定》。文章写道:"谈论这一问题可能为时尚早,但事实上,甚至有证据表明,当美国中央情报局人员不得不为巴列维国王的安全而担忧时,他将面临自1953年他执政以来最严重的威胁。"[1]美国记者弗罗拉·路韦斯(Flora Lewis,1922～2002)的文章标题则为:

---

① Suddenly, Iran No Longer Stable. *New York Times*, November 6, 1978.

《就伊朗而言,国王没有明确替代方案;新闻分析称,国会众议院在选择方案上争吵激烈,美国政府则在是否由左派摄政问题上犹豫不决》①。赫德里克·史密斯(Hedrick Smith,1933～)则撰文称:"美国官员则担心,如果巴列维国王在两天内不能做出实质性决定,他可能失去控制权。"②德鲁·米德尔顿(Drew Middleton)在其文章中称:"不论以什么军事标准来衡量——从战略地理位置到储存的先进武器系统——伊朗在全球的力量对比中都是一个关键性的国家。对于伊朗具有重要的军事意义的这种评价,苏联的政治和军事作家同美国和西欧的计划人员的看法是一致的。"③尼古拉斯·盖奇在其文章中谈及伊朗新的军政府时说:"随着伊朗国王转向军队,通过谈判解决问题的希望大打折扣,呼吁结束君主政体明显缺乏影响力,伊朗新首相将军事力量进行改革。"④安东尼·帕尔西(Anthony Parisi)则看到,伊朗政局动荡,石油产量下降,直接影响了世界石油市场的稳定⑤。

11月7日,伊朗军事公报说,当天逮捕了132名前政府官员⑥,其中包括前秘密警察头子纳马图拉·纳西里、前国务大臣马努切赫尔·阿兹曼、前新闻大臣大流士·胡马云、前能源大臣伊拉杰·瓦希迪、前贸易大臣马努切赫尔·塔斯里米、前警察部门负责人贾法尔-库利·萨德里、前合作社和农村事务大臣礼萨·萨达吉亚尼、前呼罗珊省总督阿卜杜勒·瓦利安、前德黑兰王国俱乐部主任贾姆希德·博格左梅赫尔、前德黑兰市委员会委员礼萨·赛赫·巴海、前体育界负责人哈桑·拉素利和商人侯赛因·福拉迪在内的12位重要人物。对胡马云的逮捕,据说是由于他要对年初在报纸上发表对阿亚图拉霍梅尼的诋毁文章负责。爱资哈里主张对这些人进行审判,在他看来,"只有进行一次

① For Iran, No Clear Alternative to the Shah; News Analysis No Consensus on an Alternative House Bombed as Warning Leftists' Strength Uncertain Washington Said to Favor Regency. *New York Times*, November 6, 1978.

② U.S. Officials Fearful That Shah May Lose Control If He Does Not Take Decisive Steps Within 2 Days; Opposition Lacks Coherence. *New York Times*, November 6, 1978.

③ Drew Middleton. Both East and West Regard Iran as Pivotal in the Power Balance. *New York Times*, November 6, 1978.

④ Nicholas Gage. Hopes Fading for A Negotiated Settlement in Iran as Shah Turns to Army. *New York Times*, November 6, 1978.

⑤ Iran's Turmoil Cuts Oil Surplus; Traders Report High Pressure To Raise Prices. *New York Times*, November 6, 1978.

⑥ Glenn E. Curtis, Eric Hooglund. *Iran: A Country Study*. The Superintendent of Documents, U.S. Government Printing Office, 2008: 50.

正当的审判才能秉公处理对前首相及其他被捕人的控告"①。他还重申了 10 月 23 日的大赦令,释放了包括大阿亚图拉侯赛因·阿里·蒙塔泽里在内的上千名政治犯②。在爱资哈里主政的最初几天里,伊朗的形势一度平静下来,人们开始上班,石油生产也上升到每天 530 万桶。

11 月 7 日的德黑兰街头比较平静,墙壁上、路牌上及塑像上的标语有:"打倒卖国贼国王","打倒杀人犯","向阿亚图拉霍梅尼致敬","向'献身人民游击队'致敬"等。由于缺少食物,交通工具不足及零星的枪声,使得整个城市处于瘫痪状态。石油工人的罢工进入了第七天。伊朗出口的石油不到正常的五分之一。

当天,法国保卫共和联盟议员迪迪埃·朱利亚(Didier Julia,1934～　)要求法国外交部长德居兰戈(Louis de Guiringaud,1911～1982)采取措施,"迅速制止"阿亚图拉霍梅尼在法国的活动。在罗马,1 万多人举行示威游行,谴责伊朗国王政权。他们打的旗帜上写着"给伊朗人民以自由——打倒独裁"。法国广播报道,巴列维国王的亲信宣布,导致伊朗局势动荡的既不是苏联,也不是美国,而是"第三方力量"。这是亲近国王的人第一次公开指控犹太复国主义者和英国情报部门反对伊朗的罪行③。

当天,美国驻伊朗大使沙利文发给美国政府的电报中称,如果阿亚图拉霍梅尼得势,将掀起一个反对外部势力的浪潮,他建议美国政府支持伊朗的爱资哈里军政府,以维护美国在伊朗的利益④。沙利文在另一封电报中说,美国广播公司关于阿亚图拉霍梅尼组织武器对抗巴列维国王的说法是错误的,是不负责任的⑤。美国记者肯尼思·培根和雷·维克托说:国王必须放弃某些权力以成立民主政府。

阿亚图拉霍梅尼在会见记者时说:"在伊朗建立伊斯兰共和国之前,我们

---

① 〔伊朗〕穆罕默德·礼萨·巴列维.对历史的回答[M].刘津坤等,译.北京:中国对外翻翻出版公司,1986:171.

② Glenn E. Curtis,Eric Hooglund. *Iran: A Country Study*. The Superintendent of Documents, U.S. Government Printing Office, 2008:50.

③ Judith Wyer. The Shahs Cleanup-BP and Shell Next. *Executive Intelligence Review*, Vol.5, No. 44, November 14, 1978:27-28.

④ Sullivan. Fm Amembassy Tehran to Secstate WashDC Niact Immediate 1424. Draft Date: November 7, 1978. Document Number:1978TEHRAN10863, National Archives.

⑤ Sullivan. Fm Amembassy Tehran to Amembassy London Flash, to Secstate WashDC Flash 1423. Draft Date: November 7, 1978. Document Number:1978TEHRAN10859, National Archives.

人民的斗争将继续下去。"对于反对巴列维国王的力量来说，"不管是军政府或是文官政府都无关紧要"。"至少有 45 000 名美国军事顾问使伊朗军队处于他们的完全控制之下"。美国"不惜任何代价来维护这一政权"。只要美国对我们的伊斯兰运动持敌对态度，"我们对美国的态度就是否定的"。只有在美国结束对伊朗经济的控制，华盛顿和伊朗伊斯兰共和国之间的关系才能改善。"美国政府和我国政府之间现在就像主子和仆人一样的关系应该最后停止，然后代之以健康的关系。"华盛顿支持巴列维国王显然"是为了自己的利益"。伊朗在伊斯兰共和国领导下，将继续向西方出口石油。他再次强调，他本人并不想担任领导职务。他宁愿军队起来废黜巴列维国王，而不愿不得不号召他的追随者拿起武器去冒更大的流血危险。他保留以后要求进行武装起义的权利。他说："人民有绝对的权利用他们所选择的一切办法来从事反对这一政权的战斗。""如果伊朗国王不能和平地废黜，我们不得不重新考虑不拿起武器的决定。""我们希望，武装部队看到这一运动是为了改善我们的兄弟姐妹的生活的运动，伊朗国王是一个背叛国家的卖国贼。我们希望，那时，他们会结束这一切。""甚至现在也有迹象表明，军队存在着一些麻烦。"①

当天下午，阿亚图拉霍梅尼又允许记者用 15 分钟时间进行提问。当问及伊斯兰共和国是否向西方出售石油时，他再次强调：他并不想断绝与西方其他国家的经济关系，但他想"阻止对我国自然资源的掠夺"。"伊朗国王已经破坏了经济、破坏了工业和农业。你们称这为现代化和向工业社会过渡。我们的目标是要开始一种以满足贫穷的绝大多数人民的基本需求为基础的真正的现代化。"

新政府会继续出口石油和天然气。"现在最重要的是把这些自然资源的收入投资到经济发展中去，我们将与工业化国家建立广泛的联系。但是，决定我们经济发展方向的权力将操纵在我们手中，我们将是对此做出决定的人。"取代伊朗国王假改革的真改革将建立在"伊斯兰准则"之上。"只有所有居民全部参加，改革才有可能"。

当问到他本人时，他说：在伊斯兰共和国建立后，"我将指导人民，让他们通过普选选择他们所想要的那种政府。我并没有任何意图要领导这个政府，

---

① 路透社巴黎 1978 年 11 月 7 日电。

或是参加这个政府"。

阿亚图拉霍梅尼的讲话带着自信,他把伊斯兰共和国的建立看成是伊朗历史发展的必然。据说:他对政治反对派中许多领导人并不信任,认为他们试图利用他的威信来发展自己的野心。他对头一天桑贾比发表的一项公报特别不满,因为公报的言外之意是他与阿亚图拉霍梅尼达成了某种联合。阿亚图拉霍梅尼不愿意与任何人搞交易或联合。

11月8日,艾米尔-阿拔斯·胡韦达被捕。他担任了12年的首相。与胡韦达一起被捕的还有其他13名政府官员和商界领袖。在关键之时舍车保帅这是波斯人或巴列维王朝的传统。早在1941年英、俄联军进入伊朗,推翻礼萨·汗政府之时,时任司法大臣的贾拉尔·阿布德(Jalāl Abdeh)迫于民众压力,对借行医为名,专门对监狱中政治犯进行暗杀的、臭名昭著的医生艾哈迈德·艾哈迈迪(Ahmad Ahmadi,1885~1944)、中央警察局局长萨帕斯·穆哈塔尔(Sarpās Mokhtār)等人进行审判。艾哈迈迪等人被判处死刑,并在军营广场(现更名为伊马目霍梅尼广场)斩首示众。

法拉赫王后评价爱资哈里军政府的建立说:"任命一位将军为政府首脑立即出现了有利结果。阿巴丹炼油厂重新开始工作,就像施了魔法,示威游行也停止下来,持续几天,德黑兰的街头看上去又回到了原来的状态。"[①]

德黑兰和设拉子等大学校长因警察侵犯校舍而辞职。

当天,阿亚图拉霍梅尼通过媒体发表《告人民书》,他借此呼吁:"伊朗人民""不要承认军政府,并且要使政府陷于瘫痪"。他还说:"任命一个军政府只是一个阴谋。正在继续进行的镇压和屠杀不能掩盖国王的背叛。""你们已经证明,坦克和步枪是对付不了人民的意志的,我呼吁你们不要害怕军人。""今天,全国各阶层都应当团结起来继续进行神圣的斗争,实现建立伊斯兰共和国的目的,不要害怕超级大国。""伊朗人民继续用各种方式,特别是通过在各政府部门和所有国家机关中的罢工继续自己的运动。"

美国决定向伊朗提供包括催泪毒气、警棍和防护物在内的防暴装备。

11月8日,《华盛顿邮报》载文《国王采取行动》,文章写道:"对于一个实际上已陷入一片混乱而又无巩固的民主传统的国家来说,这是一项艰巨的任务,

① Farah Pahlavi. *An Enduring Love: My Life with the Shah: A Memoir*. New York: Miramax books, 2005: 289.

但是这项保证至少从两个方面来讲是必要的和有益的。第一,只有在伊朗有了表达政见的合适渠道时,伊朗所爆发的紧张局势才能最终得到控制——如果能被控制住的话。这必然需要大大削减国王过去所掌握的专制权力。第二,国王要肯定能得到美国的充分支持,必须做出这样的保证,美国的支持对他的继续掌权是必不可少的。""对于德黑兰的动乱,卡特政府一直拿不定主意。有一种强烈的倾向要在道义上和政治上明确支持国王,因为他长期以来一直被认为是美国在战略上的、经济上的一大支柱。同时又有一个缓解平息的倾向,要探询一下美国是否应退而不去支持一个不仅有缺点而且也没有把握能度过这场风暴的政权。政府本周作出的明白无误的决定,是坚决支持国王。如果不作出这样的决定,那就会使国王遭到致命打击,也会表明美国不能始终如一,而这确实是有害的。"①

巴林首相哈里法说:"伊朗遭受的动乱和对它的发展造成损失有损于海湾地区的利益和安全。""希望国王将克服伊朗所面临的治安问题,以便引导它取得更大的成功,这是符合伊朗人民利益的。"

11月8日,《金融时报》载文《伊朗的转折点》,文章写道:"伊朗国王任命军人政府,这是为在他的动乱不已的国家恢复法律与秩序而采取的一个孤注一掷的步骤。显然,组织军人政府并不能制止使伊朗有发生分裂之虞的骚乱、罢工和示威的持久的解决办法。它充其量只能提供一个喘息的机会。在这段喘息时间内或许能够找到一个解决办法。"②文中还谈道,在1973年石油涨价3倍的时候,就有人预言,大笔财富突然涌进许多世纪以来一直贫穷的国家,很可能引起社会结构的混乱。当国王开始实行轻率的现代化和工业化计划时,这种社会结构混乱的危险就变得更加尖锐了。国王认识到了这些危险。有一段时间,他曾为建立一个比较自由、比较民主的政权而作过努力。他显然没有认识到的一点是,多年的专制统治只不过是把许多国民中深深的仇视压抑下去了。今年这种仇视便以令人惊恐的力量爆发出来了。国王本人认识到,他不能走老路而采取进行镇压的老办法。当他宣布任命新政府时,他也同时宣称,一旦危机解除,他将建立一个人民政府。逮捕前萨瓦克秘密警察头目之举,进一步表明,他的目的是要恢复法律与秩序,而不是恢复镇压。

---

① Shah Taking the Action. *The Washington Post*, November 8, 1978.

② The Turning Point of Iran. *Financial Times*, November 8, 1978.

"从战略意义上考虑,无论是东方还是西方,都希望伊朗能有一个稳定的政权。鉴于工业化国家对伊朗石油依靠程度很大,伊朗由一个得到足够民众支持的政权来治理是符合西方利益的。得不到这样的支持,伊朗就搞不了现代化,西方也就得不到石油。不管怎样,伊朗人普遍认为,英美两国政府是给予国王以有效支持的。这种看法远不符合实际,但是,这两国政府在伊朗问题上讲的话会有特殊分量。""它们迄今犯的错误是给人留下了完全站在国王一边的印象,即使在国王不得人心的程度变得很明显之后也是如此。把西方利益同某一特定形式的政权的成败联系在一起是不明智的。给人留下——特别是在当前情况下——国王是西方大国的人的印象也是不明智的。"

11 月 8 日,《爱尔兰时报》社论以《最后一招》为题,谈道:"组织军人政府是伊朗国王手中不断减少的牌中的最后一张。""如果这最后一张牌打不赢,谁也不知道会出现什么情况。所有大国,包括中国在内,都感到担心和关切;昨天本报发表的一篇文章有力地阐述了持如下观点的理由,即认为,比起东欧铁托死后的南斯拉夫来,伊朗更有可能成为东西方对抗的焦点,这使人有些不安。现在是认识到这种危险的时候了。"

路易斯·维茨尼策(Lewis Wiznitzer)在法国《西南报》撰文《华盛顿:暗中不安》,文章写道:"在公开场合,美国政府公开给伊朗国王以热烈的无条件的支持。卡特最近频繁地写信鼓励这位伊朗君主,并在白宫接见了他的儿子以公开表示支持。但是在私下,一些美国外交政策的负责人却不掩饰他们的不安。""虽然在权力的上层人士表示热切希望保持伊朗国王的权力,但人们对他的运气几乎不抱幻想。""今天,伊朗的危机是卡特最为担忧的事。已组织了一个由五角大楼、国务院、白宫、美国中央情报局、国家安全委员会的成员组成的小组,负责'一天二十四小时'内密切注意形势的变化。总统每天要好几次中断他的工作来听取汇报和作指示。各报头版位置都报道了伊朗危机的情况。""美国把伊朗看成是它地缘政治部署的主要支柱。伊朗亲西方政权垮台可能产生的战略、经济和政治后果,会改变东西方力量的对比。关闭霍尔木兹海峡很可能在以色列、日本、西欧和美国引起灾难性的石油危机。""伊朗是负责保护西方和近东'石油'软弱腹部的盾牌,是以色列和南非的石油供应者,是美国在欧洲和亚洲防御体系的连接纽带、前哨和窃听哨,它在美国的伟大全球部署中正起着重大作用。伊朗发生变化对美国来说,可能再次成为灾难性的战略挫折。"

11月8日,罗兰·埃文斯(Rowland Evans, Jr.,1921~2001)和罗伯特·诺瓦克(Robert Novak,1931~2009)在美国有线新闻网的节目中称:"伊朗国王的政府越来越怀疑美国对伊朗的真实意图,这种怀疑在上周五达到紧急关头……卡特的信息是由总统顾问布热津斯基打电话告诉国王本人的,第一次阐明了美国的政策。布热津斯基说:你觉得为恢复权力和稳定必须怎么办,你就怎么办,不管你干什么,我们都百分之百支持你。"[1]

11月9日,《华盛顿邮报》称:新首相利用军事力量平息骚乱的做法得到白宫的坚决支持。旅美学生举行示威游行,反对卡特政府支持伊朗国王。

什叶派穆斯林领导人拒绝了军政府的合作请求。爱资哈里首相宣布,已经成立一个委员会,调查包括巴列维基金在内的王室财产。

沙利文在打给美国政府的电报中首次谈到阿亚图拉霍梅尼掌权问题。在他看来,伊朗军政府和霍梅尼的穆斯林都强烈反对共产主义和苏联,年轻的军官不是在美国,就是在英国或意大利等西方国家接受教育,他们倾向亲西方,尽管宗教人士抱怨西方"偷走了"他们的石油资源,但宗教人士将发现,他们的经济恢复需要与西方建立联系;任何军方与伊斯兰教法学家妥协的结果是霍梅尼需要军队维护国家统一和民族团结;双方的合作将避免大选后出现新共产主义和西方的政府局面;未来新政府在以色列和阿拉伯之间,可能比在巴列维国王时期更亲阿拉伯人;尽管美国介入伊朗事务比国王时期少了,但仍令人满意,它能作为一个完整的国家,继续发挥其"支柱"作用,如果他们选择了美国的话,美国人可能仍留下来。目前,美国对伊朗政策建立在巴列维国王与军方合作成功的基础上,但美国要做他们合作失败的准备[2]。他在电报中建议美国政府"思考不可想象的事情"。在沙利文看来,如果爱资哈里政府不能解决眼前的经济问题,其政权难以为继。美国最后考虑巴扎尔甘、贝赫什蒂、塔莱加尼等民主人士来组建新政府。威胁主要来自苏联,在伊朗维护美国利益的最好方式是扶植能长期为伊朗人民谋求经济、社会和政治进步的势力,不妨考

① Rowland Evans and Robert Novak. Policy of US to Iran: Back to the Basic Principles. CNN, November 8,1978.

② Sullivan. Fm Amembassy Tehran to Secstate WashDC Immediate 1520. Draft Date: November 9, 1978. Document Number: 1978TEHRAN11039, National Archives.

虑军队与现在以霍梅尼为代表的宗教势力的合作①。

当晚,沙利文与爱资哈里首相进行了1个小时的会谈。会谈中,爱资哈里告诉沙利文,学校开学推迟到11月18日,因为学校受损严重。爱资哈里表示,还要逮捕一批人,以惩治腐败。爱资哈里说,11月8日晚上,他与马什哈德的阿亚图拉设拉子通了2个半小时的电话,他还直接与库姆的阿亚图拉们进行了交流,他们所有的人都被引入政府,组成由行政人员、社会代表和三个教法学家组成的联合委员会②。

布热津斯基会见了一个熟知伊朗情况且与巴列维国王有私交的美国商人,并安排他前往伊朗,对伊朗局势予以评估。为工作的便利,他让卡特总统写一个便条,于是,卡特总统写下:"致赛伊、兹比格、斯坦——我们政治情报工作的质量不能使我满意。估计一下我们的实力并尽快向我报告我们在世界最重要地区的活动能力。为了改进你们向我提供政治情报和建议的能力,应当做些什么,请提出联合建议。"

11月10日,伊朗把时钟拨慢了半个小时,以便与全国祈祷者选择的时间和圣城库姆的时间一致起来。德黑兰市最古老和最大的清真寺关闭。阿亚图拉沙里亚马达里在其寓所向访问者发表讲话说:"我们还没有做出武装起义的决定,但是所有其他道路都被封死的话,那我们就不得不进行武装斗争。""如果物质上的进步有助于使人完善,而且这种进步人人有份的话,我们也赞同所有物质上的进步。这种进步不应当为加强专制主义服务。我们正在与专制主义展开斗争,因为只有民主才能有利于精神的和人类的进步。"③

当天,美国记者肯尼斯·培根(Kenneth Bacon,1944～2009)在《华尔街日报》上撰文《伊朗国王和美国力量》,文章写道:"卡特政府在支持伊朗国王方面光有言论没有行动的政策造成了这种印象:美国是一个无能为力的大国……这种认为美国无能为力的看法是一种简单化的、使人误解的看法。美国的立场反映了伊朗国内问题的复杂性,也反映了这样一种结论:如果让伊朗国王

---

① Gholam Reza Afkhami. *The Life and Times of the Shah*. Berkeley, Los Angeles and London: University California Press, 2009: 498-499.

② Sullivan. Fm Amembassy Tehran to Secstate WashDC Immediate 1519. Draft Date: November 9, 1978. Document Number: 1978TEHRAN11038, National Archives.

③ 法新社阿布扎比1978年11月11日电。

自己去解决这些问题,他和美国的处境会好些。"①

11 月 11 日,刚刚从巴黎回来的民族阵线领导人桑贾比和该阵线第三号人物福鲁哈尔被奥韦西将军领导的安全部队逮捕。他们是预定向外国记者发表讲话前 10 分钟被捕的。桑贾比是在其德黑兰的家里被捕的,当时,他正要出门,参加新闻发布会。他们要在新闻发布会上宣布结束巴列维王朝的统治,拥护阿亚图拉霍梅尼;持续罢工和就伊朗实行专制或共和制进行全民公决。爱资哈里军政府通过伊朗电台发表一项声明,称桑贾比和福鲁哈尔两人"阴谋反对伊朗宪法政府"。不过,桑贾比很快就被释放。

当天,宗教领袖塔莱加尼在德黑兰举行的记者招待会上说:"伊朗人民正为推翻君主制而斗争。""尽管最近发生了大屠杀和野蛮行径,伊朗宗教领导人还没有发出举行武装起义的号召。""一旦发出这个号召,全世界就会看到伊朗信奉伊斯兰教的群众为武装斗争所做的准备工作已到了什么程度。""必要时,就发出号召。"②

约 800 名伊朗和土耳其学生在西德示威游行,抗议伊朗的"法西斯政权",要求伊朗"自由和民族独立"。美联社开始介绍民族阵线情况。塔斯社报道:伊朗富人和美国人纷纷离开伊朗。

当晚,自由运动领导人巴扎尔甘和萨哈比宣称,自由运动坚决拥护阿亚图拉霍梅尼。他们提出,伊朗只有 3 条路可走:继续动荡;军队以武力结束动荡;成立没有国王的民主政府。他们呼吁,为结束巴列维王朝的统治而奋斗,并要求巴列维国王退位,成立一个摄政委员会。一群抗议者在巴列维广场,要把巴列维塔改名为霍梅尼塔,被前来的士兵驱散。

11 月 11 日,沙利文发给国务院的电报中称:"霍梅尼是一个与国王不共戴天的不可预知的人。"③

当天,米歇尔·伯恩斯(Michel Burns)在《巴尔的摩太阳报》上撰文《尽管做出让步、许诺,得到军队支持,国王的长期统治可能已近尾声》,其中谈道:

---

① Kenneth Bacon. Iran'ks Shah and American Power. *The Wall Street Journal*, November 10, 1978.

② Youssef M. Ibrahim. Foreigners in Iran: Harassed and Isolated. *The New York Times*, November 11, 1978.

③ Sullivan. Fm Amembassy Tehran to Secstate WashDC Immediate 1534. Draft Date: November 11, 1978. Document Number: 1978TEHRAN11057, National Archives.

"反对派中的任何人,甚至那些赞成同国王和解的温和派,都不准备以直接反对阿亚图拉霍梅尼来失去自己的地位。"①

英国《经济学家》载文《是军队,还是真空》,文章写道:"国王是以确保他自己的生存方式建立武装部队和文官政府的,他和其他许多人把这种生存同伊朗的稳定繁荣相提并论。""正如今年早些时候,他把极权主义锅炉的盖子揭开了一二英寸的时候,蒸汽就冲向四面八方。由于没有称职的领导人把它引向积极方向,因此愤怒的浪潮不可避免地指向君主政体。"②

11月12日,爱资哈里任命4位新大臣,他们分别是经济和财政大臣哈桑·阿里·麦赫兰(Hassan Ali Mehran)、农业大臣艾米尔·帕韦兹(Amir Parviz)、国务大臣马尔忒扎·萨列希(Morteza Salehi)和劳动大臣卡头赞(Katouzian)将军。原来临时受命的军人大臣回到原来的工作岗位,从而建立起一个包括爱资哈里本人在内,只有3名军人的内阁,爱资哈里政府的军人色彩大大减退。在两个将军大臣中有从小就与巴列维国王在一起的加拉巴吉,他的妻子出生于虔诚的什叶派穆斯林之家,受夫人影响,作为军人,他却享有伊斯兰什叶派的虔诚信徒的美名。

布哈拉·贾法利亚(Boghrat Jaffarian)将军威胁罢工的石油工人,不恢复生产,就将他们解聘。上午和下午早些时候,德黑兰出现停电现象。

美国总统顾问汉密尔顿·乔丹在回答电视记者提问时说:美国已拟定了多个针对伊朗局势的应急计划。当天,尼古拉斯·盖奇在《纽约时报》上撰文称:巴列维国王的军政府准备向反对派施压,以打破其结束王政的企图③。

11月13日,卡特总统在接受美国公共电视网记者比尔·莫耶斯采访时说:"我们把伊朗国王看成我们的朋友,一个忠诚的朋友,伊朗过去和现在同我们及世界民主国家保持良好关系是非常有益、非常珍贵的。同样,在那个地区有一个强大和独立的伊朗是一个起稳定作用的重要因素,我们不愿看到它受到暴力破坏,不愿看到伊朗政府垮台,从而出现无法预料的结果。国王在伊朗受到批评,主要是因为他设法使国家实现民主化。因为他非常迅速地实行社

---

① Michel Burns. In Spite of the Concessions, Promises and the support from the Army, the Shah's Long Term Rule May Come to An End. *The Baltimore Sun*, November 11, 1978.

② Army, Or A Vacuum. *Economist*, November 11, 1978.

③ Nicholas Gage. New Iran Regime Plans to Increase Pressure on Rebels. *New York Times*, November 12, 1978.

会改革。"莫耶斯问：国王确实是我们扶上台的，但是你说，我们不能保住他。卡特总统回答："我认为这是应该由那个国家的人民来做出的决定。""我们不想卷入别国的内政，除非我们的安全直接受到威胁。这是我踏上全国性政坛以来一直鼓吹的一种思想。"①卡特总统的讲话在布热津斯基的《实力与原则：1977～1981 年国家安全顾问回忆录》中是这样说的："通过我本人和万斯国务卿的公开声明，我们已经明确表示，我们支持伊朗国王，支持现政府，同时认识到无法左右伊朗人民作出最终决定。"②

11 月 13 日上午 10 点，艾哈森·纳拉吉在尼亚瓦兰宫与巴列维国王进行了第二次会谈。寒暄后，巴列维国王问纳拉吉："你往哪里去？有什么新东西吗？"纳拉吉回答说："我先往达卡尔（Dakar）参加一个文明对话会，是由列奥波尔德·塞达·桑戈尔（Leopold Sedar Senghor，1906～2001）组织的，然后前往巴黎参加联合国教科文组织大会。"巴列维国王问："你能亲眼见到桑戈尔本人吗？"纳拉吉回答说："当然，周六下午，我将前往他在达卡尔附近的别墅亲自拜访他。"巴列维国王说："我想让你与他谈谈伊朗正在发生的事情，我想知道他是怎么想的。"纳拉吉告诉巴列维国王：桑格尔总统对伊朗目前局势和国王的未来表示关切，反对法国政府允许阿亚图拉霍梅尼在巴黎安营扎寨，并对伊朗由宗教领导人领导的运动表示困惑。巴列维国王建议纳拉吉向桑格尔总统进行全面解释③。

伊朗的罢工组织者称，将原计划要结束的罢工继续进行下去。

11 月 14 日，伊斯法罕市群众借葬礼示威，与警察发生冲突，造成了人员伤亡。在德黑兰商业区，军队向示威者射击。一些罢工的石油工人恢复生产，石油产量开始上升。伊朗 5 个反对派组织领导人指责政府故意煽动最近的暴乱，作为建立军政府的借口。当天，在卡兹温省的帕其纳（Pachenar），一个被命令向群众开枪的士兵把枪口对准了他的上司，当他的战友想要杀死他的时候，他毫不犹豫地将所有的同伴打死。这一事件让人们看到了伊朗军队的不确定性。

---

① Report. *CNN*, November 13, 1978.
② Zbigniew Brzezinski. *Power and Principle: Memoirs of the National Security Advertiser*, 1977-1981. New York: Farrar, Straus, Giroux, 1983: 395.
③ Ehsan Naraghi. *From Palace to Prison: Inside the Iranian Revolution*. Translated from the French by Nilou Mobasser. London: I. B. Tauris & Co Ltd Publishers, 1994: 24-25.

11 月 15 日,阿亚图拉霍梅尼发表一项公报,要求石油工人继续罢工。如果美国使用武力迫使工人复工,他将采取一切措施,"以便为子孙后代保存油井"。他要求伊朗人民在财政上支持罢工者,"鼓励罢工者同叛徒国王和支持他的歹徒进行正义斗争。"他还要求美国的政治家们"认识到伊朗局势的严重性",向美国政府施压,使其改变对伊朗的政策。石油工人"神圣的罢工,每个小时的罢工都是对穆斯林民族的伟大贡献",破坏罢工则是"祖国的叛徒"。"把枪口对准人民的所有官兵应该知道,人民在一步一步走向胜利,人民将对叛徒进行报仇。人民的革命力量是巨大的。我向所有愿意拯救祖国和为伊斯兰服务的各部门和各派别的罢工者们致谢"。"我带着十分崇敬的心情,要求那些正在抵制东西方超级大国影响的各大宗教领袖们在物质上帮助在这场斗争中受苦难的被压迫阶级。"①

设拉子最有威望的宗教领导人阿亚图拉萨·马哈拉蒂发表声明,要求释放桑贾比和福鲁哈尔。他谴责军政府,要求伊朗人民继续斗争,直到建立伊斯兰政府。

当天,利比亚领导人卡扎菲发表讲话说:"当前伊朗发生的事情是一次伊斯兰社会主义进步革命。它无疑将会成功。""伊朗人应立即在伊朗全国各地成立人民委员会。"它"是人民革命取得反对伊朗国王政权胜利的切实可行和卓有成效的方法"②。

11 月 16 日,《华盛顿邮报》载文称,巴列维国王发表讲话,谴责英国广播公司(BBC)的不实报道给伊朗局势带来了消极影响,并警告说,如果它不收敛的话,伊朗将对英国采取经济抵制措施③。在过去的一年里,伊朗外交部多次抵制或批评英国媒体的反国王报道。

当晚,在前首相阿里·阿米尼朋友的家里,美国驻伊朗大使威廉·H.沙利文与阿米尼进行了约会。在会见中,阿米尼表示,同意在伊朗国王与反对派之间进行斡旋。在随后沙利文给美国国务院的电报中,他指出:"他(阿米尼)知

---

① 法新社 1978 年 11 月 16 日巴黎电。
② 法新社 1978 年 11 月 16 日的黎波里电。
③ The Shah pulls the plug on the BBC. *Executive Intelligence Review*, Vol. 5, No. 45, November21,1978: 7.

道我们也一直在继续与国王和反对派接触。"①

11月16～17日，菲律宾首都马尼拉，数百名伊朗留学生在伊朗驻菲律宾大使馆前和一个清真寺附近举行示威游行，菲律宾警察逮捕了98人②。

11月17日是伊朗的建军节，国王发表讲话，军队进行游行，代理参谋长哈塔米说："军队将通过使用武力来完成其任务。"警察冲散了高呼"处死国王"的示威者。也有示威者高呼"国王万岁"。

合众国际社报道：数百名苏联技术人员正在撤离伊朗。

美联社报道：全国布下天罗地网，要捉拿被指控犯有贪污和勒索罪的一批百万富翁。其中有：参议员、胡齐斯坦省的纳瓦尔钢铁厂老板、百万富翁阿里·礼萨和他的儿子及该厂董事会的其他成员：马哈茂德·阿夫沙尔、马努切赫·莫贝德沙希和马哈茂德·图拉比-穆贾达姆。

11月17日，马丁·伍尔科特（Martin Walcott）在《卫报》上撰文《伊朗国王：伊朗的替罪羊》，文章写道："像伊朗那样富裕的人对更富的人如此恼怒的国家几乎是没有的。""今天在伊朗，如果表示反对阿亚图拉霍梅尼，那就是政治自杀，这并不是因为阿亚图拉霍梅尼本人，而是因为他所代表的力量。""一位反对派高级人物达夫塔里在说明阿亚图拉霍梅尼的地位时说：'人们之所以认为伊朗国王应对他们的一切痛苦负责，不是因为阿亚图拉霍梅尼的宗教学说，也不是因为他的政治理论，而是因为他听说，并且他感到，人们不要国王，不信任国王。'一位政府的支持者附和这种看法说：'国王已经成为伊朗一切坏事的象征，这就是人们为什么要他下台的原因。但实际情况是，如果没有国王，情况甚至会变得更糟。'""头脑比较清醒的人一致认为，如果国王和君主政体垮台的话，结果将不会是民主，甚至也不会是阿亚图拉霍梅尼的'伊斯兰共和国'，而是军人统治，不是现在所实行的那种相对来说的军人统治的幼稚的变种。""一位反对派成员说：'我们必须决定的不是国王是否仍然在设法利用我们，而是我们是否能够为了伊朗的利益而用上他。'"③

11月18日，巴列维国王在尼亚瓦兰宫对记者发表谈话说，他决心尽一切

---

①　Sullivan. Fm Amembassy Tehran to Secstate WashDC Immediate 1662. Draft Date：November 17，1978. Document Number：1978TEHRAN11296，National Archives.

②　Vance. Fm Secstate WashDC to Amembassy Paris Immediate. Draft Date：November 28，1978. Document Number：1978STATE301271，National Archives.

③　Martin Walcott. Iran's Shah：Iran's Scapegoat. *The Guardian*，November 17，1978.

可能拯救他的王位,但是,不允许任何友好国家借帮助他而干预伊朗事务。他将继续为建立联合政府而努力,并在最近几天释放 400 名政治犯。11 月 20 日,政府释放了 210 名政治犯①。

法拉赫王后偕同女儿法拉纳兹·巴列维和儿子阿里·礼萨访问伊拉克,这是 25 年来伊朗皇族成员第一次访问伊拉克。她先在什叶派圣地卡尔巴拉拜谒伊马目侯赛因清真寺。接着,她又前往纳贾夫,拜见这里具有重要影响的大阿亚图拉胡伊(Sayyid Abul-Qassim al-Khoei,1899~1992)。法拉赫王后接收了胡伊送给巴列维国王的礼物——一个刻有伊斯兰祷文的戒指。法拉赫王后还参观了伊马目阿里的陵墓。为了安抚反对者,她称自己已经皈依伊斯兰教。整个行程中,她身穿伊斯兰服饰,头戴伊斯兰头巾。伊拉克副总统马鲁夫(Maarouf)亲自到机场接送,总统萨达姆·侯赛因接见了她,并让她转达侯赛因对巴列维国王的问候②。

当晚,英国驻伊朗大使安东尼·帕森斯和美国驻伊朗大使沙利文共同会见巴列维国王。在两个多小时的会谈中,国王提到了 11 月 16 日他接到参议员肯尼迪的电话。对方说:"穆罕默德,退位! 穆罕默德,退位!"国王最后说:"也许你将明白,治理国家为何如此艰难。"③

苏共中央总书记勃列日涅夫(Leonid Brezhnev,1906~1982)致电美国总统卡特,在电文中称,美国阴谋对伊朗事务进行军事干涉或其他干涉,并警告说这是一个涉及苏联国家安全的问题。《真理报》刊登了勃列日涅夫回答记者提问时的讲话,他说:"应当明确指出的是:苏联认为,对伊朗——同苏联直接接壤的国家之事务进行的任何干涉,尤其是军事干涉,就如同是触及它的安全利益。"

11 月 19 日,美国国务卿万斯在讲话中说:"我们相信,伊朗能够解决自己的问题。我们要继续保持我们同伊朗牢固的双边政治、经济和安全关系"。

当天,《华盛顿明星报》(*The Washington Star*)刊登了记者桑德拉·伯顿

---

① Youssef M. Ibrahim. Iran Frees 210 Political Prisoners, And Shah Renews Election Pledge. *The New York Times*, November 20, 1978.

② Mack. Fm Amembassy Tehran to Secstate WashDC Priority 7115. Draft Date: November 20, 1978. Document Number: 1978BAGHDA02407, National Archives.

③ Sullivan. Fm Amembassy Tehran to Secstate WashDC Immediate 1672. Draft Date: November 19, 1978. Document Number: 1978TEHRAN11314, National Archives.

对阿亚图拉霍梅尼的采访记录,题目为《伊朗国王流亡反对派谈伊朗的种种弊病》。

问:国王说,反对派拒绝参加组织联合政府的尝试,这就使他"毫无选择的余地",而只能组织军政府了。你为什么反对组织联合政府呢?

答:人民不会接受任何形式的有国王参加的和保持君主制的联合政府。

问:你是否预料到,你拒绝支持某种形式的联合政府会导致军事统治?

答:伊朗目前遇到的麻烦,即我们政治上的真空,我们农业、经济和社会秩序方面乱糟糟的局面,不仅仅是历任首相推行不同政策的结果。这种麻烦的主要的和根本的原因是国王独裁政权以及他对外国人卑躬屈膝、阿谀奉承。伊朗民族决心推翻君主制。所以,首相易人不能解决目前的僵局。就新的军政府首相而言,他也不是什么新的超人。多年来,我国人民一直是国王及其军人的牺牲品。过去1年来,在我国大部分城市里强制实行了军法管制。所以,我国人民斗争的目标是要连根拔掉一切贪污腐化和刑事犯罪的主要祸根,即国王及伊朗的君主。

问:但是,你要推翻一个军政府不是要比推翻一个文职政府困难得多吗?

答:不。军政府是无能为力、什么也干不了的。通过军事手段来解决目前伊朗的难题去年就尝试过,但失败了。

问:如果军政府设法用武力恢复秩序,你除了敦促人民把自己武装起来以发动内战之外,还有什么别的办法推翻军政府吗?

答:我曾反复说过,我希望我国人民通过目前的斗争方法就能成功实现他们的目标而无需搞武装斗争。但是,如果国王及追随者继续顽固到底,不答应3 000万人民的要求,那么,我们将重新估价目前的斗争方式而考虑其他方式。

问:如果国王被迫逊位,你在最初几周里的首要任务是什么?

答:人民将推选出自己的代表来推行他们所喜欢的政治制度。这是需要人民解决的问题。至于我个人嘛,我已经向伊朗民族提出了我个人对政治制度的看法,即建立伊斯兰共和国。

问:你所倡议的伊斯兰共和国的外交政策的主要方针是什么?

答:我们的伊斯兰斗争是以我们自己人民的谅解和决心为基础的。普通老百姓的福利要求我们:必须在世界的这块地方把伊朗建成自由、独立的国家。这样的政府最终将受到全世界的承认。

问:伊朗国土上有强大的武器库,在这种情况下,人们怎能认为它是真正独立和不结盟国家呢?

答:国王所推行的错误的、与我国人民利益背道而驰的政策之一,就是用石油赚来的钱,从美国或从其他国家购买大量的武器装备。这种政策的结果是,数万名美国顾问凌驾于我们之上。

问:但是,你将如何处理这些武器呢?把它们都扔到波斯湾里?如果你保留它们,又把枪口对准谁呢?

答:既然我们的人民已经决定建立自由和独立的国家,我们的政策就会以自由和独立这两项原则为基础,我们显然也就准备正视和对付我们政策可能引起的种种问题。

问:在谈到你所倡议的伊斯兰共和国的经济政策时,你说过你要"消灭西方危险的影响",然后你将"根据自己的利益出售石油"。你能否谈得更具体一些?

答:我们谈到关系的"危险"部分是指,比如说,美国运走了我们的石油却不付给我们一分钱。他们却卖给我们毫无用处的武器装备,这些装备只有利于美国人,只对我国境内的美国军事基地有用。谈到"按照我们民族的利益出售石油"的问题,我的意思是,与目前推行的政策相反,我们愿意把收入花在帮助改善我国穷困人民的生活上,而不是去购买军火。

问:你是否认为,逮捕许多一度与国王关系密切的贪污腐化分子(其中包括前首相)表明国王正设法主动推行反对派提出的某种改革?

答:逮捕形形色色的个人,都是为了欺骗我们的人民,企图洗清国王过去所犯过种种罪恶的双手。国王和巴列维王朝的大臣们是最大的贪污腐化分子,他们对过去所犯的种种罪行负有责任。掠夺我们民族的财富——贪污腐化、管理混乱——那只是国王政权的副产品。

问:卡里姆·桑贾比在被捕之前,曾经宣布,他坚持国王必须下台,但又表示可以同意组建某种形式的过渡政府。这种过渡政府将在国王下台到通过选举创建伊斯兰共和国期间执政。他不反对国王的儿子礼萨王子为新政府成员,但他同意组成这样的政府必须由宗教领袖们批准。你是否同意有或者没有国王儿子参加的联合政府?

答:我既不同意组织联合政府,也不同意国王儿子通过任何方式参加政府。国王逊位和废除君主制以后,我们将通过公民投票来决定组成什么形式的新政府。

11 月 20 日,《美国新闻与世界报道》载文《美国在伊朗的噩梦——白宫对国王的命运以及其他许多事情感到担心:关系重大的石油供应、油船航线和战略要地全都有危险》,文章写道:"白宫在严加保密的情况下正在考虑如下问题:一是如何制止苏联利用伊朗的混乱局势。二是美国应该做到什么程度来保证稳住波斯湾地区动乱的局势,以保护世界上最重要的石油资源。"[1]文章还说:伊朗这个防止苏联往南向印度洋扩张的最重要的堡垒,正在显示它的内部非常虚弱的迹象。这加重了美国进口石油的主要来源沙特阿拉伯和巴基斯坦所感到的来自俄国的压力。由于对伊朗充当稳定局势力量的能力越来越没有把握,正在这个具有战略意义的海湾地区出现力量真空。油船通过狭隘的霍尔木兹海峡的航道被说成是"西方的颈静脉",这条航道可能得不到充分的保护,受到巴勒斯坦恐怖分子的袭击。波斯湾石油蕴藏量丰富的酋长国很容易成为他们比较强大的邻国,特别是苏联武装的伊拉克重新对它们采取的接管行动的目标。

克里斯托夫·奥格在《时代》周刊撰文《卡特的当务之急:阻止发生混乱》。他在文中写道:"美国分析家们不认为莫斯科愿意在它南部的 1 200 英里长的边界上,面对一个不可靠的、狂热的穆斯林政权,特别是这个政权可能设法使苏联在亚美尼亚和土库曼遇到的很大的民族问题恶化。""华盛顿对伊朗前途最担心的一件事是伊朗可能放弃它目前强烈地亲西方的态度。"[2]

挪威首都奥斯陆,伊朗留学生冲击占领伊朗驻挪威大使馆达 1 个小时,他

---

① The American's Nightmare in Iran. *US News & World Report*, November 20, 1978.
② Christopher Haug. Carter's Urgent Task: to Prevent Chaos. *Time*, November 20, 1978.

们在使馆院墙上用红字或蓝字写下"国王是法西斯刽子手"等标语。挪威警察出面，逮捕了 15 名学生[①]。

沙特外交大臣费萨尔亲王（Saud Bin Faisal bin Abdulaziz Al Saud，1940～2015）发表讲话，表示支持伊朗国王。

弗兰克·汤普森（Frank Thompson）在《每日邮报》上撰文《伊朗国王的最后机会》。文章写道："如果国王下台的话，结果很可能会使伊朗建立一个穆斯林共和国，这个共和国将由住在巴黎的伊朗穆斯林流亡领袖阿亚图拉霍梅尼来领导。""这将会是一个与利比亚领导人卡扎菲多变的穆罕默德加马克思的混合物一样的政权，这个政权会很快爆发内战而成为另一个黎巴嫩。伊朗将会被分裂成 3 个或 4 个自治单位。"[②]

11 月 21 日，沙赫里亚尔的电站工人罢工，军队进入。截至目前，自 1978 年年初开始的伊朗革命运动，已有 1 100 人被打死。当天，美国驻伊朗大使威廉·H. 沙利文与美国驻科威特大使弗兰克·E. 梅斯特龙（Frank E. Maestrone，1922～2007）共同会见巴列维国王。在会见中，国王说："霍梅尼一定从某个地方获得金钱，比如说苏联。"[③]在巴列维国王看来，共产主义者已经来到了阿富汗，如果他们取得了成功，他们将很快会拥有波斯湾和印度洋。最后，他重申，如果美国政府采取不干涉政策，苏联将成功颠覆伊朗[④]。但国王更关心的是伊朗人民党，在他看来，宗教人士不可能统治伊朗，但在苏联的支持下，人民党可能在两周内就能夺取政权。

伊朗人民党书记伊拉吉·伊斯堪德利在《和平与社会主义问题》1978 年第 11 期上撰文称："我们认为，（伊朗）目前的运动具有大众的、民主的和革命的性质。说它是大众的，是因为广大群众，尤其是劳动群众与小资产阶级和民族资产阶级的代表一起，积极参加，举行示威游行。说它是民主的，运动的主要口号是建立具有民主秩序的国家。说它是革命的是因为其目标是改变政府。"[⑤]

---

① Vance. Fm Secstate WashDC to Amembassy Paris Immediate. Draft Date：November 28，1978. Document Number：1978STATE301271，National Archives.

② Frank Thompson. The Last Chance for Iran's Shah. *Daily Mail*，November 20，1978.

③ Maestrone. Fm Amembassy Kuwait to Secstate WashDC Immediate 2386. Draft Date：November 21，1978. Document Number：1978KUWAIT06240，National Archives.

④ Maestrone. Fm Amembassy Kuwait to Secstate WashDC Immediate 2396. Draft Date：November 22，1978. Document Number：1978KUWAIT06258，National Archives.

⑤ Fm Amembassy Moscow to Amembassy Tehran Immediate，Secstate WashDC Immediate 9500. Draft Date：November 22，1978. Document Number：1978MOSCOW28680，National Archives.

沙利文会见了伊朗国际政治经济研究所（Iranian Institute for International Political and Economic Studies）所长阿拔斯·阿米利耶（Abbas Amirie）。阿米利耶在苏联考察了 20 天，参观了苏联的一些科研机构和院所。他在谈及苏联对伊朗政策时说：苏联对霍梅尼感到不安，原因有二：一是他的思想含糊不清；一是与其广大穆斯林的潜在联系。11 月 23 日，阿米利耶又打电话给沙利文，向他汇报了前一天会见苏联驻伊朗大使维诺格拉多夫（Vladimir Mikhailovich Vinogradov，1921～1997）的情况。他在电话中说：勃列日涅夫的声明是针对美国第七舰队开往波斯湾而发的。他还向大使谈及，他要在当天下午面见巴列维国王①。

11 月 21 日，阿亚图拉霍梅尼接见了利比亚卡扎菲的代表萨拉赫丁和巴勒斯坦解放组织的代表卡杜米。美国《纽约时报》报道说，他们两人是来向阿亚图拉霍梅尼提供武器的。

美国驻伊朗大使威廉·H.沙利文在致美国政府的电报中称，取代伊朗军政府的必须是一个在巴列维国王和阿亚图拉霍梅尼之间保持中立的人②。在副国务卿沃伦·克里斯托夫（Warren Minor Christopher，1925～2011）打给美国驻伊朗大使馆的电报中则说，萨达姆·侯赛因曾告诉德国驻伊拉克外交官，他对人民党在伊朗的迅速崛起表示担忧③。

当天，法国总统吉斯卡尔·德斯坦在电视讲话中称："法国不是一个可以随便启动暴力的地方。"④

11 月 22 日，爱资哈里向议会提交了一个由 6 名军人与 18 名文职人员组成的内阁成员名单。议会表决结果是 191 票赞成，27 票反对，6 票弃权，从而使新内阁的组成获得议会通过⑤。

德黑兰发生了停电和冲突，军队向示威者开枪，整个城市几乎陷入一片混

① Sullivan. Fm Amembassy Tehran to Secstate WashDC Immediate 1784. Draft Date：November 24，1978. Document Number：1978TEHRAN11515，National Archives.

② Sullivan. Fm Amembassy Tehran to Secstate WashDC Immediate 1736. Draft Date：November 21，1978. Document Number：1978TEHRAN11420，National Archives.

③ Christopher. Fm Secstate WashDC to Amembassy Tehran Immediate. Draft Date：Dec 21，1978. Document Number：1978TEHRAN294912，National Archives.

④ Christopher. Fm Secstate WashDC to All European Diplomatic Posts Immediate. Draft Date：Dec 21，1978. Document Number：1978STATE295057，National Archives.

⑤ Vance. Fm Secstate WashDC to All European Diplomatic Posts Immediate. Draft Date：November 23，1978. Document Number：1978STATE296190，National Archives.

乱。其他地方罢工、罢课仍在进行中。

当天上午,纳赛尔·米纳奇(Nasser Minachi,1931～2014)前往美国驻伊朗大使馆,与沙利文大使商讨伊朗局势。早年,米纳奇创建"高贵的侯赛因"组织,1972年,该组织被巴列维国王取缔。目前,米纳奇是以伊朗捍卫自由与人权组织领导人和沙里亚马达里的代表的身份来与沙利文商谈的。他告诉沙利文,国民阵线和其他反对派已与包括阿亚图拉霍梅尼的支持者塔莱加尼在内的所有宗教领导人进行了接触,他们都同意劝说阿亚图拉霍梅尼接受现实,即巴列维国王下台,成立摄政委员会,任命新的首相,建立联合政府。"萨瓦克"和其他领导人,尤其是前首相谢里夫-埃马米积极敦促反对派接受建立联合政府的方案。米纳奇说,他一直与谢里夫-埃马米保持联系。两三天前,他与"萨瓦克"的侯赛因扎德博士会谈,侯赛因扎德对政治解决方案颇感兴趣,并告诉米纳奇,自己负责监视捍卫人权与自由委员会的行动。米纳奇说,政府急于在斋月里解决问题。原计划巴扎尔甘也要参加,但他因故未能参加。双方讨论的焦点在于巴列维国王是否离开伊朗。在沙利文看来,让巴列维国王远离伊朗的政治中心是不可接受的。米纳奇说,这是双方讨论的主题,反对派政治领导人坚持认为,巴列维国土不能安排任何一位大臣,摄政委员会将在要求国王出国和恢复秩序之间进行调停。联合政府组织1979年6月份的选举,而后,议会将组织制宪会议,讨论修改宪法和巴列维王朝的命运。然后,他又补充说,他这一派不再坚持一步到位,而是集中精力组建联合政府。沙利文问:是否可以通过其他方法产生大臣?米纳奇回答说:这是让阿亚图拉霍梅尼保持沉默和巴列维国王不干预联合政府的唯一办法。除霍梅尼外,所有信仰宗教的人和领导都希望国王留下来。解决目前危机的方案之所以必要,是因为其他因素,他特别强调了人民党的支持者,正在介入,制造麻烦。如果在斋月不能达成解决方案,将会出现不愉快甚至暴力事件的发生,这将给民族和解带来巨大障碍。沙利文建议,温和的反对派是否重新考虑与霍梅尼的关系,使其更温和些。米纳奇说,桑贾比和巴扎尔甘在巴黎已经尝试过了。霍梅尼无所畏惧,甚至将生死置之度外,只是他还没有准备好接受他所不想要的东西。沙利文就伊朗现代世俗政治人物是否可以做得到,征求米纳奇的意见。米纳奇觉得不可能,他说,如果霍梅尼发生不测,和解是不可能的。如果有人要刺杀霍梅尼,这将导致温和派处于恐怖之中,给和解带来巨大障碍①。

当天,沙利文与伊朗反对派人士的第二场会谈是在一个中间人的家里,参加者为3个商界代表:卡里姆·侯赛尼(Karim Hosseini)、穆罕默德·塔赫耶·埃忒法赫(Mohammed Taghie Ettefah)和艾哈迈德·普尔哈迪利·伊斯法罕尼(Ahmad Poughadiri Esfahani),他们都到麦加朝圣过。寒暄过后,会谈双方直奔主题。埃忒法赫说,如果现政府能在政策上有所调整的话,他准备马上到巴黎会见阿亚图拉霍梅尼,以调停支持阿亚图拉霍梅尼和支持巴列维国王之间的冲突。他说,他们的组织已经与爱资哈里首相进行了会谈,首相答应帮助他们。沙利文问他们想从政府得到什么帮助。埃忒法赫列举了他们的要求:① 政府停止杀戮;② 逮捕并审讯前"萨瓦克"领导人纳西里和前新闻与旅游大臣胡马云,原因是胡马云安排的文章和纳西里的屠杀导致了伊朗局势的动荡;③ 土地改革没有认真实行,从而导致农业停滞不前,对与此有关的法律法规进行修订;④ 修改或废除为少数人垄断从而赢得暴利的商业法律;⑤ 政府,尤其是"萨瓦克"停止对伊斯兰宗教学者权利的侵犯和暴政;⑥ 报纸不再登载与现实无关的内容,要报道、介绍人们关心的问题。侯赛尼和埃忒法赫都表达了对美国帮助伊朗表示感谢。埃忒法赫表示,他原意会见巴列维国王②。

《纽约时报》记者在德黑兰称,一位美国高官在华盛顿告诉记者说,巴列维国王已经完了。沙利文担心这样的话迟早要传到巴列维国王的耳朵里。

11月23日,司法大臣侯赛因·纳贾菲发表讲话说:"那些因进行非法活动而逃到国外的人将被引渡回国",那些无法遣返回国的人,"将受缺席审判,政府将没收其财产"。据外交人士透露,仅王室成员就有64人已逃往国外。

《纽约时报》报道:卡特不满美国中央情报局未能提供有关伊朗政局的确切情报。两个人权调查者发表声明说:伊朗的人权状况有了很大提高,尤其是政治犯的待遇得到很大改进,但尚未从根本上发生重大变化③。

美国国务卿万斯在致美国驻欧洲国家大使馆的电报中说:苏联在伊朗问

① Sullivan. Fm Amembassy Tehran to Secstate WashDC Immediate 1770. Draft Date: November 22, 1978. Document Number: 1978TEHRAN11501, National Archives.

② Sullivan. Fm Amembassy Tehran to Secstate WashDC Immediate 1771. Draft Date: November 22, 1978. Document Number: 1978TEHRAN11499, National Archives.

③ Iran Found Improving Prisoners' Treatment, But Still Jailing Many. *New York Times*, November 24, 1978.

题上处于两难选择,既想煽动伊朗的左派,又害怕在其南部邻国中出现动荡局势。在电报的最后称:"无论如何,苏联将继续在伊朗的左派和右派之间展开反对美国的宣传。除此之外,我们希望看到苏联在游戏中扮演一个等待观望的角色,因为风险和费用,他们目前没有直接参与的任何计划。"①

当天,阿亚图拉霍梅尼写信给宗教领导人、学生组织、工人和商人,呼吁他们在国内开展不服从运动,拒绝纳税,拒绝与政府合作,政府职员罢工,以推翻新上台的军政府。他说:"军政府是篡权者,是违反土地法和沙里亚法的。反对它,不再以各种方式支持它,不再向它纳税,不再向这个压迫者的掠夺性政府表达支持是每个穆斯林义不容辞的责任,阻止宝贵的石油资源出口是所有石油公司领导和工人义不容辞的责任。"②

查尔斯·道格拉斯-霍姆(Charles Douglas-Hom,1937～1985)在《泰晤士报》上撰文《国王准备不顾暴力坚持继续执政,结束君主政体恐怕会发生内战》。

11月24日,在设拉子的冲突中,又有15人被打死。

沙利文分别会见了前首相谢里夫-埃马米和前首相阿里·阿米尼。他与埃马米的会谈是在伊朗著名学者侯赛因·齐阿伊(Hossein Ziai,1944～2011)的家里进行的。谢里夫-埃马米交给沙利文一个由伊朗民族阵线提出的方案。具体内容是成立一个摄政委员会以取代巴列维国王,成立联合政府以实施自由选举,保证王储的君主地位。沙利文说,这样的方案他已经至少得到了3个。沙利文强调,问题的关键是阿亚图拉霍梅尼的不妥协,巴列维国王不愿放弃王位和军队统帅的地位。这是伊朗不得不面对的现实。在沙利文看来,埃马米是巴列维国王派来试探他以及美国政府对国王态度的。接着,沙利文劝他和后来加入到他们谈话的齐阿伊兄弟,要让商人、工业家、伊斯兰教法学家明白,在追求伊朗民主化的未来道路上,巴列维国王是真诚的,旨在消除斋月的紧张气氛。沙利文还强调,国王愿意私下里会见任何有异议的人,召集那些有影响的人与他见面。

---

① Vance. Fm Secstate WashDC to All Near Eastern and South Asian Diplomatic Posts. Draft Date: November 23, 1978. Document Number: 1978STATE296841, National Archives.
② Imam Khomeini. *Islam and Revolution: Writings and Declarations*. London: KPI Limited, 1981: 243.

随后,沙利文会见了阿里·阿米尼。阿米尼向沙利文推荐摩萨台政府时曾任内政大臣的吴拉姆·侯赛因·萨迪格(Gholam Hossein Sedighi,1905~1992)来领导联合政府。在阿米尼看来,此人诚实、现实,是一个比桑贾比更合适的人。如果他担任联合政府首相,不但会得到商人们的支持,还会得到阿亚图拉沙里亚马达里的同情。阿米尼告诉沙利文,阿米尼已经与学界、商界、工业界的领导人进行了广泛接触,并把一些人带到了巴列维国王那里。

沙利文告诉阿米尼,他已就政治家和商人与国王达成协议问题上存在的不信任问题与巴列维国王进行了长时间讨论。在沙利文看来,他们中的大多数人都想把美国作为他们与国王打交道的担保人。沙利文则指出,外部势力不可能发挥这种作用,并提议,阿米尼、恩忒扎姆和其他有影响的人物可以被国王任命为他的枢密大臣来充当担保人。阿米尼回应说,他一直在考虑同样的问题。阿米尼及其支持者赢得了一般公众的信任,可以参加国王和政治家之间的调解。如果一方违反协议条款,委员会则宣布其犯规,这是对双方的都予以充分保证。最后,他们讨论了斋月的安全问题①。

11 月 25 日,在德国,约 8 000 伊朗人、土耳其人和西德人举行示威游行。其中,约 500 人从游行的队伍中走出,冲向美国驻法兰克福领事馆,警察用警棍和水枪进行驱赶。冲突中,130 名警察和 150 至 250 名示威者受伤,其中 10 多人伤势严重②。同一天,意大利罗马也发生了类似示威游行。示威者打的标语牌上写着:"打倒国王的法西斯统治,打倒美国走狗!""武装起来的伊朗人民必胜!""亚洲、非洲、拉丁美洲要像印度支那一样进行武装斗争!""国王、皮切诺特、索摩查是 3 个杀人凶手!""废除流放,废除特别监狱,释放被监禁的无产者!"

当天,阿亚图拉霍梅尼在诺夫勒·夏托发表讲话称:"现在,他(巴列维国王)从国外进口一切。无论什么都从以色列进口到国内……以色列是伊斯兰的敌人! 只有真主知道这个人犯下的反对伊斯兰的卖国罪行。以色列是伊斯兰的敌人。它现在还在与穆斯林交战。从一开始这个政府就给予它正式承认。25 年或 30 年前,实际上,当以色列正在与穆斯林交战之时,这些人就正式

---

① Sullivan. Fm Amembassy Tehran to Secstate WashDC Immediate 1789. Draft Date: November 25, 1978. Document Number: 1978TEHRAN11520, National Archives.

② Vance. Fm Secstate WashDC to Amembassy Paris Immediate. Draft Date: November 28, 1978. Document Number: 1978STATE301271, National Archives.

承认了以色列。只不过他们没有让公众知道。今天，当这个黑暗的一页就要翻过去的时候，你们都能看到穆罕默德·礼萨·汗继续执政最强有力的和最热心的支持者之一就是以色列。对以色列人来说，如果他下台了，他们将失去石油供给，因为这个政权向以色列提供其石油。换句话说，他把穆斯林土地上的石油提供给穆斯林的敌人，帮助其进行反对穆斯林的战争。这就是一种可耻的卖国行为！他用他们的油轮把我们的石油送给他们，他用他们的方式让其得到，以色列用这些石油进行反对穆斯林的战争，掠夺伊斯兰的领土，摧毁穆斯林所拥有的一切。看看他们对巴勒斯坦人都做了些什么，看看他们怎样掠夺(耶路撒冷的)贝特·穆加达斯(Beit ul-Moqaddas)。这只是这个对伊斯兰和穆斯林犯下的罄竹难书的背信弃义的罪行之一。为了以色列的事业，他在伊朗已经背叛了穆斯林。正如我曾说过的，伊朗最好的土地给了以色列，伊朗最好的土地拱手让给了以色列的犹太人，他们经营，获得利益。"①

针对 11 月 20 日在马什哈德，政府军向在伊马目礼萨圣陵中避难的抗议者开枪，造成人员伤亡。阿亚图拉霍梅尼与大阿亚图拉高佩加尼、马拉什·纳贾菲和沙里亚马达里 3 位大阿亚图拉宣布 11 月 26 日为民族哀悼日。整个伊朗都卷入到了运动之中，德黑兰 2/3 的商店关门。伊朗中央银行参与罢工的职员发布消息说，最近两个月有包括王室成员在内的高官，将 25 亿美元的资金转移到了国外。爱资哈里政府宣布释放 261 名政治犯，在过去 1 周，共释放了 471 名政治犯。

当天，约旦国王侯赛因(Al-Hossein ibn Talal，1935～1999)出人意料地造访伊朗，对其进行了 3 天私人访问。

11 月 27 日，在结束了与巴列维国王与爱资哈里首相两天的秘密会谈后，美国总统特使、参议员罗伯特·伯德(Robert Carlyle Byrd，1917～2010)说：他的访问"强调了总统对伊朗的大力支持"。"苏联曾经保证不干涉伊朗内政。我们期望苏联遵守这个诺言。""华盛顿无意干涉伊朗内政"。"对美国，对这个地区和对全世界来说，伊朗的独立和稳定是极其重要的。"②在会见中，巴列维

---

① Juliana Shaw, Behrooz Arezoo. *Palestine from the Viewpoint of Imam Khomeini*. Tehran: the Institute for Compilation and Publication of the works of Imam Khomeini (International Affairs Divsion)，1999：37 - 38.

② Eilts. Fm Amembassy Cairo to Secstate WashDC Immediate 6682. Draft Date：November 29，1978. Document Number：1978CAIRO25975，National Archives.

国王坦承：在过去的 15 年间。他把注意力集中在了某些主要领域，并谋求取得进展，而没有给予公众意见和公众参与以足够的重视。发展政党制度的努力也不成功。政治参与的基础未能加强，一些有潜能的人才被闲置了，所有这些积存下来，形成了反对派。他说："我们需要一个民主机制，我不知道能否建立起来，但我将为之努力。""我们首先要建立法律和秩序，然后民主吗？谁能保证如果我们给权力加上动力，它不会力量过大而偏向极左或极右。如果我们继续向下夹紧，这是否能够结束混乱。""如果国家不想要国王，那是一个不同的命题。但我认为我提供的服务满足不了所有人的要求。他们如此短视，他们不知道这个国家软弱的国王意味着国家的瓦解。"①这个时候，巴列维国王似乎认识到了一个国家雄厚的软实力应该包括这样的体系：学者的准确判断，决策者在此基础上的科学决策和执行者的高效落实。一个社会的稳定发展既要有合理有效的行政管理，也要有能够满足人们精神需求的意识形态引领。伊朗的事态发展目前这种状况，对巴列维国王而言，只能意味着一个王朝的灭亡。

11 月 28 日，德黑兰检察官开始审查中央银行档案，以核实如下说法：已将约 25 亿美元提出伊朗银行，并转入亲王和政界人物在外国银行的账号里。

司法部长纳贾菲宣布，成立一个由著名法学家阿里·阿斯哈尔·阿明（Ali Asghar Amin）、纳赛尔丁·哈贾维德（Nassridin Hajavid）、巴哈里·萨哈迪（Bagheri Shahadi）组成的 3 人皇家资产调查委员会，调查皇室财产。3 位法学家的任命得到了巴列维国王的同意。

当天，爱资哈里军政府宣布，从 1978 年 12 月 2 日～1979 年 1 月 29 日，禁止游行。同时，宣布将重新修订法律，将违反伊斯兰教原则的内容删除。他还强调，未来制定法律时，将接受大阿亚图拉们的指导。

在发给美国政府的电报中，沙利文分析了为何反对巴哈教的问题。其中谈道：一些巴哈教徒在前几年参与到了腐败之中，如著名的巴哈商人、金融家胡吉巴尔·雅兹达尼（Hojabr Yazdani），长期占用政府土地，进行欺

---

① Eilts. Fm Amembassy Cairo to Secstate WashDC Immediate 6683. Draft Date：November 29, 1978. Document Number：1978CAIRO25975，National Archives.

诈交易①。

当天上午,沙利文与巴霍蒂亚尔举行会谈。会谈中,巴霍蒂亚尔说,他已经到监狱中看望了桑贾比和福鲁哈尔 3 次,民族阵线认为,伊朗当下急需解决的问题是商店开门营业,包括"萨瓦克"和军队在内的伊朗政府应该认识到这一点。他说,他已经与巴列维国王的代表就建立联合政府进行了 3 次会谈。阿米尼没有建立政府的打算,桑贾比因在双方担任职位过多而带来太多的问题已失去成为首相的机会。如果要让巴霍蒂亚尔组建新政府的话,应满足他 3 点要求:① 国王必须是立宪君主;② 必须惩治腐败;③ 必须给至少 4 周时间建立政府。在这 3 点要求背后,第一点,巴霍蒂亚尔同意国王任军事最高统帅。在第二点反对腐败方面,他强调反对腐败要在法律框架内进行,绞死 3~5 个腐败分子。关于建立政府的第三点,在巴霍蒂亚尔看来,组建政府不只是选择首相的问题,选择大臣更为重要。新政府恢复经济,裁减军备,准备选举。他说,他反对阿亚图拉霍梅尼,随着新政府的建立,它将得到人们的信任,阿亚图拉霍梅尼将在 6 个月内失去光环。最后谈到问题的症结,他提出,巴列维国王必须接受宪法的安排;他必须保证自己不介入内部政治事务,他的外国支持者必须"让他成为一个民主的国王"。美国和英国将不得不谨慎地告诉国王,他们是作为一个政府,而不是作为国王的秘书来支持联合政府。沙利文说,美国不干预伊朗人试图寻找解决当前危机的出路;除了直接提供信息外,我们不能直接指导国王做任何事情②。

在赫达雅特·伊斯拉米尼亚(Hedayat Eslaminia)的家里,沙利文又与卡里姆·侯赛尼和艾哈迈德·普尔哈迪利·伊斯法罕尼进行了会晤。侯赛尼和伊斯法罕尼说,国王及其政府没有满足他们提出的要求。他们建议 12 月 9~11 日,军队从大街上撤走。人们可以到处走动,军队可以使用水枪和催泪瓦斯,不得使用子弹。人们看不到政府的变化,因为纳西里和胡马云仍然未被逮捕。大街上仍有人被打死。他们对爱资哈里首相不但要听其言,更要观其行③。

---

① Sullivan. Fm Amembassy Tehran to Secstate WashDC Immediate 1858. Draft Date: November 28, 1978. Document Number: 1978TEHRAN11650, National Archives.

② Sullivan. Fm Amembassy Tehran to Secstate WashDC 1884/5. Draft Date: November 29, 1978. Document Number: 1978TEHRAN11690, National Archives.

③ Sullivan. Fm Amembassy Tehran to Secstate WashDC 1883. Draft Date: November 29, 1978. Document Number: 1978TEHRAN11689, National Archives.

11月30日,伊朗议会通过决议,文职人员的工资增加25%。

伊斯法罕附近的蒂朗农民游行示威,支持国王。11月底,圣城库姆和圣城马什哈德一度由伊斯兰激进分子控制。阿亚图拉霍梅尼呼吁12月2日举行伊朗全国总罢工。他说:"阿舒拉的淋漓鲜血标志着对残忍和压迫报仇的反抗。""听从美国人的建议,国王毁掉了农业。为了资本家的利益,他已经削弱了国家。""胜利属于伊朗和其他伊斯兰国家杰出的伊斯兰革命。"[1]

沙利文在打给美国政府的电报中说:从霍梅尼的讲话来看,如果反对派推翻国王,取得革命成功,伊朗的外交政策将发生变化。这些变化将凸显好战的民族主义、伊斯兰主义、社会主义、不结盟、不干涉主义和反西方等特点。伊朗与以色列和南非的关系中断。伊朗与美国的合作将减少,情报合作也要受影响[2]。

12月1日晚9点,德黑兰50万人走上街头。在深夜游行中,他们喊出了"安拉伟大""安拉之外别无神灵"的口号。这些口号传到了伊朗其他城市,使所有的伊朗人都感到震惊。军警向示威者施放催泪弹并向天空鸣枪,与其发生冲突。结果造成7人死亡,35人受伤。当晚,德黑兰出现了大面积停电,这是非常罕见的。食品、家庭用气及其他物品出现严重短缺。在德黑兰大街上,有一种说法盛传,这就是阿亚图拉霍梅尼要招募72个人,第一天就有1500人报名。

当晚,一个自制炸弹从窗户被扔进了美国一护卫领导人的家里,造成损伤。进入12月,伊朗反对派及民众的排外情绪,尤其是反美情绪日益高涨。有传言称,在伊斯法罕,抗议者吊死了5~6个美国人。美国外交人员走在德黑兰大街上,不再称自己是美国人,而是谎称自己是法国人或德国人。其原因是美国对巴列维国王的支持。

12月2日,穆斯林穆哈拉姆月开始之日,阿亚图拉霍梅尼在法国巴黎发表了重要讲话。他在讲话中说:"以至仁至慈真主的名义。在穆哈拉姆月到来之际,在邪恶势力的帮助下,伊朗国王腐败的军政府又从袖中伸出罪恶的双手,

①　Sullivan. Fm Amembassy Tehran to Secstate WashDC Immediate 1926. Draft Date:December 1, 1978. Document Number:1978TEHRAN11771, National Archives.

②　Sullivan. Fm Amembassy Tehran to Secstate WashDC Immediate. Draft Date:December 1, 1978. Document Number:1978STATE304889, National Archives.

陷反抗的饱受灾难的伊朗民族于血泊之中。残忍的、嗜血的和掠夺成性的强盗们再一次开始了向伊斯兰儿子和高贵伊朗民族爱国青年的疯狂进攻。他们用机枪、坦克和大炮收获人类果树上的果实。就在穆哈拉姆月即将到来之时，令人心碎的消息从我亲爱的祖国伊朗纷纷传来，在我内心引起巨大的疼痛。这个晚上和白天发生的一切表明国王及其反动政府的罪恶再一次扩大了。它们也象征了这个值得骄傲的民族的勇敢和史无前例的勇气。现在，伊斯兰的敌人，伊朗雅兹迪政府的支持者加入到与伊斯兰和《古兰经》的追随者和阿布·苏菲延政府积极的反对者进行战斗的行列。他们反对旨在复兴伊斯兰，实现自由独立，确立《古兰经》的主导地位以取代罪恶萨旦的统治，建立公正法律的统治以取代尔虞我诈法律统治的伊斯兰和侯赛因的口号。他们希望用借吸吮伊朗被压迫人民的血汗钱购买的坦克、大炮和机关枪来锁住他们的声音。他们却忽略了一个事实，在一个觉醒和觉悟的国家，人民已经站起来了，他们用憎恶的理性看着这些生锈的武器，所以，他们从一开始就赋予这场运动以宗教和神圣的性质。这个什叶派民族是在追求历史永恒的史册上，只有少数几个追随者就埋葬了倭马亚王朝的伟大的阿舒拉运动的发起者，伟大人物伊马目侯赛因的追随者。借真主的意愿，亲爱的、伟大的、正确的伊朗人民和伊马目侯赛因的真正追随者将用自己的鲜血，把埋葬邪恶的巴列维王朝写进史册。他们不但在少数几个国家升起伊斯兰旗帜，还将伊斯兰旗帜升起在世界的每一个角落。那些唤起了对在追求真理之路上对殉难者光辉记忆的大屠杀是邪恶国王及其国内外支持者额头上的污斑。"[1]

　　谈及伊朗的军事力量，有些数字有必要在这里显示。借助石油美元，巴列维国王要把伊朗打造成世界第五大军事强国。为此，他在执政的最后 10 年，花费了 140 多亿美元向美国和欧洲购买先进武器。经过努力，在巴列维王朝灭亡前夕，伊朗海陆空军队有 413 000 人，有 1 620 辆坦克，另外还订购了美国 1 300 辆百夫长坦克，另有 760 辆坦克正在运输途中。伊朗还拥有 459 架战机，其中 164 架为 F4 和 F5E，20 架 F16 和 234 架喷气机。按巴列维国王的海军建设计划，到 1979 年底，伊朗海军实力要增加 3 倍[2]。

---

　　① Jalald-Dine Madani. *History of Islamic Revolution of Iran*. Tehran：International Publishing Co.，1996：417-418.
　　② 丁中江.伊朗王为何遭群众反对[N].新闻天地，民国 68 年(1979)-1-27(3).

伊朗教育部宣布,德黑兰及郊区所有学校停课10天,到12月13日为止。伊朗前首相阿穆泽贾尔针对前一天反对派对包括他本人在内的183人转移资金25亿美元的指控,提出这些全是假的,他本人没有那么多钱。为了压制对此事的宣传,新任首相爱资哈里将军发布公报,宣布所有列于名单上的人,均禁止出国。

当天,亚运会首席组织者说,由于伊朗国内局势恶化,上届东道主伊朗退出1978年亚运会。

在阿拔斯港,沙利文与詹姆希德(Jamshid)兄弟进行了会谈。王储评价说,在军队中,人们开始谈论国王出走的话题。阿亚图拉霍梅尼可能是对的,国王必须走。一个月来,伊朗军官开始关注这类话题,从而导致伊朗军队的士气低落。有传言称,阿里·阿米尼将组建新政府,取代军人政府。

反美标语写上了美国驻伊朗大使馆的墙,反美传单到处传播。有5辆美国人的车辆遭到焚烧,有1户美国人家遭到了袭击,所幸没有造成人员伤亡。仅次于美国人的是犹太人,沙利文通过对3个犹太商人的询问得知,犹太人非常谨慎,他们担心革命胜利后财产被没收或被逐出伊朗。阿亚图拉霍梅尼的最新讲话,给了犹太人一丝安慰。他说,犹太人在伊斯兰教的伊朗和平地生活了几个世纪,现在,他们不应被打扰。尽管如此,犹太人还是担心,他或其他胜利者将来可能会改变政策,所以很多犹太人选择离开伊朗。犹太商人指出,犹太社区依靠长辈,尤其是参议员约瑟夫·库汗(Yusef Kohan)。他们似乎觉得,因为与以色列的特殊关系,美国政府对伊朗犹太人有某种义务[①]。

美国电视台播放了对阿亚图拉霍梅尼的采访。他在采访中批评美国支持巴列维国王,掠夺伊朗的自然资源。他说:如果革命成功,将结束伊朗为美国提供军事基地;取消对美国的军购;以色列是压迫者,推翻巴列维国王后,将不再向以色列提供石油;必要的话,将以武力推翻巴列维国王[②]。

12月3日,阿亚图拉霍梅尼呼吁伊朗军队抛弃国王,强调政治家不要通过建立反伊斯兰的政府而与以国王为代表的反动势力妥协。他说,解决伊朗问

① Sullivan. Fm Amembassy Tehran to Secstate WashDC Immediate 1930. Draft Date: December 2, 1978. Document Number: 1978TEHRAN11776, National Archives.

② Vance. Fm Secstate WashDC to All European Diplomatic Posts Immediate. Draft Date: December 3, 1978. Document Number: 1978STATE305364, National Archives.

题的唯一办法就是巴列维国王离去。他号召人们在晚上8点,爬上房顶,齐声高喊:"真主万岁!"第二天,法国政府警告阿亚图拉霍梅尼,勿在法国进行推翻巴列维国王的宣传。当天,尤素福·伊卜拉欣在《纽约时报》上撰文,这样描写德黑兰:"黑色的旗帜挂满国王大道两旁的树上,从阳台和建筑物上垂落下来,德黑兰充满了死亡的象征。"[1]当晚的德黑兰,不时响起零星的枪声。泰吉里士(Tajrish)广场最为混乱。袭击者从立交桥上发射了50发子弹,还扔了一枚自制炸弹,但未爆炸。首相爱资哈里发表讲话,称阿亚图拉霍梅尼的"房顶战术"是"心理战"。他批评外国新闻报道,随意扩大伊朗的伤亡数字。特意提到路透社,并称英国广播公司是"殖民主义的电台"。有传说,在马什哈德,有4名军警由于拒绝执行向群众开枪的命令而被上司从背后打死。由于德黑兰公交系统罢工,1名公交车司机被军警打死。在埃及驻伊朗大使馆前,两名卫兵被打死。12月3日这天,官方报道,有12人丧生,反对派称死亡了上千人。美国大使沙利文打给美国政府的电报中的数字为600~700人[2]。巴列维国王访问杜森(Doshen)岛空军基地。

美国驻伊朗外交参赞应邀与伊朗教师工会主席穆罕默德·德拉赫设什(Mohamad Derakhshesh)进行会谈。德拉赫设什提出不同于阿亚图拉霍梅尼的、被巴列维国王称之为"第三条道路"的解决方案。按照该方案,国王离开伊朗以便在尊重民意的基础上成立摄政委员会,由民族阵线、其他党派、商界代表以及他本人等政治家组建政府,负责自由选举,等待新议会的产生。德拉赫设什强调军队的国家化而不是对某一个人,如对国王负责。他还谈到腐败和高级官员的懦弱,以及阿亚图拉霍梅尼领导下的宗教专制和没有阿亚图拉霍梅尼情况下共产主义势力掌权这两种可能性。其目的是要开启建立民主政府的进程。参赞称伊朗国王正在实施其自由化计划,他没有与参赞争吵,只是说仍然无法相信国王。德拉赫设什说,如果他们同意在国王的政府里工作,他和他的朋友会立即被指责为叛徒。德拉赫设什强调,国王必须离开伊朗,否则阿亚图拉霍梅尼的追随者不会减少动力,民主运动会更加活跃,并由他们来主导

① Youssef M. Ibrahim. Teheran Is Decked With Symbols of Death. *New York Times*, December 3, 1978.

② Sullivan. Fm Amembassy Tehran to Secstate WashDC Immediate 1981. Draft Date: December 4, 1978. Document Number: 1978TEHRAN11846, National Archives.

伊朗的民主化进程。德拉赫设什补充说，他一直在与伊朗有影响的人物联系，并列出了一个有很多人的名单。德拉赫设什对几个月前因印刷宣传品而被逮捕一事仍耿耿于怀。他批评说，巴列维国王任命谢里夫-埃马米本身是个错误。在他看来，国王最好成立一个由反对派人士参加的民族联合政府[①]。

12月4日早晨5点，有抗议者冲击警察局，一个警察被打死，另一个受了重伤[②]。伊朗石油工人宣布减产30%，以反对军政府[③]。

当天，在伊朗的美国人遭遇了3起被袭击事件。在伊朗首都德黑兰，美国人的小轿车遭到了自制炸弹的袭击。示威者撞开了一个美国人所有的建筑物的大门，但没有造成人员伤亡和财产损失。在伊斯法罕，一个美国人也遭到了袭击。

当天，纳赛尔·米纳奇再次会见沙利文。这次米纳奇的造访目的有两个，一是看看美国人有什么新想法；一是向沙利文汇报一下反对派的动向。他告诉沙利文，他将会见阿亚图拉霍梅尼阵营中来自库姆的蒙塔泽里和来自德黑兰的阿克巴尔·哈什米·拉夫桑贾尼（Akbar Hashimi Rafsanjani，1934～2017），他们两人在两三天后将前往巴黎会见阿亚图拉霍梅尼。他们此行的目的是要阿亚图拉霍梅尼接受成立摄政委员会的方案。据此，该委员会将取代巴列维国王，任命联合政府的官员，组建政府。库姆的宗教领导人和巴列维国王与军管政府的官员都同意这一方案，他们想向阿亚图拉霍梅尼施压，让他接受该方案。米纳奇说，在过去的10天里，他与前首相阿里·阿米尼和前首相谢里夫-埃马米进行了多次会谈。两位前首相都同意米纳奇在上次与沙利文会谈时提出的方案。沙利文说，巴列维国王只答应承认他为君主立宪制的国王和他为军事统帅的解决方案。他建议米纳奇不要在误导与其一同制订计划的人。米纳奇提出国王在出走前，可以从反对派能够接受的旧军官中任命军事指挥官，他还列举了包括阿斯哈维（Asghavi）、贾姆（Jam）、马达尼（Madani）等人在内的一些候选人。这些人都是国王信任，民族阵线能够接受的人。沙

---

① Sullivan. Fm Amembassy Tehran to Secstate WashDC Immediate 1992. Draft Date：December 5，1978. Document Number：1978TEHRAN11876，National Archives.

② Sullivan. Fm Amembassy Tehran to Secstate WashDC Immediate 1980. Draft Date：December 4，1978. Document Number：1978TEHRAN11846，National Archives.

③ Youssef M. Ibrahim. Strikers again Cut Iranian Oil Output. *New York Times*，December 4，1978.

利文提出了质疑,提出如果这些军事指挥官为自己谋权怎么办。米纳奇承认有这种可能,但不会有困难,因为军事统帅属于摄政委员会成员。沙利文再次问到上面提出的问题,米纳奇说,这是真的,所有反对派都希望结束巴列维国王的权力,所有反对者都同意由摄政委员会来执行统帅权。最后,沙利文提出,国王出走,阿亚图拉霍梅尼和沙里亚马达里也远离政治,以确保伊朗不发生暴乱。米纳奇说,这似乎不太可能[1]。

美国驻伊朗政治参赞应伊斯兰米亚(Eslaminia)的邀请,与其进行了会谈。伊斯兰米亚与宗教领导人和商界都有很好的联系。他与参赞主要谈两件事:第一件,他理解美国的政策,但宗教界不理解,其结果,人们普遍认为,阿亚图拉霍梅尼对巴列维国王的自由化负责,美国则对军队的屠杀负责。苏联这样的外国人对这样的看法很感兴趣。应该有人告诉宗教界真相,美国对自由化负责,他应该向人们解释卡特总统的人权计划。第二件,他对亲政府的人在意识形态宣传上的无能非常反感。为阿亚图拉霍梅尼说话的人是由于政府不再给他们足够的报酬从而使他们远离政府或保持沉默。他曾就这一问题与"萨瓦克"的领导人穆贾达姆进行过交流,穆贾达姆同意他的这一看法。伊斯兰米亚回忆说,1963年,他做了很多事情,但是,"萨瓦克"领导人帕克拉万对他争取伊斯兰宗教学者的能力表示怀疑,但他是在巴列维国王的允许下去做的。他与一系列宗教界、商界和其他领域的人交流,钱转了手,他取得了成功。只要政府中有人愿意出钱并授权,事情很容易做到。他批评政府情报收集渠道的不畅。他还谈及,法拉赫王后在纳贾夫受到了大阿亚图拉霍伊的接待,从而招致阿亚图拉霍梅尼及其支持者的批评,政府应该动员阿亚图拉沙里亚马达里支持霍伊。沙利文在发给美国政府的电报中称,伊朗政府已经这样做了。伊斯兰米亚最后说,美国政府应该意识到,巴列维国王周围的很多人都嫉妒国王的特权。他们告诉国王美国政府一直在进行反对他的工作[2]。

12月4日下午,沙利文会见了两个商界重要代表人物,一个是富豪阿里·阿舒哈尔·卡沙尼(Ali Asghar Kashani,1919~2010),他是运动中罢市的积

---

① Sullivan. Fm Amembassy Tehran to Secstate WashDC Niact Immediate 1977. Draft Date: December 4, 1978. Document Number: 1978TEHRAN11843, National Archives.

② Sullivan. Fm Amembassy Tehran to Secstate WashDC Immediate 2080. Draft Date: December 7, 1978. Document Number: 1978TEHRAN12013, National Archives.

极组织者,还为阿亚图拉霍梅尼提供了大量资金。一个是阿亚图拉霍梅尼的忠实支持者贾法里(Jaffari)。据贾法里讲,12月2日晚,仅在萨尔契什麦(Sarcheshmeh)大街就有约300人被打死。他没有目睹大屠杀,但他看到了他的亲戚1家4口被杀后的尸体,还有仅遇难者丢掉的鞋子就装了整整两大麻袋。抗议者在萨尔契什麦大街上写下了这样的标语:国王在萨尔契什麦大街杀死了300人,我们要杀死国王!卡沙尼和贾法里还说:这次参加者多为学生,尽管他们多为商人的子弟,但组织者不是商人,是学生和教师。他们并不知道具体的组织人,但与伊朗的人民党关系不大。商人们之所以拥护阿亚图拉霍梅尼,这是因为他表达了他们的不满。卡沙尼在商人中间为霍梅尼筹集了1 500万土曼(约合200万美元)的资金。为何商人们对巴列维国王如此痛恨?与其他伊朗人一样,他们反对暴政,如,"萨瓦克"的狱吏强奸妇女,在狱中,狱吏逼迫塔莱加尼喝狱吏的尿。他们两人表示,能够原谅胡韦达的腐败,但不能容忍纳西里的残暴。巴列维国王必须显示出诚意,处死纳西里,在1906年宪法的框架下执政[①]。

在巴黎,美国驻法国使馆负责北非与中东事务的副主任莱康特(Lecomte)会见了阿亚图拉霍梅尼。在阿亚图拉霍梅尼的安全方面,莱康特说,并非像外界所说,阿亚图拉霍梅尼并非对自身安全漠不关心,而是非常在乎的[②]。

12月5日,首相格拉姆·礼萨·爱资哈里指责参加示威游行者为"无神论者和破坏者",是"非穆斯林"[③]。他还说:阿亚图拉霍梅尼是"本国敌人手里的工具,敌人正以他的名义发布很多东西"。新闻与旅游大臣萨达特曼德发表声明,否认巴列维国王将权力移交给儿子的传言。

欧共体国家比利时、荷兰、丹麦、卢森堡、德意志联邦共和国的大使与伊朗外交大臣会谈,呼吁伊朗尽快建立联合政府,以解决当前危机。如果不能做到这一点的话,欧共体国家将准备撤侨。当时,联邦德国在伊朗的公民约20 000人,除去具有双重国籍的人,实际人数为13 000人。英国在伊朗的侨民为

① Sullivan. Fm Amembassy Tehran to Secstate WashDC Niact Immediate 1999/2000. Draft Date: December 4, 1978. Document Number: 1978TEHRAN11882, National Archives.

② Hartman. Fm Amembassy Paris to Secstate WashDC Immediate 1651. Draft Date: December 5, 1978. Document Number: 1978TEHRAN39828, National Archives.

③ R.W. Apple Jr..Prime Minister Links Iranian Strife to "Saboteurs," Not True Moslems. *New York Times*, December 6, 1978.

11 000 人,其中 2 000~3 000 人已回国度假。法国在伊朗有侨民为 6 000 人,约 800 人已回国度假。意大利在伊朗的侨民为 15 000~18 000 人之间。巴基斯坦在伊朗的侨民在 20 000 人以上,希腊的则为 6 000 人左右,朝鲜的为 11 000 人①。苏联、朝鲜、土耳其驻伊朗大使馆开始考虑撤侨。

当天,巴尼萨德尔在伦敦接受了英国《每日电讯报》记者的采访。他在采访中说,示威将继续下去,直到巴列维国王的倒台。礼萨王储成立摄政委员会是不可接受的。一旦国王离开,由 15 人组成的临时政府将取而代之;所有这些都要得到阿亚图拉霍梅尼的同意。临时政府有两项使命:一是就要君主制或是要共和制进行全民公决;二是监督在全民公决基础上产生的议员们制定的法律。他说:通过军事力量建立的政府是不可接受的,"如果这种情况发生的话,意味着危机将继续下去,因为它是由美国人来进行统治"②。

12 月 6 日,爱资哈里政府宣布,释放桑贾比和福鲁哈尔及其他 120 名政治犯,并承诺将释放其他 542 人。同时,政府还将邀请阿亚图拉霍梅尼回国。

阿亚图拉霍梅尼在接受记者采访时说:他反对人身限制,如果法国政府限制他的自由,他将离开这个国家。

12 月 7 日早上,巴列维国王让阿斯兰·阿夫沙尔(Aslan Afshar)打电话给美国驻伊朗大使沙利文。阿夫沙尔在电话中说,巴列维国王接到了商人沃特斯(Walters)从华盛顿打来的电话,说英国情报称,巴列维国王坚持不到周末,想看看沙利文的看法。沙利文回答说,没有收到英国情报或类似的东西,当然,这些内容是阿亚图拉霍梅尼制造出来的,这是"心理战"。美国人得到的重要信息是塔莱加尼的计划,有可能会出现暴力事件。巴列维国王与军队越走越近了。

政治参赞与前"萨瓦克"领导人帕克拉万进行了会谈,了解伊斯兰米亚 1963 年的活动情况,以便更好地了解 1963 年的一些细节。帕克拉万说,伊斯兰米亚是一个非常能干的人,与宗教人士打交道成效卓著,但他警告说,伊斯兰米亚不是为自由而工作,他的话不能全信,但是有用的。帕克拉万认为,

---

① Stoessel. Fm Amembassy Bonn to Secstate WashDC Niact Immediate 4103. Draft Date: December 6, 1978. Document Number: 1978BONN22286, National Archives.

② Brewster. Fm Amembassy London to Secstate WashDC 2618. Draft Date: December 6, 1978. Document Number: 1978LONDON20047, National Archives.

1965 年以后，伊斯兰米亚对于胡韦达来说是极其有用的。接着，帕克拉万谈及了军队，在他看来，如果顶层人物善于领导，军队就可能铁板一块，但现在伊朗的军队面临两种选择：一个是巴列维国王的铁腕控制；一个是将其交给民选政府。帕克拉万反问道：除了国王，谁能控制这个不能控制的国家？他自问自答道：伊朗缺乏充满活力的人。爱资哈里将军被军队看作是一位慈祥的祖母。"萨瓦克"领导人穆贾达姆是一个好人，但缺乏活力。还有准将或上校一级的优秀年轻人，他们没有展示自己才能的机会。别人曾向他推荐卡兹温的军队领导人，他甚至连名字都没有听说过。他谈道，阿亚图拉霍梅尼的背后有共产主义的支持。宗教领导人对当代世界一无所知，如果阿亚图拉霍梅尼赢得了胜利，他将摧毁一切。帕克拉万指出，目前影响伊朗的人物有 3 个：巴列维国王、纳西里将军和艾米尔-阿拔斯·胡韦达。帕克拉万显得非常悲观，他不能理解伊朗的年轻人悄悄地相信了共产主义。他为温和政治的消失而叹息。宗教领导人不了解美国或美国的心理学，对美国的政策也不感兴趣①。

当天，美国总统卡特举行例行记者招待会，在谈到伊朗问题时，他说，伊朗对美国很重要，但美国无意干预伊朗的内部事务，也无意阻止他人的干涉②。他还宣布，美驻伊朗人员的家属可由政府出钱撤出伊朗。

英国广播公司（BBC）报道称：在当天的记者招待会上，美国总统卡特说，巴列维国王能否幸存由伊朗人民决定。很快，美国政府和外交官们开始做解释工作，说卡特总统的这一讲话被误读了。此时，大量外国人滞留在德黑兰的梅赫拉巴德机场，在过去的几天，有 8 000 人离开了伊朗，其中包括 5 500 名美国人。

当天，即将担任美国参议院外交关系委员会主席的弗兰克·丘奇（Frank Forrester Church Ⅲ，1924～1984）说：伊朗局势不但威胁巴列维国王的统治，还威胁伊朗整个社会制度，现政权可能是"灾难性的"独裁军政府，但可能不是共产党政府。

美国记者约瑟夫·克拉夫特（Joseph Kraft，1924～1986）在《华盛顿邮报》

---

①　Sullivan. Fm Amembassy Tehran to Secstate WashDC Immediate 2079. Draft Date：December 7，1978. Document Number：1978TEHRAN12012，National Archives.

②　Christopher. Fm Secstate WashDC to Amembassy Amman Immediate. Draft Date：December 12，1978. Document Number：1978STATE313312，National Archives.

上撰文《大西洋和谐》，文章写道："华盛顿以适当的方式提醒法国，流亡在巴黎的阿亚图拉霍梅尼对巴列维国王的天天咒骂并不是对西方对伊朗及其邻国石油依赖的具体帮助。事实上，正如万斯鼓舞造访者，欧洲的安全问题已基本结束，谈论经济问题还有空间，不需要容忍自负的人。"[①]在这个语境中看美国的外交政策，舍弃巴列维国王就顺理成章了。

12月7日，马什哈德一去世的大阿亚图拉之子告诉美国驻伊朗政治参赞，作为马什哈德大阿亚图拉库米（Hassan Tabatabai-Qomi，1912～2007）的代表，他正在寻求与大阿亚图拉沙里亚马达里的会面，如果可能的话，他将12月9日前往库姆与其会晤。除非沙里亚马达里拒绝与其见面，这种事情以前曾经发生过。库米给沙里亚马达里信的内容是要他接受解决目前伊朗危机的"第三条道路"。巴列维国王作为立宪君主保存下来，但这要得到阿亚图拉霍梅尼的同意。库米是一个坚持自己立场的人，不像沙里亚马达里善于变化。大阿亚图拉霍伊由于在纳贾夫接待法拉赫王后遭到了宗教界的孤立[②]。

12月8日，伊朗政府宣布同意宗教性示威游行。

当天中午，应纳赛尔·米纳奇的请求，斯坦普尔（Stempel）与其会面。米纳奇说，通过12月7日，阿里·阿米尼与巴列维国王的直接接触，政府答应同意示威游行，军队不予干涉。此时，在反对派中间正在流行一种说法，军队可能穿上黑色的衣服，混进游行队伍，制造麻烦。"萨瓦克"领导人穆贾达姆已经邀请游行的组织者，与他们会谈。各路代表与刚释放的民族阵线领导人卡里姆·桑贾比会面，他将会见穆贾达姆。

当天，穆贾达姆会见了米纳奇、桑贾比和福鲁哈尔。在会见中，米纳奇告诉其他人，他已与美国驻伊朗大使馆取得联系，并了解到，桑贾比还没有直接与巴列维国王会谈，而是通过中介告诉国王，解决伊朗危机的唯一办法是成立摄政委员会取代巴列维国王。国王拒绝了这一建议。在以后的会议上，著名的反对派领导人桑贾比、萨哈比、巴扎尔甘、拉希迪吉、纳齐赫、马丁-达夫塔里，他们同意将致力于联合政府的建立。他们还商定12月12日，与阿亚图拉霍梅尼和阿亚图拉沙里亚马达里的代表进行会谈，拟定出建立摄政委员会和

① Joseph Kraft. Atlantic Harmonies. *Washington Post*, December 7, 1978.

② Sullivan. Fm Amembassy Tehran to Secstate WashDC Immediate 2096. Draft Date: December 8, 1978. Document Number: 1978TEHRAN12047, National Archives.

内阁的具体名单。一些入选的人已经给巴列维国王看过,等名单确定后,将由蒙塔泽里前往法国,经阿亚图拉霍梅尼审核。名单还要交给英国和美国驻伊朗的大使馆过目。

同一天,美国驻法国外交人员哈特曼(Hartman)在致华盛顿的电报中称:从刚刚收到的爱丽舍宫关于阿亚图拉霍梅尼的最新信息来看,法国人希望尽最大努力帮助伊朗政府,并阻止阿亚图拉霍梅尼的煽动性呼吁。他们最近对阿亚图拉霍梅尼施加更大压力以便让其保持沉默。不排除法国人会驱逐他,但他们认为,目前这样做将给伊朗带来灾难性后果。反对国王的人会说,伊朗政府迫使法国驱逐了阿亚图拉霍梅尼。法国也担心驱逐阿亚图拉霍梅尼只会导致他到一个更便于煽动的国家。总的来说,法国人认为他们需要做的是对阿亚图拉霍梅尼施压,让伊朗安静下来,而不是引起更大的动荡①。

当天,叙利亚《国家报》(Al-Watan)记者法瓦齐·阿优布(Fawzi Ayyub)对阿亚图拉霍梅尼进行了采访。在采访中,阿亚图拉霍梅尼在回答怎样看待伊朗将走向全面战争时说:"我们希望伊朗人民坚持目前挫败人民敌人的计划方法。当然,在必要的时候,我们会采取其他手段,即使这意味着武装革命。如果军政府想杀死我们的儿子,我不相信人们会无动于衷,他们绝不会容忍这样的行为。反应将与可能由军事政府策划和实施的杀戮相对应。不管怎么说,军政府正在把国王推向更难的境地。"在回答将建立什么样的政府,伊斯兰专政、社会主义或议会民主时,他说:"我们要建立一个伊斯兰共和国,这是我们的目标。该共和国将根据人们的共识和伊斯兰宪法,议会选举将继续进行,将成立伊斯兰议会。"在回答如果西方军事干涉怎么办时,他回答说:"帝国主义国家凭借其军队,在其国境外,有着痛苦和残酷的干涉经历。我不相信帝国主义国家会在伊朗采取这样的步骤。这些国家必须明白,这种疯狂的行为将使他们付出巨大代价,他们最终会失去……"在回答怎样看待伊朗有可能发生的军事政变时,他说:"考虑到目前伊朗军队的处境,任何军事政变都将为人民所拒绝。这样的军事政变解决不了目前伊朗的危机。"在回答怎样处理与伊朗马克思主义者的关系时,他说:"我们既不与马克思主义者合作,也不与共产主义者合作。共产主义在伊朗没有力量……也没有大众基础。"在回答有关伊

---

① Hartman. Fm AmEmbassy Pairs to Secstate WashDC Flash. Draft Date: December 8, 1978. Document Number: 1978PARIS40238, National Archives.

斯兰政府建设问题时,他回答道:伊朗建立伊斯兰共和国是首创,将公布一个详细的政府建设计划,它是所有思想和所有穆斯林思想家关于生活各方面的综合。他还谈道:由国家地主掠夺的土地要回归其合法的主人。在谈及伊朗与苏联的关系时,他说:"苏联和美国都支持巴列维国王,反对伊朗伊斯兰革命。我们认为不会也不愿支持我们的伊斯兰运动。"在谈及对待巴勒斯坦问题时,他说:"伊朗人民将不失时机地同情和支持巴勒斯坦人民,从运动一开始,我们就批评支持以色列的政府。"①12 月 9 日,亚洲足联主席坎比兹·阿塔贝(Kambiz Atabay,1939~)辞职,他从 1976 年 8 月 1 日开始任职。阿塔贝从1972 年 10 月 17 日担任伊朗足协主席,直到 1979 年 2 月 17 日去职。同时,他又是法拉赫王后的私人秘书。曾讲述过这样一个故事:1965 年 4 月 10 日 9点半,巴列维国王乘坐他的蓝色凯迪拉克小轿车来到大理石宫。同往常一样,他们的侍从副官和勤务兵,全体立正,目送国王进宫。这时,离进口处不到 50英尺的地方站着的一个名叫礼萨-沙姆斯·阿巴迪的侍卫,这个再有 4 个月就要退役的青年人,接受了刺杀国王的任务。小轿车刚一停稳,阿巴迪就离开自己的岗位,端着冲锋枪奔了过来。这时,有一位园丁试图拦住他,却被击毙。巴列维国王已经进入大厅,走进了自己的办公室。两个保镖看到这一情况吓得逃跑了,另一个保镖冲上去,并击中了阿巴迪的小腿,但阿巴迪进行还击,将其打死。阿巴迪还用冲锋枪向国王办公室扫射,这时,保镖哈萨西(Hassasi)冲了上来,挡住了阿巴迪的去路,并死死抓住门的把手,阻止他进入国王的办公室,不过,阿巴迪的子弹还是射进了国王办公室,从国王的身边擦肩而过。一次,哈萨西给阿塔贝送茶的时候,阿塔贝对哈萨西说,人们怎能想象霍梅尼这样的人能统治伊朗? 没想到哈萨西反应强烈,警告他不要冒犯阿亚图拉,并说:"我忠于国王陛下,但我也是伊马目的追随者,我不能容忍任何人在我面前贬低伊马目。"②在德黑兰大街的示威游行中,哈萨西身为士兵的儿子公然撕下了墙上的巴列维国王画像。从哈萨西父子身上我们可以看到伊朗民众心理的变化。

美国国务卿万斯在伦敦皇家国际事务学会发表讲话后,在回答记者提问

---

① Maestrone. Fm Amembassy Kuwait to Secstate WashDC 2519/2520. Draft Date:December 11, 1978. Document Number:1978KUWAIT06567, National Archives.

② Gholam Reza Afkhami. *The Life and Times of the Shah*. Berkeley, Los Angeles and London:University California Press, 2009:525-526.

时说:"我们已经明确表示过,我们支持伊朗的稳定,支持国王。然而,我们已经表示过不干涉伊朗的内政。"

在伊斯法罕,格鲁曼公司的办公大楼遭到抗议者的袭击,他们先是用石块袭击,后来将大楼付之一炬。

伊朗驻美大使阿德希尔·扎赫迪打电话给沙利文。他在电话中说:从他掌握的数字来看,当天游行示威者不超过 30 万人,这是阿亚图拉霍梅尼的失败。他认为这是军政府强硬政策的结果。沙利文向扎赫迪表示祝贺。

美国首都华盛顿,两支抗议队伍来到白宫门前,反对巴列维国王的统治。两名美国人的住宅遭到了抗议者的袭击。美国防部说,670 名美国防部人员的家属已撤离了伊朗。

12 月 11 日,阿亚图拉霍梅尼宣布,如果他和他的人民建立一个伊斯兰共和国政府的话,"我们就不再向支持伊朗国王的国家出售石油"。他呼吁支持伊朗国王的国家和政府,特别是美国国会议员,质问卡特为什么支持"伊朗人民一致反对的一个政权"。他在每天的礼拜后总是说:"老军官已经出卖了自己,现正在为外国利益效劳。我们对他们参加这场斗争不抱任何希望。""为伊斯兰事业效忠的青年军官,在未来的政府中是有一席之地的。"[1]

美国记者尼古拉斯·盖奇在《纽约时报》撰文说:阿亚图拉鲁赫拉·霍梅尼成为伊朗人反对国王的象征,他"没有政党,没有军队,没有外国联盟,被逐出自己的祖国 15 年,现生活于距德黑兰 3 000 多英里的巴黎市郊"[2]。

当天,伊朗释放了 673 名犯人,其中 320 人是由军事法庭判决的,120 人是因破坏国家安全而被判刑的,其他人则是一般犯人。

12 月 11 日是星期日,是伊朗最重大宗教节日之一的"阿舒拉节"。该节日起源于公元 680 年,伊斯兰教创始人穆罕默德的外孙、阿里之子侯赛因及其兄哈桑与倭马亚家族的穆阿维叶一世(Ibn Abi Sufyan Muawiya,606~680,661~680 年在位)和叶齐德一世(Yazid I,642~683,680~683 年在位)争夺领导权。当年的 1 月 10 日,在侯赛因与其家属离开麦加,前往伊拉克的途中,在卡尔巴拉遭到倭马亚王朝骑兵的追击,侯赛因一行 72 人全部战死。什叶派

---

[1]　美联社巴黎 1978 年 11 月 12 日电。
[2]　Nicholas Gage. Stern Symbol of Opposition to the Shah. *New York Times*,December 11,1978.

穆斯林认为,侯赛因是殉教圣徒,这一日遂被定为什叶派的蒙难日和哀悼日。1978 年 12 月 11 日的"阿舒拉节",德黑兰的示威人数超过了 300 万人。爱资哈里政府遵守先前的承诺,将军队从示威游行者经过的街道撤走,只是派了两架直升机在天空巡逻。

示威游行仍由阿亚图拉塔莱加尼和桑贾比领导。游行队伍延伸 10 公里以上,10 个人一排,游行者挥舞着数十万张阿亚图拉霍梅尼的大幅照片。游行中,人们高呼口号:"真主是伟大的";"阿亚图拉霍梅尼,你是我们的领袖,我们反对暴政";"处死国王,处死吸血鬼国王";"美国人、英国人、俄国人——你们都是伊朗的敌人";"美国佬滚回去";"政府用子弹回应我们对安拉的呼唤";"帮助我们摆脱屠夫"。这一天的游行以组织严密、平静有序为特色,令人震撼。数以万计的横幅写着摘引自《古兰经》的经文,市内建筑物的窗户、汽车和商店都挂上了阿亚图拉霍梅尼的照片。游行开始前,政府军撤至城外,未发生流血冲突。游行下午结束,提出了一个十七点决议,其中心思想是:"结束暴政",选举产生伊斯兰政府,重申阿亚图拉霍梅尼是领袖。

集会最后发表了一份有 17 点内容的宣言。具体为:

(1) 尊敬的阿亚图拉霍梅尼是民族的领导,他的要求就是人民的要求,这次示威游行就是表达对他的支持,承认其领导地位的全民公决;

(2) 我们号召结束和推翻国王政权和压迫的帝制,清除所有以内部压迫为基础的外部帝国主义的痕迹,我们要的是战斗的伊朗穆斯林民众的真正独立;

(3) 我们要求建立伊斯兰公正统治,捍卫国家独立和领土完整,保护基于伊斯兰法和标准之上的个人和社会自由;

(4) 我们利用这一机会,把这些宗教节日与人权宣言日相提并论,宣布不但把保护人类的自由权利和生存权利作为我们运动的目标,并且强调伊斯兰本身就是人权的真正创新者;

(5) 与东西方帝国主义和外部殖民势力直接相关的外部的控制和掠夺,不管以什么形式出现,应该根除,取而代之的是在互惠基础上,与那些不背叛伊朗,不侵略伊朗领土,不侵害自己人民利益,着眼于维护双边利益和权利的国家建立真诚的关系;

(6) 所有社会成员的社会和政治权利、生活在伊朗的少数民族和外国侨民在民族利益面前将得到充分的尊重和保护,全面考虑在该问题上的人与伊斯兰属性；

（7）充分考虑伊斯兰赋予妇女的真正自由、地位、尊重和人的尊严，还有她们的社会能力，发展自身能力，取得进步发展的机会；

（8）实现社会公正，保护工人的劳动权利，为农民提供充分使用劳动成果的机会；

（9）所有法律和社会歧视、人对人的剥削以及导致贫富两极分化的压迫剥削和经济控制将被废止；

（10）实现经济独立，恢复农业，在自力更生和摆脱奴役和依赖的基础上独立发展工业；

（11）我们支持和维护给腐败政府以致命打击的政府、私营组织和个体工作人员的尊严，同时，最大限度地满足他们的需求；

（12）我们考虑到有必要提醒我们勇于牺牲的人民忍受暂时的短缺，他们必须面对这些发展限度，在满足他人生活必需品方面进行兄弟般的合作，完全放弃囤积消费品的想法；

（13）在我们看来，让军队走上街头，与人民对峙，对军队和人民来说都是背叛行为，伊朗军队应该知道，向人民的敌人采取敌视态度是其伊斯兰的、人的和民族的义务，不要反对人民；

（14）政府关于国际共产主义在伊朗伊斯兰和民族主义运动中的渗透宣传，为了劝已经觉醒的伊朗人民放弃为《古兰经》、伊斯兰和爱国主义激发起来的不屈不挠的战斗，现政权主张有损穆斯林斗争的破坏和放火行为将不会取得胜利，是没有根据的；

（15）我们祝福伊朗伊斯兰运动中，尤其是15年来在争取发展进步运动中神圣光荣的殉难者，他们在伊马目侯赛因精神的鼓舞下，义无反顾地贡献出了自己的热血和生命，他们永远活在我们心中；

（16）所有捍卫真理、伊斯兰和国家的政治犯、被放逐者和曾被指控的人都应该回到自己的家里；

（17）旨在取得上述目的的民族斗争将以各种方法继续下去，直到胜利，胜利将属于在伊马目阿亚图拉霍梅尼领导下英勇奋斗的伊朗人民！①

---

①　Jalald-Dine Madani. *History of Islamic Revolution of Iran*. Tehran：International Publishing Co.，1996：436－438.

面对大规模的民众运动,一些伊朗的军队和警察站在路边冷静地观看。阿布·哈桑·巴尼萨德尔称,取代国王的是伊斯兰共和国。[①]

当天的冲突在伊朗全国共造成了 500 多人死亡(军方公布数据为 116 人),1 000 多人受伤。在这些死亡者中,政府反对派阵营的伤亡尤为引人注目。上校卡马利(Kamali)被打死。在伊斯法罕的国王广场,有 3 名"萨瓦克"成员被吊死。

在伊斯法罕,士兵向袭击国家安全情报署的人开枪,造成了 5 人死亡。在市中心,两个巴列维国王的塑像被推翻,换上了阿亚图拉霍梅尼的照片。

在哈马丹,总督库德拉图拉·胡达亚里被反叛的士兵连击 6 枪而受伤。无独有偶,在拉韦赞(Lawizan)军营食堂,当天中午 12 点半,趁着负责卫队的 6 架直升机降落,声音嘈杂,二等兵萨拉马特·巴赫什(Salamat Bakhsh)和军士乌迈迪·阿巴迪(Ummidi Abidi)冲进食堂,端着 G-3 半自动机枪,威胁军官们"高举双手站在原地"。军官们遵令执行,两人向他们开枪,打死 12 人,打伤 50 多人后被制服[②](一说打死 13 人,打伤 30 多人[③],第二天,巴列维国王与沙利文会谈时称,打伤约 40 人)。他们二人都被执行了死刑。萨拉马特·巴赫什在其《与妻书》中写道:"我即将死亡,但是不要担心,我不会为天堂中的天使所动,我会一直在那儿等你。"[④]这些事件表明,伊朗军队内部深藏危机,作为政权基石的军队正在瓦解。

为了防止事态进一步升级,伊朗政府关闭了德黑兰的梅赫拉巴德机场,停飞了所有国内外航班。

当天,巴列维国王和首相爱资哈里乘直升机鸟瞰了整个德黑兰市容。在飞机上,巴列维国王问爱资哈里:"所有的街道都是人,那么赞同我的人在哪儿?"爱资哈里回答说:"在他们家中。"巴列维国王说道:"那我留在这个国家还

① Abol Hassan Bani-Sadr. My Turn To Speak: Iran, The Revolution And Secret Deals With The U.S.. *Foreign Affairs*, Vol.70, No.5, Winter 1991/1992.

② Gary Sick. *All for down: Americas Tragic Encounter with Iran*. London: I.B.Tauris & Co Ltd., 1985: 111.

③ Farah Pahlavi. *An Enduring Love: My Life with the Shah: A Memoir*. New York: Miramax books, 2005: 289.

④ Farah Pahlavi. *An Enduring Love: My Life with the Shah: A Memoir*. New York: Miramax books, 2005: 289; Gholam Reza Afkham. *The Life and Times of the Shah*. Berkeley and Los Angeles: University California Press, 2009: 487. Gholam Reza Afkham 的 *The Life and Times of the Shah* 则称《与父书》。

有什么用?"爱资哈里说:"这取决于你自己的看法。"①当晚,阿里·阿米尼会晤巴列维国王,国王答应军队保持克制,但在伊斯法罕,还是出现了弹压游行示威者的情况。阿里·阿米尼非常生气,不想进行斡旋活动了。

自由党总书记纳巴维说:他已为阿亚图拉霍梅尼检查了身体,他身体很好。"为什么,因为他用不着为自己的运气和财产担忧。他只有一块做礼拜的毯子,只背着自己的衣服。他生活简朴,睡得香。""现在伊朗有了宗教运动,有了他们可以相信的人。他们的反应是有远见的和谨慎的。"②

美国国务院发言人霍丁·卡特说:美国政府反对外部势力煽动反对巴列维国王,同时表示,美国政府仍然希望和认为,国王"能够保持权力和控制"③。美国记者乔治·杰达说:美国之所以支持国王,主要原因是怕出现一个同激进的阿拉伯国家结合的穆斯林政府。他是在采访了几个政府官员之后说这番话的。当天,副国务卿沃伦·克里斯托夫在华盛顿给美国驻伊朗大使馆的电报中,命令美国驻伊朗大使威廉·H.沙利文把一些驻伊朗的美国官员的家属先撤出伊朗④。

沙利文根据伊朗媒体,对近期的革命口号进行了梳理,主要为:"霍梅尼是领袖";"推翻政权";"伊斯兰共和国";"捍卫人权";"取消军事政府";"实现宗教目标";"解放妇女";"保障工人权利";"消灭滥用权力";"农业改革";"全面支持罢工";"反对贫困";"射击示威者是叛徒";"称国际共产主义支持运动是胡说八道";"更多的伊斯兰教";"释放政治犯";"将斗争进行到底"⑤。革命中,其他口号还有:"直到巴列维国王被放进裹尸布,我们才会在这个国家找到家的感觉!"⑥

这几天,伊朗正在盛传"库米梦"。一天晚上,马什哈德的大阿亚图拉库米

---

①　伊朗外交研究所.巴列维王朝的兴衰:伊朗前情报总管的揭秘[M].李玉琦,译.北京:新华出版社,2009:370.

②　R.W. Apple Jr.. Religious Ferment in Iran: A Long History; A Strong Mutual Attraction. *New York Times*, December 12, 1978.

③　Terence Smith. Carter Deplores Agitation against Shah from Outside. *New York Times*, December 13, 1978.

④　Christopher. Fm Secstate WashDC to AmEmbassy Tehran Immediate. Draft Date: Dec 11, 1978. Document Number: 1978STATE312516, National Archives.

⑤　Sullivan. Fm Amembassy Tehran to Secstate WashDC Immediate 2137. Draft Date: December 11, 1978. Document Number: 1978TEHRAN12096, National Archives.

⑥　Imam Khomeini. *Kauthar* (*Vol. I*). Tehran: The Institiute for the Compliation and Publication of the Works of Imam Khomeini, 1995: 509.

梦见了伊马目礼萨(Reza,765～817,第八伊马目),礼萨向他抱怨近些天穆斯林的行为,库米向巴黎的阿亚图拉霍梅尼打电话,告诉他这个梦,阿亚图拉霍梅尼说,这不可信①。库米很快加以澄清,他从来没有向人说过这样的梦。他说,这是政府的阴谋,其目的旨在削弱其地位,让他与拥护者相脱离。此时,又有传言,说库米已经去世。

12月12日,军队又回到了街头,恢复军事管制。自11月6日军队接管权力以来,一直看不到报纸。在伊斯法罕,示威者推翻了一处巴列维国王和礼萨·汗的雕像,还一度冲击"萨瓦克"总部。一幢美国人的建筑遭到炸弹袭击。在大不里士,10万游行者在美国领事馆门前高呼"杀死美国人""打倒美帝国主义"的口号。游行者试图把领事馆的标牌取下,但没有成功。巴列维国王会见美国驻伊朗大使沙利文,一改前几周认同阿亚图拉霍梅尼气数已尽的看法,称阿亚图拉霍梅尼已经成了伊朗运动的唯一领导人②。

当晚,伊朗的老牌反对派成员伊卜拉欣·雅兹迪(Ebrahimi Yazdi,1931～　)与美国国务院伊朗事务办公室的亨利·普雷希特(Henry Precht)共同出现在美国电视节目中,双方就有关事宜进行讨论。节目结束后,二人又一同吃饭。否认阿亚图拉霍梅尼曾经号召"血腥的恐怖",强调了阿舒拉节示威游行的和平性质。他还说,尽管阿亚图拉霍梅尼曾经发表声明要国王下台,但他不希望在阿舒拉节期间垮台。雅兹迪画了一个玫瑰图案,表示只有当国王离开伊朗,这才能发生。同时,他还说,阿亚图拉霍梅尼将组织一个过渡政府,直到民选政府产生。选举将绝对自由公正,他坚持说,伊斯兰共和国将保证包括反对伊斯兰在内的全面言论和出版自由。在外交上将与所有国家发展友好关系。他表达了军队支持新政府的信心,称一些军官已经秘密访问了阿亚图拉霍梅尼。他淡化了桑贾比的重要性,并认为,与巴列维国王的妥协已变得不现实③。

只有了解到雅兹迪的阅历,才会充分认识到这次雅兹迪的美国之行意义之所在。雅兹迪在德黑兰大学获得学士和硕士学位,从青年时代起就热衷于

---

① Sullivan. Fm Amembassy Tehran to Secstate WashDC Niact Immediate 2176. Draft Date: December 13, 1978. Document Number: 1978TEHRAN12162, National Archives.

② Gary Sick. *All for down: Americas Tragic Encounter with Iran*. London: I.B. Tauris & Co Ltd., 1985: 111.

③ Ibid., 112.

政治活动,支持摩萨台。1953 年政变以后,他加入了地下组织伊朗民族抵抗运动(National Resistance Movement of Iran)。1961 年赴美学习,同时积极参加政治活动。当年,他与穆斯塔法·查姆兰(Mostafa Chamran,1932～1981)、阿里·沙里亚梯和萨迪格·戈特布扎德(Sadegh Qotbzadeh,1937～1982)共同创立伊朗自由运动。1963 年,他与查姆兰和戈特布扎德在埃及创立了"萨马"(SAMA)组织,查姆兰被选为军事领导人。1966 年,雅兹迪将"萨马"总部迁往贝鲁特。1975 年,他被指控参与军事政变而获刑 10 年,从而阻断了他返回祖国伊朗的路。他待在美国,一直到 1977 年 7 月。1971 年,他曾加入美国国籍。1978 年 10 月,阿亚图拉霍梅尼抵达巴黎后,他前往巴黎,成为阿亚图拉霍梅尼重要的幕僚之一,也是其发言人。现在,雅兹迪再次来到美国,并与美国官员进行互动,旨在向美国表明,伊朗的新政府不但可以与伊朗旧政权的势力和平相处,也可以与美国这样的帝国主义国家和平相处,从而降低了外部势力对伊朗建立新政权的抵制。雅兹迪之所以找到普雷切特,因为他是美国为数不多的建议美国政府"为后国王时代做准备"的人之一。

　　雅兹迪之所以能够来到美国,这也是美国驻伊朗大使馆和美国驻法国大使馆工作人员努力的结果。面对势不可挡的伊朗革命形势,美国国务院接受了美国驻伊朗大使沙利文提出的在法国首都巴黎,与反对派进行接触的建议,指示美国驻巴黎大使馆选派一位可以与易布拉欣·雅兹迪接触的官员。经过再三斟酌,美国驻法国大使馆选中了负责政治事务的沃伦·齐默尔曼(Warren Zimmermann,1934～2004)。齐默尔曼在阿亚图拉霍梅尼居住的诺夫勒·夏托郊区别墅附近一家小餐馆里与雅兹迪见了两三次面,从他这里了解到,伊朗的革命派也不愿意与军队发生冲突,因为他们没有武器,也不想把武器当作推行革命的手段,所以在阿亚图拉霍梅尼返回伊朗前,革命派与军队达成某种谅解十分必要。

　　雅兹迪还举行了一个新闻发布会。他在会上说:如果建立伊斯兰共和国,伊朗将成为一个不结盟国家;宗教反对派不会与美国官员讨论伊朗的未来,只有在适当的情况下才可以这样做;美国在伊朗的军事存在是有害的和不必要的;伊斯兰政府将重新审核与外国签订的合同,如果不能给伊朗带来利益,将予以废除;如果巴勒斯坦问题得不到解决,伊朗不再向以色列出售石油;如果和平罢工和游行不能取得成功,反对派将诉诸"武装斗争";马克思主义者不能参与伊斯兰政府,但可以自由表达意见;在伊斯兰共和国,宗教少数派信仰和行动自由;伊斯兰政府将审判巴列维国王,如果他的罪名成立,将判终身监禁①。

在一神学校的办公室,米纳奇与美国驻伊朗大使馆的斯坦普尔(Stempel)进行了会晤。米纳奇说,反对派领导人于 12 月 12 日开会,同意摄政委员会成员的组成名单。在军队领导人上,除了巴列维国王提名的两名将军外,米纳奇又提出,可从费雷敦·贾姆和民族阵线领导人纳斯鲁拉希(Nassrolahi)之间选出第三名候选人。已提名 6 人为 4 名文职的候选人。如果阿亚图拉霍梅尼提出人选的话,可增加人数。文职人员的提名情况是:前外交大臣阿布杜拉·恩忒扎姆(Abdollah Entezam)、摩萨台时期的前内政大臣阿拉亚尔·萨利赫(Allahyar Saleh)、前外交大臣和德黑兰大学教务长阿里·阿柯巴尔·西亚西(Ali Akbar Siassi)博士、摩萨台时期的前部长和民族阵线领导人阿赫扎尔(Ahzar)博士、纳吉穆尔穆尔克(Najmolmolk)、前大臣穆罕默德·苏里(Mohammad Souri)。阿亚图拉蒙塔泽里将在两天内前往巴黎,向阿亚图拉霍梅尼通报情况。如果阿亚图拉霍梅尼同意,阿里·阿米尼和谢里夫-埃马米将把方案呈递巴列维国王。米纳奇说,他要把方案先拿给美国和英国驻伊朗大使过目,如果两位大使能够提前把方案拿给巴列维国王看那就更好。沙利文问阿舒拉节的和平示威,谁做的工作最多。米纳奇说,阿里·阿米尼和雅兹迪做的贡献最大②。

傍晚,沙利文与阿德希尔·扎赫迪进行了 2 个小时的会谈。在沙利文看来,扎赫迪为"库米的梦"是出了钱的。扎赫迪告诉沙利文,爱资哈里将军曾提出辞呈,但被巴列维国王拒绝了。沙利文在随后发给美国政府的电报中这样写道:"用他最好的波斯风格,他让我看了一个他已经看过的长长的人员名单,给人的印象是他在街上两面玩。当我到达时,看到他与一个阿亚图拉霍梅尼的支持者作别,并声称与首相一起进餐。"从这些情况来看,他反对国王与民族阵线的谈判。另一方面,他还说,他要与桑贾比一起喝茶,为 12 月 14 日与其

---

① Christopher. Fm Secstate WashDC to Amembassy Tehran Priority. Draft Date: December 14, 1978. Document Number: 1978STATE315473, National Archives.

② Sullivan. Fm Amembassy Tehran to Secstate WashDC Niact Immediate 2180. Draft Date: December 13, 1978. Document Number: 1978TEHRAN12168, National Archives.

会谈做准备。在谈及未来政府建设问题上，他说他支持阿里·阿米尼领导政府。可能的话，阿米尼领导的政府可以由几个民族阵线的人物参加进来，但他对桑贾比及其同伴建立政府表示怀疑。他贬损萨迪格和其他民族阵线领导人，并直呼其他人的名字，他们就像"与他一起长大的兄弟一样"。扎赫迪让沙利文看了一个他在未来几天要邀请一起吃饭者的名单，里面一半都是米纳奇开列的成立摄政委员会的候选人。沙利文把其他人也介绍给了扎赫迪，他将这些人的名字记了下来。他说，他还要面见巴列维国王。接下来，他们又谈了财政等问题①。

当晚，巴列维国王与沙利文进行了长时间会谈。沙利文问巴列维国王如何评价过去两天的情况。国王回答说：他不太清楚，但他们似乎表明阿亚图拉霍梅尼的巨大力量。他认为人们都厌倦了他，但所有的标语都是以他为唯一领导者。国王问沙利文怎么看。沙利文说，他的评价较为乐观。在沙利文看来，最重要的是，政府和反对派之间在彼此信任的基础上达成协议。这是一个基础，它表明大批量的反对派想要妥协，而不是血腥对抗。巴列维国王说，他正在达成某种妥协。他已经与萨迪格和巴霍蒂亚尔进行了交谈，他们都准备组建联合政府，但他们都没有下文。他已经安排好了，在接下来的几天会见桑贾比，不过，桑贾比明确表态，要求国王离开伊朗，并表示，没有阿亚图拉霍梅尼的支持，联合政府是建立不起来的，这是阿亚图拉霍梅尼的要求。沙利文建议巴列维国王用更积极的态度看待桑贾比。首先，他既然愿意来见巴列维国王，这就意味着他愿意谈判。其次，仔细研读他关于"非法君主"的言论可以看出，必须有一个"合法的君主"，作为一名律师，他认为合法性的基础是遵守宪法。最后，桑贾比的声明是一种议价，国王要学会讨价还价。与自己的臣民讨价还价似乎对国王是一个从未有过的打击，但他没有回避，而是把它作为一种选择。摆在巴列维国王面前有3条路可走：实现全国和解，建立和解政府；向反对派"投降"，离开国家，建立摄政委员会；建立军政府，把伊朗人装进笼子里，这是军方的希望。巴列维国王说，向霍梅尼投降无疑意味着武装力量的解体，并最终导致伊朗的解体。国王永远也不会采取"铁腕"政策。但是，如果他寻求军队的支持，他们会很快有自己的政变和反政变，一样导致伊朗的解体。

---

① Sullivan. Fm Amembassy Tehran to Secstate WashDC Immediate 2195. Draft Date：December 14，1978. Document Number：1978TEHRAN12203，National Archives.

巴列维国王问沙利文有何想法。沙利文回答说,第二和第三方案之间的差别很小,其结局是一样的,第一个方案是唯一合乎逻辑的,可作为最终政治解决方案。但它需要采取行动,以恢复生产。如果不采取"铁腕"政策,就需要有一些声音,勇敢的行政领导。伊朗航空、电信和电力部门都在工作,因为他们有好的领导。中央银行、石油公司和财政部门正在挣扎。巴列维国王说,他对央行不太熟悉。最后,沙利文提出,稳定、一致和自信的政府与国王将把反对派引向妥协。反对派对阿亚图拉霍梅尼的艰难处方还没有准备好,他们需要从目前的对峙中找到出路。如果他们认为巴列维国王投降了,他们绝不会放弃。但如果他们相信巴列维国王准备做一个立宪君主是坚定的,他们将出来合作①。在美国政府内部,围绕伊朗问题也出现了分歧,卡特总统认为,要防止巴列维国王不得不退位的结局,美国最好不要干预其事务太深,而且巴列维国王要与包括反对派在内的民众分享政治权利。以布热津斯基为代表的安全委员会则主张帮助巴列维国王改变思想,要巴列维国王按其旨意行事②。美国政府内部围绕伊朗问题的争论很多,但很少考虑伊朗正在发生的变化。

英国首相詹姆斯·卡拉汉在英国议会发表讲话称,鉴于伊朗局势动荡,原定于1979年2月伊丽沙白女王的伊朗之行予以推迟。

美国总统卡特第一次在公开场合批评阿亚图拉霍梅尼,说他发表煽动暴力的言论。同时,他也批评法国政府向阿亚图拉霍梅尼提供庇护。

12月13日,伊朗军队在一些城市进行支持国王的示威游行。在伊朗第二大城市伊斯法罕,军警向示威的群众开枪,造成3人死亡。在过去的3天里,冲突共造成40多人死亡③。

阿亚图拉霍梅尼通过报界向伊朗人民发出呼吁:"要求你们欢迎、保护、帮助和尊重那些将要脱离政权并回到人民中来的士兵和军官,同时还要注意他们的安全。"他呼吁军官:"这些年轻的军官们应该拒绝同他们的伊朗兄弟姐妹们发生冲突"。"我们将把他们从军事顾问的桎梏下解放出来,而且我们将热

---

① Sullivan. Fm Amembassy Tehran to Secstate WashDC Immediate. Draft Date: December 13, 1978. Document Number: 1978STATE313793, National Archives.

② Gholam Reza Afkhami. *The Life and Times of the Shah*. Berkeley, Los Angeles and London: University California Press, 2009: 488.

③ Nicholas Gage. 40 Reportedly Killed in Isfahan; Oil Production Is Cut Sharply. *New York Times*, December 13, 1978.

烈欢迎他们。""局势是很严重的。某些人主张保持安静和恪守中立。不应该听从这种宣传。相反,应该扩大反对国王的运动。""尽管公共电信部门举行了罢工,但应该千方百计地保证同各省的联系,并互相通报国家的局势和示威游行的情况。""所有那些支持国王的国家将得不到伊朗的石油供应,它们的所有合同将被认为不合法。"

胡商·萨赫巴齐(Hushang Shahbazi)与沙利文会晤。萨赫巴齐属卡什恺人(Qashgai)望族的亲戚。他建议卡什恺家族被流放的伊儿汗(Il-Khan)和纳赛尔汗(Nasser Khan)回到伊朗。在萨赫巴齐看来,纳赛尔汗聪明,充满睿智,但他的缺点是爱钱,渴望尊贵地位和权力。在 20 世纪 50 年代,纳赛尔汗给巴列维国王带来了严重威胁。现在,他认识到了把伊朗传统权力观与伟大的理想目标相统一的重要性,作为民族阵线的老成员,他既会赢得阵线领导人的欢迎,也不再有政治野心。如果纳赛尔汗回国,先关押他几天,对提高他的可靠性更有用。一旦获释,纳赛尔汗将不会直接反对阿亚图拉霍梅尼,也不可能与支持阿亚图拉霍梅尼的极端力量对抗,这样他就可以在反对派的委员会中为国王说话,表明留下国王的必要性。纳赛尔汗的影响有利于秩序的稳定。萨赫巴齐说他还没有就这一问题与纳赛尔汗及其家人接触。他问沙利文是否对与纳赛尔汗的兄弟进一步会谈感兴趣。沙利文回答说:他对纳赛尔汗返回或政府愿意他返回伊朗心里没谱。作为伊朗政府流放的第一批人物,有关他回归的讨论和决议应该由伊朗政府做决定,在任何情况下,美国不便采取与国王不一致的措施。沙利文与纳赛尔汗兄弟的会谈取决于伊朗政府的兴趣①。

民族阵线领导人巴霍蒂亚尔与巴列维国王进行了 1 个小时的会谈。据后来他与沙利文的谈话,当时,巴霍蒂亚尔与巴列维国王就伊朗局势进行了开诚布公的交流。他告诉巴列维国王,共产主义在宗教中的渗透非常严重,人民党的第二号人物正在与阿亚图拉塔莱加尼进行秘密合作。巴列维国王征求巴霍蒂亚尔的意见。巴霍蒂亚尔说,巴列维国王应该发挥宪法的作用,首相对政府负责,国王是国家的最高首领。军队是另一个行政组织,国王要发挥指导作

① Sullivan. Fm Amembassy Tehran to Secstate WashDC 2189. Draft Date: December 14, 1978. Document Number: 1978TEHRAN12188, National Archives.

用。巴霍蒂亚尔政府要让巴列维国王负责军事，至少在政府建立初期①。

当天，巴基斯坦伊斯兰大会党(Jamaat-e-Islami，1941年由阿布·毛杜迪所创)在巴基斯坦首都伊斯兰堡宣布支持伊朗人民反对伊朗国王的斗争。巴基斯坦的"独立运动"(Tehrik-e-Istiqlal，1970年创立)创始人和领导人阿什哈尔汗(Asghahr Khan，1921～　)也宣布支持伊朗人民的革命运动。伊斯兰大会党还打电报给阿亚图拉霍梅尼，表达该组织对其支持。这是外国政党中支持伊朗伊斯兰革命运动最早的两个声明②。

12月14日，巴列维国王劝反对派领导人参加即将建立的联合政府。在一些城市，反政府的示威游行趋于平静。穆斯林与巴哈教徒之间的冲突加剧，一些巴哈教徒的房子被烧。阿亚图拉霍梅尼发表讲话，反对摄政委员会。前首相阿穆泽贾尔发表广播讲话，反对一切示威游行，不管是反对国王或支持国王。

由于石油工人罢工，伊朗石油生产锐减，爱资哈里政府不得不考虑进口石油问题。

12月15日，马什哈德大学的礼萨国王医院遭到袭击，军警用机枪和一辆坦克对儿童病房开火，正在进行的手术被迫中断。虽然军警没有进入医院，但袭击造成包括2名儿童在内的4人死亡，14人受伤，停放在医院的救护车被损毁。这是马什哈德局势发展的结果，在过去的冲突中，一个陆军上校被杀死。政府派大臣级代表团前往马什哈德做安抚工作。医院的医生们联名给美国总统卡特写信。阿亚图拉霍梅尼也致信美国总统卡特，他在信中呼吁总统卡特停止对践踏人权的巴列维国王的支持。他说，目前伊朗的石油短缺是伊朗向以色列和美国出售石油的结果。他号召真正的信仰者依照是否支持巴列维国王的行动而定③。

155个支持巴列维国王的年轻人在尼亚瓦兰宫附近示威游行，同时，反对国王的人也在进行示威游行，双方的游行都在和平气氛中进行。在雅兹迪省

---

①　Sullivan. Fm Amembassy Tehran to Secstate WashDC 2248. Draft Date：December 17，1978. Document Number：1978TEHRAN12310，National Archives.

②　Gamon. Fm Amembassy Islamabad to Secstate WashDC 447. Draft Date：December 15，1978. Document Number：1978ISLAMA12334，National Archives.

③　Sullivan. Fm Amembassy Tehran to Secstate WashDC Immediate 2402. Draft Date：December 24，1978. Document Number：1978TEHRAN12567，National Archives.

的雷扎耶(Rezaiyeh)和哈马丹省的马拉耶尔(Malayer),军队与示威者发生冲突,造成 5 人死亡,12 人受伤。在圣城库姆,12 月 14～15 日的冲突造成 3 人死亡。首相爱资哈里发表强硬声明,政府将解雇参加罢工的公务员。阿亚图拉霍梅尼呼吁人们,尤其是石油工人继续罢工,并决定 12 月 18 日为全国哀悼日,即总罢工的日子,届时,所有商店关门。

伊朗政府任命《消息报》前编辑图拉基·法拉兹曼德(Turaj Farazmand)为广播电视负责人。伊朗反对派发布公告称,用经济手段反对巴列维国王政府。

当天,伊朗西南部地区发生地震,造成 42 人死亡,数十人受伤,十几个村庄在地震中被毁。

在新闻发布会上,霍丁·卡特称美国应该鼓励巴列维国王建立一个文官政府。美国记者詹姆斯·雷斯顿(James Reston,1909～1995)在《纽约时报》撰文称:来自伊朗的报道使卡特政府越来越感到担忧[1]。美国和英国开始担忧向伊朗出售的先进武器可能导致的后果以及苏联染指伊朗事务问题。

12 月 16 日,650 名伊朗留学生在伊朗驻英国大使馆前静坐,反对国王,静坐学生与警察发生冲突,40 人被捕。同一天,在西德的几个城市也出现了类似事件。在法国巴黎郊区的诺夫勒·夏托,阿亚图拉霍梅尼发表讲话说:"有时,国王及其政府说,他们将从以色列引进专家;如果他们引进过来,我们知道要这些专家做什么。即使一个以色列人……我在这儿说不是犹太人,任何人没有权对在伊朗的犹太人动一指头,他们在伊斯兰和穆斯林的保护之下;任何人没有权进攻信仰由神圣先知们所倡导的宗教的犹太人和基督徒。""如果以色列人来到伊朗是为了掠夺石油,所有的穆斯林有义务将其驱逐出去或将其杀死。他们与伊斯兰交战,他们与穆斯林交战,他们在战争状态,如果我们能够做到的话,我们要将他们全部砍倒在地。如果他们把脚踏进了伊朗,即使一个以色列人把脚踏进了伊朗,人民有义务消灭他们。以色列人胆敢来,他们就是找死!"[2]

① James Reston. Washington the Struggle in Iran. *New York Times*, December 15, 1978: A33.

② Juliana Shaw, Behrooz Arezoo. *Palestine from the Viewpoint of Imam Khomeini*. Tehran: the Institute for Compilation and Publication of the works of Imam Khomeini (International Affairs Divsion), 1999: 11.

12月17日上午,应民族阵线领导人巴霍蒂亚尔的邀请,沙利文与其进行了会晤。会谈中,巴霍蒂亚尔回顾了他与巴列维国王前几天交谈的情况。然后,他评价说:在过去的几周内,巴列维国王几乎会见了伊朗国内所有的政治人物,但最基本的问题是人们不信任他,没有人愿意与阿亚图拉霍梅尼断绝关系,与国王合作,建立联合政府。没有人相信巴列维国王会信守承诺,不复辟专制。巴霍蒂亚尔表示,如果现在的首相辞职,他愿意组建联合政府。巴霍蒂亚尔告诉沙利文,建设文职政府迫在眉睫,国家的经济状况非常令人担忧,在过去的1个月,20万人失去了工作。军政府必须马上更换,任其发展,将摧毁伊朗的君主制。接着,巴霍蒂亚尔谈到他这次与沙利文会谈的主要目的。他说,美国大使馆应该在推动解决当前伊朗危机中发挥更积极的作用。作为巴列维国王25年的支持者,美国不能在伊朗陷入危机时袖手旁观。沙利文回答说,美国敦促建立联合政府,但障碍来自阿亚图拉霍梅尼,他坚持巴列维国王必须离开。巴霍蒂亚尔回答说,有足够多的温和派就可以成立政府,可以慢慢来,用3~6个月的时间,让人们远离阿亚图拉霍梅尼。他说,一个强有力的政府是必要的,它可以承认反对派领导人,然后制定合理计划。最后,巴霍蒂亚尔谈道,《时代》周刊和《华盛顿邮报》的记者曾与他交谈。他们问他是否与美国大使馆有联系,他回答说,在过去3个月,有那么一两次。沙利文赞扬他说,答案非常标准①。

当天下午,沙利文与阿德希尔·扎赫迪就12月13日所讨论的问题进行新一轮会谈。首先谈银行问题,扎赫迪说,12月18日,将任命迈赫迪·萨米(Mehdi Samii)为伊朗中央银行行长,取代霍什黑什(khoshhish)。接着谈及伊朗石油公司,已任命恩忒扎姆为挂名主席,因为他是为数不多的符合伊朗石油公司章程的人。由米纳(Mina)和纳巴赫(Nabegh)负责公司的具体经营。关于海关人员的罢工问题,他说,要等到麦赫兰(Mehran)参加完"欧佩克"会议回来以后才能确定。他计划把一些有声望和地位的人聚集在一起与巴列维国王吃饭,或者挑选10~15人与巴列维国王喝茶。他正努力选派一些商人在伊斯兰宗教学者陪同下前往巴黎,向阿亚图拉霍梅尼施压,迫使其软化立场。扎赫迪决定第二天前往伊斯法罕,组织亲巴列维国王的势力,实现团结。由于第

---

① Sullivan. Fm Amembassy Tehran to Secstate WashDC 2248. Draft Date: December 17, 1978. Document Number: 1978TEHRAN12310, National Archives.

二天沙利文要面见巴列维国王,扎赫迪决定 12 月 19 日见巴列维国王[①]。

　　美国驻伊朗外交人员与马什哈德宗教领导人库米在其家里进行会谈。会谈时在座的有他的儿子、一个地位较低的宗教领导人和两个伊朗年轻人,他们的谈话做了录音。美国外交人员首先对马什哈德大学医院的袭击事件表示同情。然后声明,美国政府继续支持巴列维国王,希望他能够成为立宪君主,继续掌握伊朗军队。接着,库米围绕伊斯兰法的起源、伊斯兰教中什叶派比逊尼派的优越之处等问题谈了 40 多分钟。接下来,他谈了结束腐败,尊重宪法和基本法、伊斯兰教法优先等话题。在库米看来,由于现政府给人民带来如此巨大的伤害,巴列维国王很难保留下来。他同意 1906 年宪法对巴列维国王的作用,并说,国王的作用应由未来民族领导人来决定。在目前情况下,领导人名单应保密,不宜公开。不过,新政府要与包括美国在内的国家保持一定距离。他再次否定了"库米梦",并说这是政府利用其媒体工具在人民的思想上制造混乱。他反问美国外交人员,美国政府对这样一个惨无人道政府的支持怎么去实现其人权的承诺? 美国外交人员解释说,支持一个政府,并不是对其所有行为都支持。卡特总统已经对医院惨案进行了反思,并对美国政府对现有行动产生了怀疑。库米答应为美国驻伊朗大使馆提供一些有关宗教的资料,但他也没有提供。在会谈中,库米还安排大阿亚图拉设拉子(Mohammad Al-Shirazi,1928~2001)与美国外交人员见面,设拉子称病加以拒绝,但他参加游行示威去了[②]。库米家族具有反专制的传统,1933 年,库米的父亲大阿亚图拉侯赛因·塔巴塔巴伊·库米(Hossein Tabatabaei Qomi,1865~1947)因反对礼萨·汗,全家被流放到了伊拉克。他在纳贾夫获得了阿亚图拉的资格,并继续学习。1947 年回国,两度被监禁,一次是 1963 年支持阿亚图拉霍梅尼反对巴列维国王;一次是 1976~1977 年反对议会通过的法律。他的弟弟塔基·塔巴塔巴伊·库米(Taqi Tabatabaei Qomi,1923~　)也是大阿亚图拉,他与阿里·西斯塔尼(Ali Husayni Sistani,1930~　)和米尔扎·阿里·阿卡·法奥萨菲(Mirza Ali Aqa Falsafi,? ~2006)是大阿亚图拉霍伊用书面形式任命的

---

　　① 　Sullivan. Fm Amembassy Tehran to Secstate WashDC 2247. Draft Date:December 17, 1978. Document Number:1978TEHRAN12309, National Archives.

　　② 　Sullivan. Fm Amembassy Tehran to Secstate WashDC Immediate 2352. Draft Date:December 21, 1978. Document Number:1978TEHRAN12504, National Archives.

仅有的 3 个有创制资格的大阿亚图拉。

"小苹果"在《纽约时报》撰文《对国王而言,1978 年是 1953 年起义的回声》,文中写道:"巴列维国王在失而复得孔雀宝座 25 年后,面临再次失去的危险。"①尼古拉斯·盖奇也在《纽约时报》上撰文中称,在伊朗电视节目中,阿亚图拉霍梅尼的画像取代了巴列维国王和法拉赫王后的画像。

此时的巴列维国王面临 3 种选择:一是致力于成立一个民族和解政府;二是向以阿亚图拉霍梅尼为首的反对派投降;三是组建一个军人"铁腕"政府,摧毁革命力量。他身边的军官主张走第二条道路,但巴列维国王却下不了决心。

---

① R. W. Apple Jr.. For the Shah, Mixed Echoes of 1953 Revolt Sound in 1978. *New York Times*, December 17, 1978; E3.

第五章　巴霍蒂亚尔过渡政府

1978年12月16日,在内阁会议上,爱资哈里首相感到难受,突然倒在地上。大家把他扶到首相办公室,让其休息。在法尔都斯特看来,"爱资哈里的昏厥是政治昏厥,因为他不敢去实行穆罕默德·礼萨的要求。他的亲眼所见和已获情报让他很好地明白了,任何政府都不可能阻止那段时间内的人民革命,最好的办法就是昏厥、生病!""总之,爱资哈里成功地玩了一把游戏。穆罕默德·礼萨接受了他的辞职。"①国王开始着手试图建立文官政府的努力,他想让阿里·阿米尼出任首相,阿米尼回答:"晚了,但我心甘情愿作为您的顾问留存宫中。"②

12月18日,响应阿亚图拉霍梅尼总罢工的号召,在首都德黑兰,几乎看不到任何经济活动,其他地方的商店更是大门紧闭。伊朗航空公司的员工再次走上街头。银行和财政等部门继续关门。受其影响,海关人员的罢工也延续下去。唯一令人欣慰的是,教育大臣穆罕默德·阿米里-德黑兰尼宣布,高中和技术学校于12月23日开学。

巴列维国王与民族阵线领导人桑贾比举行会谈,商讨由桑贾比出面组阁事宜。

巴列维国王开门见山,表明自己的意思,说道:"桑贾比博士,我请求你接管政府。你将担任首相并挑选其他内阁大臣。"桑贾比回答道:"不,陛下,我不能这样做。即使我接受了你的要求,伊朗人民也不会同意这样做。这个问题

---

① 伊朗外交研究所.巴列维王朝的兴衰:伊朗前情报总管的揭秘[M].李玉琦,译.北京:新华出版社,2009:370.

② 同上。

只能在有宗教领袖阿亚图拉霍梅尼合作的情况下才能予以解决……他（阿亚图拉霍梅尼）和我已经就 3 项条款达成协议，其中的一项是，在目前君主制体制下，我们决不参加任何形式的政府。"巴列维国王问道："目前的危机怎样才能克服呢？"桑贾比回答说："这就是你，陛下，离开这个国家。然后，全国危机才会得到解决。"巴列维国王回应说："我已经筋疲力尽了。我想下台，但是，军队的将军们不允许我这样做。假如我离开了，他们将会在这个国家造成更大的混乱。"桑贾比说："陛下，你是军队的最高领导人……我确信，你能够向军队的领导人讲明局势。"巴列维国王表明了自己的态度，并问道："对我来说，这样做是不可能的。难道没有解决这个问题的其他任何办法？"桑贾比回答说："没有，我想不出其他任何办法。"①看来，国王不愿离开伊朗。桑贾比也不愿充当傀儡政府的组织者。

当天中午，巴列维国王约见美国大使沙利文。巴列维国王说，12 月 17 日下午，吴拉姆·侯赛因·萨迪格答应巴列维国王组建民族联合政府。萨迪格曾为摩萨台的副手，在摩萨台政府任内政部长。更为重要的是，萨迪格对伊朗的社会学建设做出了突出贡献，他被誉为"伊朗社会学之父"。1953 年政变后，他被捕入狱，并在审讯摩萨台时为其作证。他曾 5 次入狱，现已年过 70。巴列维国王告诉沙利文，萨迪格在宪法的框架内组建政府，国王继续为军队总司令，其他行政事务皆由政府运作。制定军事预算，由国会通过。他还谈道：萨迪格组阁也有困难，因为许多政治家不愿冒犯阿亚图拉霍梅尼。如果萨迪格组阁失败，他将会转向巴霍蒂亚尔。沙利文问他，如果这两个组阁都失败，怎么办？国王将考虑桑贾比和阿里·阿米尼提出的摄政委员会方案。不过，国王反对要他出走的桑贾比方案，倾向支持阿里·阿米尼的方案。根据这一方案，他不但可以继续待在国内，还可继续为军队总司令。接下来，他们谈到了银行和石油问题。巴列维国王对萨迪格充满了信心②。

萨迪格很快提出了建立新政府的条件：有权改组秘密警察系统；巴列维国王保证不干预国家日常事务；政府由在过去 25 年中没有在政府中任过职的人组成。反对派对国王准备建立新政府的尝试表示反对。阿亚图拉霍梅尼也

---

① 法新社德黑兰 1978 年 12 月 19 日电。

② Sullivan. Fm Amembassy Tehran to Secstate WashDC 2273. Draft Date：December 18, 1978. Document Number：1978TEHRAN12348, National Archives.

对萨迪格进行劝阻。巴列维国王对萨迪格的条件原则上表示接受①，但他最后还是放弃了由萨迪格组阁的想法，转向了巴霍蒂亚尔。沙利文在发给美国政府的电报中分析了萨迪格不宜组阁的原因：首先，他不是民族阵线的领袖。其次，他没有得到反对派，尤其是学生和宗教界反对派的拥护。再次，在宗教方面他特别容易受到伤害，有报道称，他曾以无神论者自居，为此受到过阿亚图拉霍梅尼的批评。鉴于此，如果萨迪格组阁，很可能使伊朗重回军政府的老路上去②。

有报道称，在大不里士，有一支军队拒绝服从命令，被召回军营，这是第一例有关军队不服从命令的报道。

《纽约时报》报道称：美国卡特政府向巴列维国王施压，要求其结束军人政府，建立文官政府③。

12月19日，由于大不里士50名官兵开小差或加入示威者行列，军管政府不得不派去新的部队。巴列维国王称排除摄政方式解决眼前危机。

12月20日，首都德黑兰一市场发生了暴力事件，一秘密警察开枪打死2名店主，4人受伤，人们痛打了一名警察，12人被逮捕④。伊朗首都德黑兰首席检察官侯赛因·莫达里宣布：他的调查人员已经证实，在1978年的8～9月间，有102人把大批资金送到国外。中央银行的职员指控，包括几个皇室成员在内的178人，在谢里夫-埃马米政府期间，把240亿美元的外汇从伊朗转移到国外。前首相爱资哈里再次否认了这一指控⑤。

12月21日，民族阵线领导人卡里姆·桑贾比发表声明，拒绝参加吴拉姆·侯赛因·萨迪格的政府。伊朗航空公司罢工者说，伊朗不允许美国和以色列的飞机起降和过境，对其在伊朗的安全不负责任。不过，此时伊朗航空是由军事人员控制。美国政府开始考虑用泛美航空公司撤走在伊朗的美国人。

①　Nicholas Gage. Shah Rebuffed on Coalition Effort; Respected by National Front Leaders Opposition Seen Joining Government. *New York Times*, December 23, 1978.

②　Sullivan. Fm Amembassy Tehran to Secstate WashDC Immediate 2309. Draft Date: December 19, 1978. Document Number: 1978TEHRAN12401, National Archives.

③　Richard Burt. U. S. Pressing Shah to Compromise And Set Up Civilian Regime in Iran; Strategy in Tune With Report Policy Presents New Problems. *New York Times*, December 16, 1978.

④　Sullivan. Fm Secstate WashDC to All European Diplomatic Posts Immediate. Draft Date: December 21, 1978. Document Number: 1978STATE321288, National Archives.

⑤　Jalald-Dine Madani. *History of Islamic Revolution of Iran*. Tehran: International Publishing Co., 1996: 432.

按美国政府的估计,当时在伊朗的美国人有 30 000~35 000 人。约 1 000 名美国在伊朗的石油工人及其家属将在未来几天内首先回国。卧病在床的首相格拉姆·礼萨·爱资哈里将美国驻伊朗大使威廉·沙利文召唤到他的病榻旁,并对他说:"你一定知道这些情况,你应该告诉贵国政府,由于国王优柔寡断,伊朗完了。"①萨迪格、恩忒扎姆和阿里·阿米尼讨论组建联合政府事宜。

12 月 22 日中午,英国驻伊朗大使安东尼·帕森斯和美国驻伊朗大使威廉·H.沙利文与巴列维国王进行了 1 个小时的会谈。他们到达时,扎赫迪正要离去。会谈一开始,沙利文就向巴列维国王介绍了头一天他与首相爱资哈里的会谈。他告诉巴列维国王,爱资哈里及其内阁对伊朗的局势感到悲观,也为犹豫不决的政策会对军队产生影响深感担忧,当爱资哈里得知他要结束司令职务时显得有些绝望。巴列维国王说,实际上,要他结束首相一职,继续保持武装部队司令一职,因为宪法不允许一人兼任这两个职务。于是,国王拿起电话,给爱资哈里打电话,先是问候他的身体情况,然后向他解释解除其职务的原因,他说:"我需要你的支持。"接着,巴列维国王告诉两位大使,爱资哈里很清楚,也很满意所采取的行动。接着,他们谈论伊朗的局势,巴列维国王说,12 月 25 日,萨迪格将与阿里·阿米尼和恩忒扎姆一起来向他报告建立联合政府事宜。巴列维国王觉得萨迪格会向他提供一个内阁成员名单。巴列维国王说,如果他这样做,他将通过各种渠道去赢得民族阵线和温和宗教领导人对他的支持,减少对他的指责,并给萨迪格一个机会。国王接着说,他认为萨迪格在恢复法律和秩序,恢复生产方面的机会是有限的。因此,他认为更为可能的是军事管制法继续实行,军队掌控一切。沙利文请国王解释得更详细一点。国王说,他的立场是回归到君主立宪制,他希望与萨迪格达成共识,如果萨迪格组阁,巴列维国王将去渡"一个愉快的假期",不是到国外,而是"访问我的海军"。如果萨迪格成功了,皆大欢喜。如果他失败了,那就必须运用军队的铁拳了。他将保持冷静,军方在恢复法律和秩序上,将会做他们想做的。他思忖爱资哈里是否足够健康或用强硬的一手去做他想做的。他还想知道奥韦西将军是否也可以做。不论在何种情况下,军事行动是少不了的,他本人只是将君主立宪制的策略继续下去。帕森斯问巴列维国王,这种强硬政策能否成功。

① 〔美〕威廉·赫·沙利文.出使伊朗[M].邱应觉等,译.北京:世界知识出版社,1984:160.

国王发出了爽朗的笑声，并说："我没有丝毫的怀疑。"两位大使提出，如果萨迪格组阁失败怎么办。巴列维国王说，那就只有兵戎相见了，到时，他会任命强有力的人物出来领导，以保证军事效果。巴列维国王只是简单地提及成立摄政委员会，逊位或其他"投降行为"的可能性。巴列维国王对自己的决定坚定不移，对于消除他未来影响的决定他决不接受。巴列维国王给两位大使留下来的印象是，他看起来比几个月以前更坚强了。他们两个觉得，由萨迪格来组阁建立政府可能要失败。一旦失败，巴列维国王将用军队来恢复法律与秩序。巴列维国王认为他取得胜利的可能性在一半以上。在巴列维国王看来，这是打破僵局，赢得军队忠诚的唯一办法①。

美国政府向沙利文发电，建议他对巴列维国王的政策既不要表示赞成，也不要表示反对。

尼古拉斯·盖奇在《纽约时报》上撰文说，伊朗危机是由于伊朗政府处理现代化问题的不当政策引起的②。

12月23日，"小苹果"在《纽约时报》撰文《伊朗不祥的僵局》，其中谈道："虽然他们欢迎在流血和混乱中有一个喘息的机会，一些西方分析家认为，当前伊朗僵局是一个不祥的发展。"③

以色列驻德黑兰的工作人员开始考虑撤退，先将妇女与儿童撤回国内。

12月24日，首都德黑兰出现新的暴力事件，冲突中造成数十人死亡。200~300名年轻人冲击美国驻伊朗大使馆，他们向使馆内投掷石块和燃烧的橡胶，造成几辆汽车受损。还有人试图爬上院墙。使馆保安人员用催泪瓦斯予以阻止。最后，由于伊朗警察及时赶到，将这些人驱散。在德黑兰大街上，一辆美国人的车辆被焚烧。伊朗广播电视媒体人员的罢工得到了4 000多人的支持，他们加入到罢工的行列，并签名，支持媒体人员的罢工。在马什哈德大阿亚图拉设拉子家的附近，冲突造成了8~12人死亡，整个马什哈德处于瘫痪状态。

---

① Sullivan. Fm Amembassy Tehran to Secstate WashDC Niact Immediate 2380. Draft Date: December 22, 1978. Document Number: 1978TEHRAN12536, National Archives.

② Nicholas Gage. Basis of Iranian Conflict: A Mishandling of Modernization. *New York Times*, December 22, 1978.

③ R.W. Apple Jr.. Ominous Stalemate in Iran: Hints of Disunity on Both Sides and Political Strife Augur a Violent Resolution of Government Crisis News Analysis Disunity Increases Risk of Coup'State of Suppressed Revolution. *New York Times*, December 23, 1978: 6.

12月25日,73岁的桑贾比在一个有5 000人参加的集会上说,在伊朗恢复法律与秩序的唯一办法是巴列维国王离开伊朗。

长期的专制统治,未能造就出年轻有为的政治家,在这个运动中,充当领导人的是一些70岁左右的老年活动家。诚如巴列维国王所说,"你可以在一夜之间建立起一座工厂,但是,你不能造就一批政治家",这不能不说,这是专制统治所带来的一个民族悲剧。好在有一个宗教团体,关键时刻,其领袖人物可以独当一面,把国家和民族从混乱中拯救出来。

12月25日,伊朗军管政府发布第二十六号公告,全文如下:

> 德黑兰公民都已知道,自从12月23日以来,所有职业学校和中学都已开学复课。但不幸的是,12月24日,一些学生不去上课却上街示威游行,从而妨碍了交通,并制造了混乱。与此同时,一些破坏分子利用这一局势,在一些公共场所放火,并焚烧军车,试图制造借口与治安部队发生冲突。治安部队曾尽最大努力去驱散学生而不伤害他们,但是,不幸的是,一位军官和一些士兵被骚乱分子扔出的手榴弹击中受伤。由于所有的职业学校和中学今天已经关闭,如果发生任何示威游行,学生们显然是不得参加的。因而,军管政府为了履行它所承担的责任,将严惩任何旨在扰乱公众平静和安全的示威游行者。

巴列维国王希望继续通过在反对派阵营中找到合作的领导人来化解危机,他让穆贾达姆寻找巴扎尔甘,但巴扎尔甘拒绝会见巴列维国王。巴列维国王又想到了萨迪格博士,他也去见了巴列维国王,也接受了国王的建议,但第二天,他又拒绝了。

巴列维国王又派人找到了萨迪格博士,作为人民阵线的一员,他无条件同意建立一个联合政府,但要求给他两周考虑时间。由于来自人民阵线的压力,他提出巴列维国王任命一个摄政委员会,并留在国内。摄政委员会的任命意味着国王不再适合做一个履行职责的君主,自然遭到巴列维国王的拒绝。萨迪格博士是请求巴列维国王留在伊朗的唯一政治家。

首相爱资哈里将军和"萨瓦克"领导人穆贾达姆找到了王后法拉赫,告诉她伊朗局势的严峻性。在他们看来,如果不能在两三天内选出新首相,组建新政府,反对派很可能在近几日内攻打王宫。他们提出了新的首相人选,这就是巴霍蒂亚尔。法拉赫王后将二人的建议告知了巴列维国王,国王没有提出异议。从与巴霍蒂亚尔接触的人了解到,巴霍蒂亚尔不愿到王宫与国王见面。于是,法拉赫王后向巴列维国王建议,由她到与巴霍蒂亚尔属于同一家族的法拉赫王后的舅妈路易斯戈特比家与巴霍蒂亚尔见面。会面中,巴霍蒂亚尔提出了两个条件:一个是释放卡里姆·桑贾比,一个是巴列维国王离开伊朗,到国外去休息两个月。法拉赫王后将这些告知巴列维国王,国王很快就释放了桑贾比。至于巴列维国王出走,据巴列维国王的回忆,当时,一些非常重要的人,其中包括美国和英国的大使,认为巴列维国王离开伊朗有碍平静事态。

当天,美国资深外交家乔治·鲍尔建议美国政府鼓励伊朗国王扩大其政治基础,把文职人员包括在他的军人政府之内,这种看法与布热津斯基的观点明显冲突。

12月26日,德黑兰和大不里士继续动荡。在4天的冲突中,有61人被打死。德黑兰大街上,有人用英文写出这样的标语:"当心送命,在2月以前离开这个国家。"德黑兰电台宣布:从12月27日开始,德黑兰全部学校将无限期关闭。在大不里士的集会上,军警遇上了示威游行者,当示威者走近时,一名士兵突然说,他要参加游行示威,另一名士兵立即用枪将他打死。游行群众愤怒地将这名士兵围住。一名上校见此场景,赶快走了上来,他取出了自己的手枪,交给了游行示威的群众,并说:"我们都是同胞,为什么要自相残杀?"①接着,他的部下把枪放在卡车上,参加了示威游行。伊朗停止对外出口石油,直到伊斯兰共和国建立后,伊朗才又恢复石油出口。

当天下午早些时候,巴列维国王与沙利文大使进行了1个小时的会谈。巴列维国王告诉沙利文12月25日萨迪格、阿里·阿米尼和恩忒扎姆与他会谈的情况。在会谈中,萨迪格说,他已经物色到了"7个或8个"大臣,但请求更多的时间去建立政府。沙利文问多长时间。国王说:"6周。"接着,两个人就伊朗的石油生产、央行雇员的罢工、各个大臣的情况、马什哈德的紧张局势和德黑兰过去几天的动荡交换了意见。沙利文问巴列维国王,是否信任萨迪格。或者说,萨迪格是否在欺骗国王,他请求6周的动机是什么? 巴列维国王说,

---

① 郑鄞诗.伊朗王统治摇摇欲坠[N].新闻天地,民国68年(1979)-1-13(19).

萨迪格是想让形势进一步恶化,可以借此更好地反击霍梅尼。沙利文告诉国王,降低石油产量将使形势迅速恶化,他对会产生对霍梅尼的强烈不满深表怀疑。这对政府和他个人都极为不利。巴列维国王说,萨迪格似乎是他"中间选项"中的唯一希望了。如果希望破灭,他只有两种选择:要么投降,要么使用铁拳。接着两人围绕铁拳政策进行了讨论。沙利文说,华盛顿很关心国王离开德黑兰并把铁拳实施委托给军队的提议,感觉到他的离开会向所有人传达错误信号。重申了他早些时候的观点,作为国王,他不能眼睁睁地看着自己的人民在流血。沙利文问道:谁会被关于他与军政府在一起的诡辩所欺骗?如果他仍在国王的位上发生流血冲突,没有外国人会被欺骗。伊朗人也不相信在德黑兰和波斯湾之间存在着魔法似的绝缘。国王对自己的铁腕选项也有点力不从心。他说,爱资哈里还没有完全恢复,在心理上还没有完全准备好。他担心的是军队是否愿意采取必要的行动。他更想知道,这样做是否见效,特别是人们是否会回到油田从事生产,如果他们进行破坏怎么办。他说,"作为一个爱国者",他不得不问自己所有这些问题。然后,巴列维国王问沙利文,如果他投降会发生什么。沙利文回答说,情况的变化是完全不可预知的,唯一可以确定的是混乱。沙利文问国王,如果国王离开的话,他认为会发生什么事。巴列维国王回答说,他不知道,但有一点是明确的,那就是他们的瓦解。巴列维国王问美国想要他怎么做。沙利文说,美国想要的是在伊朗恢复法律和秩序。巴列维国王问沙利文,是否建议他使用铁拳,即使这意味着大量的流血,甚至可能无法恢复法律和秩序。沙利文说,如果巴列维国王想让美国为他的行为承担责任,沙利文怀疑自己能否会从华盛顿得到这样的指示。沙利文说,他是国王,他不得不做出决定,并承担责任。沙利文的唯一建议是,巴列维国王不能在 6 个星期后再做决定。似乎为了印证沙利文的判断,奥韦西将军打来电话,向巴列维国王报告德黑兰的情况。奥韦西在电话中说,公交车被推翻和烧毁,部分大学已被反对派接管,并变为"革命总部",占领者以罗马尼亚共和国宪法为蓝本,颁布了伊朗共和国宪法。沙利文问巴列维国王打算怎么办。巴列维国王耸了耸肩。当沙利文离开时,巴列维国王说,他要尽快做出决定[①]。

---

① Sullivan. Fm Amembassy Tehran to Secstate WashDC Niact Immediate 2417. Draft Date: December 26, 1978. Document Number: 1978TEHRAN12592, National Archives.

12月27日，示威游行继续，人们开始焚烧汽车。士兵向为一名被打死的大学教师送葬的队伍开枪，还向闹市区举行抗议示威的人群开枪，至少打死8人。他们高呼："处死美国国王""卡特给武器，国王杀人"。伊朗航空公司的飞行员宣布无限期罢工。冲突中，伊朗两家最大银行：拉希银行和国家银行的分行被烧。外地也出现了类似烧银行的现象。警察抓走了在教育与科学部大楼前静坐的60名大学教授。石油产量降到了27年来的最低点。伊朗国家石油公司董事长阿卜杜拉·安蒂扎姆非常遗憾地发表广播电视讲话称：该公司从当天开始实行石油产品定量配给。

当天，德事隆集团公司（Textron Inc.）宣布饱受动荡之苦的伊朗政府已正式取消了与德事隆贝尔直升机分公司签订的价值5.75亿美元的合同①。

沙利文与米纳奇在侯赛因指导中心（Hosseiniyeh Ershad）办公室进行会晤。米纳奇告诉沙利文，伊朗自由运动和捍卫人权与自由委员会两个组织都支持萨迪格组阁。12月23日，巴扎尔甘已与萨迪格会晤，巴扎尔甘表示不参加萨迪格的政府，但支持萨迪格建立政府。伊朗自由运动组织领导人认为，如果萨迪格组阁成功，赢得阿亚图拉霍梅尼的赞成不成问题。萨迪格已经选择泛伊朗党领导人穆哈森·皮扎沙普尔为司法大臣，著名学者哈米德·穆瓦拉韦（Hamid Mowlavi）为经济大臣。据米纳奇所说，萨迪格想采用摩萨台模式，其政府先由议会通过，然后再得到国王的认可。沙利文问米纳奇，萨迪格政府的建立是否意味着伊朗示威游行的结束。米纳奇回答说，示威游行要求巴列维国王出走，只有国王出走，它才会停止。如果巴列维国王不走，即使阿亚图拉霍梅尼同意他们，也得不到人民的广泛支持。米纳奇还说，如果新政府建立，有一个好的开端，军队从大街上撤走，事情将会向好的方向发展，混乱将日益消失。不过，萨迪格政府不是伊朗问题的最终解决。巴列维国王必须出走。沙利文和米纳奇都认为萨迪格的政府比暴力好。沙利文说，强硬的军事解决将导致大量的流血冲突。美国并不希望看到这种情况发生。这也是为什么美国致力于联合政府和妥协。米纳奇说，萨迪格组阁也是基于这一考虑，所以，

---

① Brendan Jones. Iran Voids Helicopter Contract；Textron Loses $575 Million Deal Contract Signed in 1975 Iran. *New York Times*，December 28，1978.

他希望尽量在两个月内进行民主选举①。

石油产量下降到 50 万桶，只及正常的 1/10。伊朗航空公司宣布停飞，泛美航空公司也宣布取消赴伊朗航班。

美国驻伊朗大使馆为巴列维国王的岳母办理了赴美治病的签证。

阿里·阿米尼打电话给沙利文，他告诉沙利文，12 月 27 日晚，巴列维国王给他打电话，国王非常沮丧，不知道下一步怎么办，向他征求意见。阿米尼建议巴列维国王退位，外出休假，建立摄政委员会。国王请阿米尼 12 月 28 日早上面谈②。

在美国驻伊朗政治参赞陪同下，大使沙利文前往美国驻伊朗大使馆一雇员的家里与伊朗教师工会主席穆罕默德·德拉赫设什会晤。与德拉赫设什一同前来的还有退休教师、律师达吾德·拉萨伊（Davoud Rassai）和德黑兰最大中学的校长萨德赫·雷斯扎德（Sadeh Raeiszadeh）。一周前，他们曾经与政治参赞会晤。德拉赫设什在会谈中说，即使阿亚图拉霍梅尼答应巴列维国王留下，人们也不会同意。人们已经不再相信国王的承诺。如果巴列维国王离开伊朗，将会有一半的人不再支持阿亚图拉霍梅尼，这样就会使阿亚图拉霍梅尼派的力量锐减，建立不起来伊斯兰共和国，而像教师工会这样的温和组织将建立起反对共产主义、反对宗教势力、亲西方的民主政府。在建立摄政委员会问题上，他们对摄政委员会成员的资格以及提名恩忒扎姆、苏鲁里（Soruri）、萨勒赫（Saleh）没有意见，但他们反对阿里·阿米尼。他们认为，委员会应由 9～11 人组成，4～5 人为军人。军人应从退休的、没有腐败问题的将军中选择。摄政委员会任命新政府，新政府一边恢复经济和社会秩序，一边准备新的选举，直到新政府组成③。

12 月 28 日，反对派领袖艾哈迈德·巴尼-艾哈迈德要求国王退位，建立过

---

① Sullivan. Fm Amembassy Tehran to Secstate WashDC Niact Immediate 2459. Draft Date: December 27, 1978. Document Number: 1978TEHRAN12652, National Archives.

② Sullivan. Fm Amembassy Tehran to Secstate WashDC Niact Immediate 2471. Draft Date: December 28, 1978. Document Number: 1978TEHRAN12676, National Archives.

③ Sullivan. Fm Amembassy Tehran to Secstate WashDC Niact Immediate 2489. Draft Date: December 28, 1978. Document Number: 1978TEHRAN12702, National Archives.

渡政府，以打破僵局。美国则支持巴列维国王建立联合政府①。

　　沙利文与奥韦西进行了会谈。在会谈中，奥韦西提出，巴列维国王的"铁拳"方案是行不通的，伊朗目前的困境需要"政治解决"，他对巴列维国王掌握军权表示悲观，认为可能导致军队的分裂②。

　　美国国务卿万斯致电沙利文："我刚与总统谈过话。我们希望你将下列意见转告国王：1. 继续摇摆不定将破坏军队士气和政治信心；2. 如能迅速建立温和的、能与美国和国王合作并能维持秩序的文官政府，显然应予优先考虑；3. 但如对此种政府根本方向或治理能力缺乏把握，或军队有进一步分裂的危险，国王应毫不迟疑地作出抉择，建立强有力的军政府，以结束混乱、暴力和流血。如国王认为这种办法不可靠，则可考虑成立摄政委员会；4. 将上述内容转告国王，明确表示：美国的支持是坚定不移的，必须结束继续恶化不定的状况。"

　　12 月 28 日，美国罗格斯大学（Rutgers University）教授吉姆·库卡尔·莱夫特（Jim Kokkkar Reft）采访了阿亚图拉霍梅尼。阿亚图拉霍梅尼在回答莱夫特的提问时说："今天，伊朗人民完全认识到了他们的运动，知道他们选择了一条艰难的路。他们的成功取决于他们对信仰的坚定性。"在回答新的伊斯兰政府对宗教少数派、少数民族以及妇女的态度时，他回答说："我已反复说过，我们对待宗教少数派的态度是非常友好的。伊斯兰认为他们是值得尊敬的。我们将承认他们所有的权利。他们在议会中有权拥有自己的代表。他们将允许自由地实施自己的社会和政治行动，不受限制地履行自己的义务和职责。他们是伊朗人，像所有其他伊朗人一样，在伊斯兰政府的保护下过安稳的生活。在军事事务中，像其他事务一样，妇女能够参加工作。在伊斯兰的早期，妇女一样参加战斗。"在回答未来伊朗政府与以色列的关系时，他说："我们反对任何压迫的政府，不管它们属于西方或是东方。以色列剥夺了阿拉伯人的权利，我们将反对它。此外，以色列是国王最大的支持者，帮助'萨瓦克'做

---

　　① Bernard Gwertzman. U. S. Backs Shah On the Forming Of New Regime; New High-Level Panel Set Up U. S. Says Shah Should Play a Role In Forming Regime of Conciliation. *New York Times*, December 28, 1978.

　　② Sullivan. Fm Amembassy Tehran to Secstate WashDC Niact Immediate 2488. Draft Date: December 28, 1978. Document Number: 1978TEHRAN12701, National Archives.

宣传活动,从这个意义上说,以色列是'萨瓦克'和国王犯罪的帮凶。"①

当天下午,巴列维国王打电话给巴霍蒂亚尔,征求他组织建立新政府的意见。

12月28日,莫汉·拉姆(Mohan Ram)在《基督教科学箴言报》撰文《印度担心伊朗骚乱的影响》,文章写道:"在印度周围所有的国家中,伊朗的军事装备最好。印度担心,即使国王设法保住了王朝,伊朗政府仍然很可能将比现政府具有更多的伊斯兰特点。到那时,伊朗可能进一步靠拢其他伊斯兰国家,特别是沙特阿拉伯和巴基斯坦。这必然意味着伊斯兰国家之间加强合作和削弱近些年来一直在发展的印伊关系。"②

12月29日,巴霍蒂亚尔打电话给美国驻伊朗大使沙利文,向沙利文汇报了前一天他与国王的通话情况。巴霍蒂亚尔在电话中称,他希望得到美国的支持。当天,国王任命"民族阵线"领导人之一的沙普尔·巴霍蒂亚尔为新首相。巴霍蒂亚尔虽然同意组阁,但他提出的条件是:国王暂时离开这个国家,把权力交给年纪较大的政治家组成的摄政委员会;解散根据1975年一党制选出的现议会;解散令人畏惧的秘密警察国家安全情报署;把对伊朗武装部队的控制权委托给政府,同时,议会有适当的干预权力;国王立即出国度假,将来做一名立宪君主等。巴霍蒂亚尔不赞成伊朗成为一个共和国,也不赞成一个君主国,他希望一个像英国、瑞典和丹麦那样的君主立宪制国家。

阿亚图拉霍梅尼任命一个调查石油短缺问题的五人委员会,他指示正在罢工的石油工人,向伊朗石油当局提出3个条件:军事人员撤离油田地区;生产出来的石油只供国内使用;军方不得使用或储存任何石油。他发表讲话说:"12月30日将作为全国哀悼日","今年是全国哀悼的一年,如果伊朗国王继续执政,形势就不会改变"。"因此,我必须指出以下几点:① 我感谢呼罗珊省人民,特别是它的宗教领袖和医生。我支持罢工者所同意的决议,并谴责不合法的军政府的野蛮、粗暴行动。我要求这个政府结束独裁。② 我感谢全国的罢工者,特别是石油工业的罢工者,我支持罢工者。我谴责军政府和强迫劳动者

① Jalald-Dine Madani. *History of Islamic Revolution of Iran*. Tehran: International Publishing Co. , 1996: 441 - 442.

② Mohan Ram. India Anxious over Impact of Turmoil in Iran. *The Christian Science Monitor*. December 28, 1978: 4.

破坏罢工的军事法庭的行动。我认为军政府和军事法庭是掠夺国家资源的负责人。③ 伊朗人民应该支持石油工业的罢工者,帮助他们找到住宅,并给他们提供必要的生活用品,还应该在各城市建立声援基金,帮助为伊斯兰共和国服务而受苦的罢工者。④ 人民应该通过一切可能的手段帮助开小差的士兵。⑤ 伊朗人民应该知道,伊朗有足够的石油和天然气储存,满足国内消费,但是为了引起恐慌和不满,国家人为地造成缺油,缺气情况。我甚至听说,政府强迫想为保证国内石油供应而继续工作的职员罢工,以便把缺油的责任强加到人民头上。⑥ 伊朗人民必须继续进行伊斯兰运动,直到取得独立、自由和建立伊斯兰政府,必须尊重公正,不要囤积食品,不要听伊朗国王代理人的宣传,他们想在人民中造成悲观丧气的气氛。"①他建议把 12 月 30 日定为全国哀悼日。

当天,示威者口袋中都装着阿亚图拉霍梅尼的相片,人们说,一旦巴列维国王出走,阿亚图拉霍梅尼将返回伊朗。

12 月 30 日,民族阵线宣布因巴霍蒂亚尔的行动"不符合民族阵线的原则和理想",故将其开除出该组织。巴霍蒂亚尔是临危受命还是借国难发财,法尔都斯特给出了答案。据法尔都斯特的回忆,在巴霍蒂亚尔 37 天的首相生涯中,他盗窃的国家财富比巴列维时期的许多首相都要多。他从首相府的秘密资金中卷走了 6 000 万土曼,其中大约 1 000 万土曼还了赌债,1 000 万土曼给曼努切赫·阿里亚纳,其余的进入了自己的腰包②。

由 100 名警察和 50 名军官组成的游行示威格外引人注目,他们身着防暴装备,举着横幅,高喊口号:"伊朗是下一个越南! 美国离开伊朗!"伊朗铁路工人罢工,使铁路运输处于瘫痪状态。

加拿大外交部长贾米森宣布准备撤侨。刘易斯向美国国务院发的电话中称,以色列国防部军事情报总监什洛莫·嘎齐特(Shlomo Gazit,1926~　　)与巴列维国王作告别会见。会见后,嘎齐特说:巴列维国王"没有了希望",嘎齐特预测说,国王唯一能做的就是退位,这样可以避免动荡的持续和伊朗走向解

---

① 法新社巴黎 1978 年 12 月 30 日电。
② 伊朗外交研究所.巴列维王朝的兴衰:伊朗前情报总管的揭秘[M].李玉琦,译.北京:新华出版社,2009:383.

体,目前伊朗动荡局势持续越久,伊朗分裂的可能性越大①。

当天,在美国白宫,特别协调委员会和国家安全委员会召开紧急会议,会议主要议题是伊朗危机问题。经过激烈争吵,最后,布热津斯基在国防部长哈罗德·布朗的支持下,说服了总统卡特、国务卿万斯、斯坦菲尔德·特纳等,同意通过美国驻伊朗大使威廉·H.沙利文向巴列维国王传递信息,不论国王做出何种决定,美国都坚决予以支持,但同时强调,"必须结束持续的不稳定"②。这一决定表明,国王出走符合美国人的利益,美国将派美国驻欧洲部队副司令罗伯特·休塞前往伊朗,负责国王离开后伊朗军队的团结问题。

12月30日,在伊朗4个省会城市,包括英国、美国、德国等国家的建筑物受到了示威游行者的冲击。外国工人纷纷离开伊朗。政府答应石油工人提出的两项要求:释放被捕工人和撤走军队,以期工人复工。

阿亚图拉霍梅尼在接受《星期日电讯报》记者采访时说:"如果示威游行和罢工不能把这位国王赶下台的话,我们将拿起武器进行战斗。""如果他还迟迟不肯下台,我们就将考虑其他斗争方式,而不考虑我们现在所使用的这种方式。我们将拿起武器进行武装斗争。""1979年的明确目的是要国王下台,在那以后,伊朗将发生很大的变动。"阿亚图拉霍梅尼再次强调,他回国的条件是巴列维国王必须离开伊朗。蒙塔泽里由巴黎回到德黑兰。

胡齐斯坦省总督宣布,释放所有因罢工而被关押的石油工人。

巴列维国王的母亲塔吉·穆鲁克(Tadj ol-Molouk,1896~1982)抵达洛杉矶"治病",住在她与礼萨汗的长女沙姆斯公主(Shams Pahlavi,1917~1996)在贝弗里山庄的家里。

美国航空母舰"星座号"驶离菲律宾,前往波斯湾,担任警戒任务。对此,美国《纽约时报》记者理查德·伯特撰文称,面对危急形势,美国采取了多种方案,这些应急计划包括:派遣航空母舰特混舰队开赴波斯湾;撤走或销毁伊朗武装部队手中的先进武器;撤除针对苏联而设的敏感的电子监听哨所;撤退在伊朗侨居的35 000美国人③。

---

① Lewis. Fm AmEmbassy Tel Aviv to Secret WashDC Immediate. Draft Date: December 29, 1978. Document Number: 1978TELAV20559, National Archives.

② Gholam Reza Afkhami. *The Life and Times of the Shah*. Berkeley, Los Angeles and London: University California Press, 2009: 528.

③ Richard Burt. Many Contingency Plans. *New York Times*, December 29, 1978.

当晚的法国电视新闻报道：法国政府已批准阿亚图拉霍梅尼在法国无限期地居留。他当时来法国的签证时间是 3 个月，于 1979 年 1 月 5 日到期。

12 月 31 日，爱资哈里正式向国王提出辞呈。阿亚图拉霍梅尼拟定了一个国王出走后伊朗新领导人的名单。一旦国王下台，马上公布。

巴列维国王的反对者强烈谴责非穆斯林，其情绪有点与 1975 年指责犹太人诽谤伊斯兰教相类似。1975 年 11 月 10 日，联合国大会以 72 票赞成，35 票反对，32 票弃权的投票结果，通过了联合国 3379 号决议，也就是通常所说的"犹太复国主义就是种族主义"决议。决议号召所有国家都把犹太复国主义视为种族主义，并与之战斗。这份由联合国大会通过投票产生的决议没有约束力，它相当于一个民意测验，所以其象征意义大于实际意义。当时的以色列驻联合国代表，后来成为以色列国总统的哈伊姆·赫尔佐克（Chaim Herzog，1918～1997）在决议通过后做了发言。他在发言的最后说道："对于我们犹太民族，它无非是一张纸，我们也确实把它当作一张纸。"随后，他把决议撕碎，愤然离开会场。在此后的很长一段时间里，联合国扮演着谴责以色列，谴责犹太复国主义的角色。1992 年，这份反犹主义决议才被联合国大会正式废除。

马什哈德近两天的冲突又造成了上百人死亡，几百人受伤。

以色列国家航空公司驻德黑兰办事处被捣毁。西方国家劝其侨民撤离，加拿大派飞机撤运在伊朗的 300 名加拿大侨民。

到 1978 年 12 月底，霍拉姆沙赫尔、大不里士、伊斯法罕等城市部分落入了反对派手中。一年来，在反对派与政府军警的冲突中死亡人数说法不一，究竟有多少人死亡，相关数据差别很大。据美国记者尼古拉斯·盖奇的统计，截至 1978 年 12 月 18 日，共有 1 600 人在冲突中死亡[①]。有关死亡人数的另一种说法是埃马德丁·巴赫伊的统计数字，从 1977～1979 年，共有 3 164 人死亡，其中 2 781 人在冲突中死亡[②]。另外，按照伊朗殉道基金的统计，在整个革命中，有 744 人为革命捐躯。伊朗法医联合会给出的数字是 891 人，扎赫拉公墓

①　Nicholas Gage. Iranians Observe Day of Mourning for Dead in Revolt; Government Version of Incident. *New York Times*, December 19, 1978.

②　Gholam Reza Afkhami. *The Life and Times of the Shah*. Berkeley, Los Angeles and London: University California Press, 2009: 465.

埋葬的牺牲者为 768 人[①]。

国际大赦发表声明,谴责伊朗政府践踏国际法。

12 月 31 日上午,沙利文收到有关与巴霍蒂亚尔会谈的报告后,打电话给阿德希尔·扎赫迪,向他了解情况。扎赫迪已于 12 月 30 日发表了一个公告。巴霍蒂亚尔已向媒体宣布,巴列维国王自愿暂时离开国家,成立摄政委员会。扎赫迪说,巴列维国王彻底失去了勇气,同意离开伊朗,但扎赫迪又让他鼓起了勇气。扎赫迪对巴霍蒂亚尔组建政府表示乐观。同时,他也对桑贾比与其他人进行破坏提出了尖锐批评。他对巴霍蒂亚尔在 4~5 天内完成组阁的时间表表示怀疑。他说,将派人到库姆与阿亚图拉沙里亚马达里会谈,还要派人会见在德黑兰的塔莱加尼,塔莱加尼是"霍梅尼的人",请求他们给予巴霍蒂亚尔机会。沙利文强调恢复石油生产的重要性,以防止公共生活进入到艰难困境。扎赫迪说,他觉得伊朗国家石油公司在一两天内就能做到,但要对阿亚图拉霍梅尼拒绝石油出口的要求让步[②]。

当天,沙利文与米纳奇在侯赛因指导中心举行会晤。米纳奇对巴霍蒂亚尔成功建立新政府深信不疑,原因是温和的宗教反对派对他的支持。民族阵线的桑贾比和自由运动的巴扎尔甘都表示对他予以支持。米纳奇说,巴扎尔甘已经收到了阿亚图拉霍梅尼和阿亚图拉沙里亚马达里两人的信,任命他来负责油田事务的调查。五人委员会的其他成员是阿亚图拉阿克巴尔·哈什米·拉夫桑贾尼、工程师卡蒂拉赫(Katirahe)、工程师哈西比(Hasibi)和工程师萨巴虔(Sabaqin)。他还说,1979 年春天能够通过大选取代巴霍蒂亚尔的是巴扎尔甘。扎赫迪已向巴列维国王提出了一个以巴扎尔甘为主的内阁组成名单。米纳奇说,12 月 31 日下午 4 点,伊朗捍卫人权与自由委员会将召开会议,支持巴霍蒂亚尔。一旦会议有了结果,米纳奇将于 1979 年 1 月 3 日前往库姆,会见大阿亚图拉沙里亚马达里,以便温和反对派支持巴霍蒂亚尔组阁。在回答沙利文提出的局势是否允许拖延的问题时,米纳奇回答说:12 月 31 日的情况好多了,因为大家都知道国王要走了。阿亚图拉沙里亚马达里发表讲话,

① Gholam Reza Afkhami. *The Life and Times of the Shah*. Berkeley, Los Angeles and London: University California Press, 2009:466.

② Sullivan. Fm Amembassy Tehran to Secstate WashDC Niact Immediate 2553. Draft Date: December 31, 1978. Document Number:1978TEHRAN12778, National Archives.

号召信徒不要进攻外国的"兄弟姐妹",称赞目前形势的发展向避免流血的政治解决迈出了步伐①。

美国《武装部队杂志》1978年第12期载文《伊朗的危机:美国为什么忽视1/4世纪的警告》。文章称:"美国政府现在必须坚定地支持像阿里·阿米尼那样的领导人的努力,这些领导人力图建立一个联合政府或者建立一个至少将在实际上结束这位国王统治的摄政委员会。""美国必须设法同民族阵线领导人卡里姆·桑贾比及该阵线的发言人大流士·福鲁哈尔改善关系。""正是国家安全情报署使那个被流放的伊斯兰教领导人阿亚图拉霍梅尼成为一个'公众的英雄和可能的烈士'""在一个比较自由的社会中,人们将要还他的本来面目,即一个政治上的反动分子,一个已经毫无希望地消失的过去的发言人。"②

1979年1月1日,在两个月未公开露面后,巴列维国王在王后法拉赫的陪同下,接受新闻记者的采访。他在采访中说,一旦新政府建立,他将离开国家,出去休息一段时间。巴霍蒂亚尔发表广播讲话宣布:他的内阁已完整无缺了。他发誓要建立一个民族和解政府。他说:"我希望在你们的支持下,并且怀着对真主的信仰,领导国家走向社会民主政权。""逐步取消涉及13个城市的军法管制。""尊重报刊自由,并且希望看到各个政党有行动自由。""对未办理登记手续的政党进行研究。"人民阵线的发言人萨拉马蒂安对巴霍蒂亚尔的新政府作了如下评价,"巴霍蒂亚尔既没有人民的支持,也没有宗教当局的同意和民族阵线的同意。我怀疑他将用什么办法获得成功。"他强调说,解决危机有两个先决条件:国王离开伊朗和宗教领袖阿亚图拉霍梅尼与宗教当局对任何新政府的同意。群众对他的呼吁是冷淡的,说他的讲话没有说出什么新东西。在他发表讲话的同时,示威者高呼:"处死国王""巴霍蒂亚尔是无权的仆从""真主最伟大"等口号。伊朗局势依然严峻,据反对派人士说:在德黑兰西部,士兵开枪打死了3人,大部分商店关闭,机场因管理人员罢工而使上千名旅客束手无策。伊朗官方通讯社波斯通讯社的工作人员称,为了支持全国

---

① Sullivan. Fm Amembassy Tehran to Secstate WashDC Niact Immediate 2567. Draft Date: December 31, 1978. Document Number: 1978TEHRAN12794, National Archives.

② Crisis in Iran: Why US Ignoring the Warning for the 1/4 Century. *Armed Forces Journal*, No. 12, 1978.

的人民运动,宣布罢工。仅有的变化是电力工人为庆祝新年供了电,这是一个多月来人们在晚上第一次看到电灯光。在西部一些城市出现了大规模冲突和伤亡:在克尔曼沙赫,军队开枪打死了 20 人;在大不里士,在 30 日和 31 日两天,士兵共打死了 61 人;在阿尔德比林,有 16 人被打死;阿扎沙赫城,有 6 人死亡,阿贾希有 9 人死亡。在马什哈德的冲突中,一个军营遭到了 300~400 名阿富汗人袭击,坦克被烧,一个少校在他妻子的眼皮底下被捅死。示威游行者还把 3 个秘密警察倒吊起来,直到死去。电台说,冲突中的死亡人数不过 170 人(中国通讯社的数字是 106 人)。在这一天的示威游行中,一个突出的特点是:反对以色列口号越来越多。在新年伊始的 24 小时里,伊朗石油生产又创新低,是正常产量的 2.5%。迈赫迪·巴扎尔甘继续代表阿亚图拉霍梅尼与罢工的石油工人会谈。

黎巴嫩《杂志》周刊在 1979 年第 1 期载文《支持伊朗国王的利雅得-巴格达轴心》,文章写道:"两国领导人商定在伊朗形势方面采取共同行动。这一行动包括:共同的安全措施。利雅得和巴格达将特别协调他们保护石油设施的安全措施,交换情报,并将帮助可能受到外国制造的国内骚乱威胁的那些海湾国家;共同的防务;共同的外交行动,尽可能地帮助伊朗国王。"

当天,伊朗革命者占领了迪兹富尔(Dezful)和安第梅什克(Andimeshk)。

随着 1 月 5 日阿亚图拉霍梅尼在法国签证到期的临近,有消息说库姆大学前神学教授易卜拉欣·安萨里和勒克瑙的一位宗教学者、阿亚图拉霍梅尼的一位近亲赛义德·阿巴夸蒂向印度政府寻求支持,希望阿亚图拉霍梅尼能在印度找到避难地。印度总理德赛表示,印度政府"耐心注视"伊朗局势,但不干涉其内政。

1 月 2 日,未上台的巴霍蒂亚尔借法国电视节目说:巴列维国王已同意离开伊朗并成立一个摄政委员会。在美国驻伊朗大使沙利文看来,巴列维国王把巴霍蒂亚尔当成了能够顺利出国的工具。1 日和 2 日两天的冲突中,西北部重镇卡兹文有 100 多人被打死。军人接管了伊朗机场。小城拉夫森市的市长被一不明身份的人打死。新华社的消息说,"南部油田的工人冷冷地拒绝了宗教领袖阿亚图拉霍梅尼发出的生产仅够国内所需石油的呼吁,这一拒绝行动表明,控制油田的人远不是阿亚图拉霍梅尼的人。看来支持罢工的伊斯兰极端分子得到利比亚和巴勒斯坦人的支持。"五角大楼发言人汤姆·兰伯特说:

美不打算派航空母舰前往波斯湾，但是由一艘指挥舰、一艘驱逐舰、一艘导弹驱逐领航舰组成的整个中东海军部队已在海湾。

阿亚图拉霍梅尼在接受《华盛顿邮报》记者采访，谈及未来伊朗对外关系时说："我们同美国的关系的前景将完全取决于美国政府。如果美国政府停止对我们内政的干涉，并尊重我们国家，我们将相应地对待它。"如果国王政权垮台，伊朗将停止向南非和以色列出售石油。他还指责以色列帮助伊朗国王训练情报人员，并"参与折磨我们的战士"。

英国《每日邮报》载文《将军们投下了恐怖的阴影》，文中称，将军们对国王要出国大为恼火，对示威者采取了更为严厉的措施。

1月3日，伊朗议会通过任命巴霍蒂亚尔为首相。众议院表决的结果为，共205张选票中，149票赞成，43票反对，13票弃权。紧接着在参议院的投票中，他又赢得了支持他的170票[①]。会后巴霍蒂亚尔举行记者招待会，他在会上说：将一个地区一个地区地结束军事管制；国王表示希望到国外去度假休息；允许各政党在伊朗自由活动；欢迎阿亚图拉霍梅尼尽快回国；所有贪污腐化的人、所有施虐者将受到审判；希望国家安全署只成为一个情报机构。国王任命阿拔斯·加拉巴吉为武装部队总参谋长。美国新闻秘书鲍威尔称美国对伊朗的政策没有改变。

在巴黎，阿亚图拉霍梅尼发表讲话称，巴列维国王许可建立的任何政府都是非法的，他呼吁伊朗人民继续总罢工，以推翻专制政权。

罗伯特·休塞将军来到德黑兰，苏联《真理报》对此报道称："休塞将军正在德黑兰策划一次军事政变。"[②]法国的《国际先驱论坛报》则评论说：休塞去德黑兰不是为了策划政变而是为了防止政变。在巴列维国王看来，休塞的真正使命是想让伊朗的军队保持中立。休塞在德黑兰的使命完成得很好，他把巴列维国王的最后一任参谋长加拉·巴吉将军争取了过去。休塞还让加拉·巴吉为他与以后成为伊朗新政权的临时总理巴扎尔甘安排一次会面。在巴列维国王看来，加拉·巴吉成功地阻止了针对阿亚图拉霍梅尼的军事行动。在

①　Jalald-Dine Madani. *History of Islamic Revolution of Iran*. Tehran：International Publishing Co.，1996：447－448.

②　[伊朗]穆罕默德·礼萨·巴列维.对历史的回答[M].刘津坤等，译.北京：中国对外翻翻出版公司，1986：179.

新政权下,所有旧政权的将军都被处死了,唯有加拉·巴吉幸存下来了。在以后审讯中,加拉·巴吉对法官们说:"休塞将军就像扔一只死老鼠一样把国王扔出了这个国家。"①

休塞将军这次为争取伊朗军队支持巴霍蒂亚尔政府的伊朗之行,在美国政界产生了巨大分歧。反对最为强烈的就是时任美国驻欧洲武装部队总司令和欧洲盟军最高司令部最高司令的黑格(Alexander Haig,1924～2010),他一度以辞职来抗议。

美国特别协调委员会做出安排,巴列维国王居住在加利福尼亚的沃尔特·安那伯格(Walter Annenbergestate)庄园。会议还决定,一旦巴霍蒂亚尔政府成立,国王就离开伊朗,并在美国受到热情接待。巴列维国王告诉他的礼仪官,一旦他到了美国,将告诉美国总统、议员和美国人民,他们在伊朗犯了多么大的错误②。

英国白金汉宫宣布,取消英国女王计划于2月对伊朗为期3天的访问。

1月4日,巴列维国王宣布,任命巴霍蒂亚尔为首相。随后,巴列维国王一家前往疗养地贾杰鲁德休息两天。美国政府负责公共事务的助理国务卿霍丁·卡特(William Hodding Carter Ⅲ,1935～　)表示,美国政府与巴霍蒂亚尔政府实行全面合作。伊朗军事管制长官奥韦西因反对巴霍蒂亚尔组织新政府而辞职赴美。同时辞职的还有空军司令侯赛因·拉比伊和陆军航空兵司令马努切赫·霍斯鲁达特。他们都是鹰派人物。科威特的《新闻》周刊称"伊朗国王在受到支持他的某些军队领导人的警告后改变了他出国的决定"。最近两周"将出现一支伊朗共和国军队"。"如果国王不根据大部分人民的愿望立即退位,这支军队将在某个时候违背伊朗军队、西方的利益,特别是美国的利益发动军事行动"。这支军队"由工人和先进的学生组成,它同由阿亚图拉霍梅尼领导的反对派有直接联系,阿亚图拉霍梅尼一直从他在巴黎的住处领导着反对国王的群众运动"。

阿亚图拉霍梅尼发表讲话。他在讲话中说:"国王和……他的近亲是罪

① 〔伊朗〕穆罕默德·礼萨·巴列维.对历史的回答[M].刘津坤等,译.北京:中国对外翻翻译出版公司,1986:180.

② Gholam Reza Afkhami. *The Life and Times of the Shah*. Berkeley, Los Angeles and London: University California Press, 2009:529.

犯，他们必须按照伊斯兰教规受到审判和惩罚。""有一点肯定的，那就是无期徒刑。那是最起码的，还有，他要交出他从人民那里没收来的全部财产。"在记者要求他澄清他的看法的明显转变时，他说："我的看法一直是，他（国王）必须因他所犯的罪行而受到审判和惩罚。但是，同时当我说，他必须离开时，我是说，他必须离开王位。""只要卡特总统反对我国人民的利益而支持国王的政府"，他就反对卡特。"但是，我们并不反对美国人民。在废黜国王和建立新政府以后，我们将对所有这些政策进行回顾，并做出决定。"在问及支持国王的其他国家时，他说："只有以色列在同穆斯林交战，（伊朗）将不向以色列提供石油。"只要南非还保持白人至上主义的政府，伊朗也将拒绝向南非提供原油。当问及未来的新政府将是什么样的形式时，他说将要建立"一个伊斯兰共和国"，它将是民主的，还要举行两轮选举——一轮是为了新宪法，一轮为了组成新议会。"凡是不搞颠覆和不主张破坏革命事业的都可以自由参加这个政府。"在国王统治时期，颠覆分子是对共产党人的一种通常婉转的说法。他说，他还无法具体说明一个伊斯兰共和国将采取的形式。他说，将按照穆斯林法规治理这个国家，但这个国家不会成为沙特阿拉伯那样的严格的宗教国家。"它肯定不会同这些国家一样。"阿訇将只作"一般的指导"。

当天，阿亚图拉霍梅尼还接受了日本《产经新闻》记者塚本的采访。

塚本问：石油罢工将持续到何时？

阿亚图拉霍梅尼回答：持续到国王被彻底打倒为止。

塚本问：假如国王下台，对他将如何处置？

阿亚图拉霍梅尼答：国王是罪人，一定要按照伊斯兰教的教规加以惩处。起码是无期徒刑。而且，从国民身上榨取的全部财产必须还给国民。

塚本问：谁能配当伊朗的领导人呢？

阿亚图拉霍梅尼答：治理伊朗的人是国民完全信赖的人，按照伊斯兰教的标准，必须是德高望重的专家。不管以什么方式，也不管在什么条件下，都将拒绝同现政府进行谈判。同现政府谈判是对所有穆斯林的背叛。因此，（巴霍蒂亚尔首相考虑的）摄政委员会方案是完全不能接受的。

塚本问：说是要建立伊斯兰共和国，那么，伊斯兰共和国是什么样的国家呢？

阿亚图拉霍梅尼答：伊朗国民之所以抗议独裁者的压迫，就是因为他们希望自由，希望消除由于少数人囤积大量财富而造成国家经济贫困，要求将财产公平地分给国民，并且也是因为他们担忧道德的颓废和伊斯兰精神价值的丧失。伊朗国民希望伊朗社会能够建立在纯粹、诚实和公正的基础之上。伊斯兰共和国首先是基于民主原则的国家，即由每个国民通过自己的投票来决定自己的命运。由于伊朗国民大半是穆斯林，所以伊斯兰教的教规必须在所有领域受到尊重。新宪法将根据伊斯兰的教规来制定。如果国王倒台，必将立即进行修改宪法的国民投票，决定国民的代表，为建立新政府而举行选举。只要不是企图破坏秩序的政党，任何政党都可以参加新政府。背叛国民、违反伊斯兰教规、囤积财富和剥夺他人权利的人，无权参加这个伊斯兰共和国政府。

塚本问：在世界的现实中，有能够作为榜样的国家吗？

阿亚图拉霍梅尼答：没有。我想把伊朗建成世界上第一个连没有地位的人也能够自由地、无危险地向最高人物提出意见和主张自己权利的国家。不是要由以金钱为基础的不合理的价值来支配政府，而是要建立将伊斯兰的高尚价值顺利贯彻到各个方面去的政府。

塚本问：石油在外交政策上能成为有效的武器吗？

阿亚图拉霍梅尼答：我们将继续保护自己的资源，以免被外国浪费掉。但是，不超越限度去做毁灭其他国家和严重损伤其他国家利益的事。无论对伊朗国民或对别国国民，把石油作为压迫别人的手段，都是为伊斯兰的价值标准所不容许的，但必须避免浪费石油的现象。对于现在支持反国王运动的国家，将来要给予优先权。只要以色列同穆斯林在打仗，就不卖给它石油。对南非共和国也一样，只要它继续维持少数白人政权，就不卖给它石油。

塚本问：您希望同日本建立什么样的关系呢？

阿亚图拉霍梅尼答：假如尊重我们提出的不希望草率从事的原则，就不会建立不了关系，特别是健全的经济关系。我们要使装配工业摆脱依赖别国的状况，为了实现适应于伊朗经济的工业化，希望能得到日本先进技术的帮助。

在美国，是否支持伊朗军方发动一场政变在美国的决策层引起了争论。万斯和蒙代尔反对伊朗军人发动政变。布热津斯基支持军方发动一场政变。最后，卡特总统通知沙利文：休塞将军继续完成其使命，搞清国王对政变的态度，上次敦促国王离开伊朗的电报不再交给国王。

1月5日,也就是巴霍蒂亚尔上台的第二天,美国驻伊朗大使威廉·H.沙利文会见了他。沙利文这样描述巴霍蒂亚尔:"巴霍蒂亚尔是我所遇到的最法兰西化的伊朗人。他讲一口法语,身穿在法国定做的服装,法国派头十足,活像一个法国绅士。"①在谈话中,巴霍蒂亚尔谈及他的施政纲领以及怎样使革命摆脱阿亚图拉霍梅尼控制。他表示要去巴黎会见阿亚图拉霍梅尼,并准备在政府范围之外为他安排一个荣誉的宗教职位,国家政务则由巴霍蒂亚尔自己负责。回到使馆后,沙利文立即把谈话要点报告华盛顿,并附上他本人的看法。沙利文把巴霍蒂亚尔视为一个"堂吉诃德"式的人物。

这天,风景秀丽、气候宜人的加勒比海小岛瓜德罗普迎来4位其历史上最尊贵的客人:美国总统吉米·卡特、法国总统吉斯卡尔·德斯坦、德国总理赫尔穆特·施密特(Helmut Schmidt,1918~2015)和英国首相詹姆斯·卡拉汉。这是西方国家的"四巨头",他们来到这里,是举行一个为期两天的会议,会议的主题是有关伊朗的。第一天的晚餐上,施密特说:"我们都知道他(指巴列维国王)的地位有多软弱,但他拜倒在沙特阿拉伯的面前却使我感到吃惊。"卡拉汉则说:"大家都这么看……他非常软弱。但是谁也不愿意对国王说实话。我们没有把这10年来形势趋于崩溃的实话告诉他。"施密特又说:"他的周围绝对没有与他意见相左的人,只有他的妻子曾对他发表过不同意见。"②卡特总统首先提出,巴列维国王在伊朗国内的存在已经持续不下去了,不值得西方国家进一步支持了。其他3人听了卡特的话后,都表示反对。在卡特的解释中,先是德斯坦同意了卡特的看法,接着施密特也同意了。最后,卡拉汉也不得不同意卡特的看法。为了使替代巴列维国王的人能够更好地实现权力交接,维护自身在伊朗的利益,美国很快安排中央情报局人员到伊朗,做一些伊朗重要官员的工作。

1月5日,法国总统的个人代表米歇尔·波尼亚托夫斯基访问德黑兰,并会晤巴列维国王,旨在对伊朗局势进行研究和评估。

塔莱加尼发表讲话说:巴霍蒂亚尔是伊朗民众的叛徒。

从1978年11月26日到1979年1月2日,法国共产党多次组织反国王的示威游行,约千人参加。

---

①　[美]威廉·赫·沙利文.出使伊朗[M].邱应觉等,译.北京:世界知识出版社,1984:178.
②　[美]罗莎琳·卡特.卡特夫人回忆录[M].吴为,译.北京:世界知识出版社,1986:295.

　　1979 年 1 月 6 日,巴列维国王接见内阁成员,称他将要休息。伊朗《消息报》和《世界报》在停刊两个月后复刊。《消息报》的印刷工人有节奏地高呼"向阿亚图拉霍梅尼致敬"等口号。这次复工是得到阿亚图拉霍梅尼批准的。在复刊后第一期出版的《消息报》的头版头条是《人民革命即将成功》,下面是《国王将出国休息》。《世界报》在头版头条刊登的是一幅阿亚图拉霍梅尼的巨幅照片。西德的《世界报》报道:国王正在美国好莱坞旁边建造一座奢华别墅。光是地价就 150 万美元。在最近几个月里,国王家族在美国购买了价值 22 亿美元的财产。巴列维国王任命拉希米将军代替奥韦西将军任德黑兰军事管制领导人。

　　当天,阿亚图拉霍梅尼在诺夫勒·夏托发表公报说:新政府"是奸猾的国王及其国际上的一伙为了保住垂死的王朝而策划的一个危险的阴谋,这个王朝浪费了资源,并被外国所控制。""国王已经逊位,尽管他还没有放弃王位,议会和政府是非法的继承者。""特别指示:各部的职工不应接受或服从那些非法的新大臣,职工不应允许这些大臣进入各部大楼;人民应拒绝缴付任何税收或水、电、电话费,并应避免向政府提供任何援助;宗教人士、学生、律师、法官、教授、商人、工人、农民、政治家和社会各阶层人士应宣布国王已经逊位和议会是非法的。"他说,服从巴霍蒂亚尔政府就是"服从萨旦",并呼吁政府职员罢工,不与新政府合作①。

　　阿亚图拉霍梅尼在接受黎巴嫩《星期一早报》记者采访时说:"一直无条件支持伊朗国王并继续侮辱伊朗人民的美国总统卡特是伊朗的敌人之一"。苏联"尽管在较小程度上支持国王,但对伊朗伊斯兰运动的神圣性质的看法是错误的"。伊拉克政府"在国王的压力下,没有为伊朗人民做任何事情"。萨达特总统的"活动违背了所有阿拉伯人民的利益"。他重申"他支持阿拉法特、巴勒斯坦人民的权利和穆斯林的领土归还给穆斯林"。当谈及巴列维国王时,他说:"只要国王不走,他的王朝和王国政权不倒,一个伊斯兰共和国不建立,伊朗就不会平静。"他反对与巴列维国王妥协,说:"同像国王那样一个罪犯妥协将是对伊朗人民和伊斯兰的背叛"。当问及伊朗未来的政府形式时,他说:"未来的政府将是一个伊斯兰共和国,在这个国家内将进行选举,它的体制将不是

---

① Martin Wright. *Iran: the Khomeini Revolution*. London: Longman Groug UK Limited, 1989: 19.

单一政党体制"。"必须继续举行石油工人罢工,直到国王离开为止"。他还说最近在土耳其发生的事情是伊朗局势的直接结果,"伊朗发生的神圣运动是一个伊斯兰运动,因此世界上的所有穆斯林自然要受到它的影响。"在受访中,阿亚图拉霍梅尼要求记者赛义德小姐用头巾把自己的头发包好。他说,虔诚的穆斯林认为,妇女光着的手臂、膝盖和头发是不能让男人看到的。阿亚图拉霍梅尼还要求她保持"更远的距离"。

1月7日,塔莱加尼说:在伊朗,任何新政府都必须在由阿亚图拉霍梅尼指挥的民族斗争的范围内建立起来。其他形式的政府决不能为伊朗人民所接受。桑贾比说:"我们的立场不变。我们民族阵线决不以个人身份采取行动……巴霍蒂亚尔背离了我们所坚持的原则,他的行径令人不能容忍,民族阵线只好把他开除。"前首相阿米尼评价巴霍蒂亚尔说:巴霍蒂亚尔一向支持全国力量团结一致。阿米尼呼吁人们尽一切可能帮助新政府解决目前的危机,以防止其发展到不可收拾的程度。萨迪格赞扬巴霍蒂亚尔的勇气和爱国主义精神。他说,巴霍蒂亚尔组成政府使摩萨台的名字增添了光辉,这是伊朗人民的胜利,他有勇气登上政治舞台,人人有责全力支持他。埃及《十月》周刊总编阿尼斯·曼苏尔在该刊上撰文《波斯地毯必定改变颜色》,其中谈道:"如果国王消失,那么所有人都应祈求真主把伊朗从落入极端分子、左翼或右翼分子怀抱的恐怖中拯救出来。"

阿亚图拉霍梅尼发表声明说,"国王说过,如果他离开伊朗,伊朗便会落入共产党人手里,这种说法毫无根据,因为伊朗人民一致抵抗了美苏两国。""即使在发生世界大战的情况下,一支外国军队进行干涉,历史已经表明,这样的军队也不可能留在那里。"

1月8日,德黑兰和其他城市举行"全国哀悼日"示威游行。在首都,示威者高举着写着"独立、自由和伊斯兰共和国"的横幅和阿亚图拉霍梅尼的画像。德黑兰的示威游行在比较平静的气氛中进行。在大不里士,愤怒的群众放火烧了几家银行、食品店、电影院和政府大楼。再加上数以百计的私人住宅着火,整个城市变成了一片火海。另外,在设拉子、扎赫丹、霍伊、沙阿普尔、马什哈德、库姆、克尔曼、吉罗夫特、巴姆、拉弗森姜等城市也都出现了示威游行,由于没有警察干涉,也就没有发生冲突。阿亚图拉沙里亚马达里没有按惯例在门口对示威者发表讲话,原因可能是他支持巴霍蒂亚尔。

1月9日,巴霍蒂亚尔选中的国防大臣费雷顿·贾姆决定不参加政府。后来他在伦敦谈他不参加政府的原因时说,那是因为"我不想当独裁者"。谣传伊朗的军方将发生政变,有6名军官参加,以推翻巴霍蒂亚尔的文官政府。派往伊朗的美国休赛将军再次推迟离开伊朗。桑贾比称巴霍蒂亚尔新政府是"机会主义的阴谋"①。

1月10日,法国《世界报》刊登了该报记者保罗·巴尔塔对阿亚图拉霍梅尼的采访。

保罗·巴尔塔问:你曾说过,巴霍蒂亚尔的政府是非法的,为什么?

阿亚图拉霍梅尼回答:原因有二:他是由国王任命的。这个政权早在塔索瓦和阿舒拉节示威游行——这些游行构成了一次公民投票并肯定了该政权非法性——之前就已经是非法的。其次,两个议会(众议院和参议院)都丝毫没有人民的基础,人民也未曾自由选举那些政府要求他们为之投信任票的议员们。

问:如果巴霍蒂亚尔失败的话,你认为是否有可能发生一次排除国王的由军队的精锐部队突击队、空军和宪兵为主的军事政府呢?

答:发生这种政变是有可能的。这可能是政权对付人民的最后一招;我们将进行抵制,因为人民决心斗争到建立一个伊斯兰政府为止。其他任何政权都将遭到人民的反对。

问:如果你得胜的话,在机构上,你将有什么建议?

答:我们将责成一个委员会去进行磋商以便组成一个代表大会。人民已经表明了建立伊斯兰政府的愿望。但如果在法律上有必要举行一次公民投票的话,那我们不会拒绝它。这个委员会将是由一些信教者组成;它可能还包括某些宗教学者,他们或者是全权代表或者是作为观察员。

问:看来,你是反对派的不容争辩的领导人。你还说过,你不想掌权,你是怎样来设想一个伊斯兰政府的?

答:我们将提出一个共和国总统候选人。他将由人民来选举。一旦当选,我会支持他的。伊斯兰政府的法律将是伊斯兰法。就我个人而言,我将不担任共和国总统,我也不会在政府中担任任何职务。我将仍像过去一样,只作

---

① Martin Wright. *Iran: the Khomeini Revolution*. London: Longman Groug UK Limited, 1989: 19.

为民族的带路人。

问：在伊朗有许多人，尤其是知识分子中有许多人是不信教的，甚至是一些无神论者，那么，伊斯兰政府将对他们采取什么态度呢？

答：我们将力求向这些人指明得救的道路；如果他们不愿意的话，除非他们策划有害于人民和国家的阴谋，在日常生活中，他们将是自由的。

问：最近，你曾说过，如果美国改变它对伊朗的统治政策，你们就准备重新研究同它的关系。这是什么意思？

答：如果美国行为正直，不干涉我们的内政并召回它在我国进行干涉的顾问的话，那我们也将会尊重它。

问：你认为，考虑到这个赌注和伊朗的运动对这个地区的阿拉伯和伊斯兰国家产生的反响，美国人会轻易放弃伊朗吗？

答：很明显，美国是希望把所有的国家置于其影响之下，但我们不能接受这样的一种统治，我国人民对此感到厌倦。其他一些国家效法我们人民的榜样，也将摆脱殖民主义的控制。

问：石油带来了一个棘手问题，你准备在这方面奉行一个什么样的政策？

答：我们将向那些向我们购买石油的国家出售石油，条件是按协商确定合理的价格出售。

问：你们是否向以色列和南非出售石油呢？

答：不，因为这些国家——正如我们早就解释过的那样——奉行一种违背人权和公正的政策。

问：几天前，莫斯科已经改变了它对伊朗的调子，并宣布它支持人民运动。你认为这种发展趋势会怎样？

答：苏联报纸的宣传并不构成对内政的干涉，实际上，世界各国的报纸都应该支持我们反对国王的政权。苏联是属于意识到伊朗人民的形势和因此而采取行动的国家的一部分。只要苏联不干涉我们的内政，我们将同它保持与我们同其他别的国家保持的那种友好关系。协调一致的关系应该建立在互相尊重的基础之上。

1月10日，通过电台，巴霍蒂亚尔说已就国王离开伊朗达成了共识。军队否认不承认新政府的说法。伊朗电台说：巴列维国王已把王族在伊朗的财产交给巴列维基金会。电台没有说具体数字，但据估计约有10亿美元。伊朗央行宣布把里亚尔同美元的比率贬值 9%。巴列维国王的出国实在是出于无奈。据法拉赫王后回忆:"一天,我依窗向外眺望,我突然意识到,要不了几天我就会死去。那时,我想事情的结局就是死亡,也许它并不是坏事。然后,我感觉到我过去从未感觉到的从容。"①在王宫中,虽然多数侍从仍然为国王服务,但一些人已经转向了反对派,有人在国王的餐桌上写下"打到巴列维国王"的字样。

卡特总统、蒙代尔、万斯、布朗、戴维艾伦与布热津斯基开会,万斯提议,美国派人与阿亚图拉霍梅尼接触。布热津斯基表示反对。卡特最后决定由法国人代表美国与其进行谨慎接触。沙利文称卡特的这一决定"极其愚蠢"。布热津斯基提出给巴赫蒂亚尔政府 10 天时间,以争取各派政治领导人的支持,结束罢工,不行的话,进行军事政变。

法国外交部行政与领事事务司司长克洛德·沙耶前往阿亚图拉霍梅尼住处,就其行政地位进行会谈。他多次前往霍梅尼住处拜见这位宗教领袖。

1 月 11 日,巴霍蒂亚尔向议会提出其施政纲领:解散可怕的秘密警察组织国家安全情报署;"逐步"废除军事管制法;释放政治犯并给予赔偿;迅速对被控有贪污罪的官员进行审讯;请求议会正式宣布在目前示威活动中被打死的人为烈士。他还宣布将取消对南非和以色列的石油供应。在他讲话之际,外面的示威者还在高呼反对他的政府和巴列维国王的口号。科威特报纸《新闻报》报道:近两个月有 5 名军官带着武器逃离军队。新政府释放了一批政治犯。美国国务卿万斯在华盛顿宣布巴列维国王的出走计划。

此时,美国驻伊朗大使沙利文接到了来自华盛顿的指示,要他去面见巴列维国王,并通知国王本人,美国政府认为,为了他本人以及伊朗的最高利益,巴列维国王应该离开伊朗。当沙利文将美国政府的指示传达给巴列维国王后,巴列维国王摊开双手,近乎哀求地说:"好吧,可是叫我上哪儿去呢?"②沙利文提出,他可以到瑞士,但遭到了巴列维国王拒绝。同时,巴列维国王说他不想到英国。沙利文提出是否想得到美国人的邀请,得到了巴列维国王的肯定回

---

① Gholam Reza Afkhami. *The Life and Times of the Shah*. Berkeley, Los Angeles and London: University California Press, 2009: 526.

② [美]威廉·赫·沙利文.出使伊朗[M].邱应觉等,译.北京:世界知识出版社,1984: 174.

答。于是,沙利文向美国政府请示,得到的回答是,巴列维国王可以到前大使、著名出版商沃尔特·安南伯格(Walter Annenberg,1908～2002)在加利福尼亚州棕榈泉附近沙漠的宅第中暂住,交通可用军方的直升机。美国政府授权沙利文,他可以以美国总统的名义邀请巴列维国王赴美。同时,要沙利文汇报巴列维国王的旅行计划、路线以及随从人数。在美国首都华盛顿,美国国务卿万斯对新闻界正式宣布巴列维国王的出走计划。

1月12日,在设拉子,上万名示威者袭击了"萨瓦克"总部,将其付之一炬。从此,设拉子落入到革命者手中。

在首都德黑兰,巴列维国王与沙利文、休塞就如何使伊朗军队完整地由巴列维国王转移到巴霍蒂亚尔和国王赴美一事进行了详细商谈。巴列维国王对军队的权力转移不感兴趣。在谈及国王赴美一事上,按巴列维国王的设想,他由安德鲁斯空军基地入境,也就是说,他想在去加利福尼亚路上见美国高级官员。沙利文和休塞分别同华盛顿进行联系,他们得到的答复是:不行。美国担心,这样做势必招致反对派的大规模示威。鉴于此,沙利文建议,巴列维国王的座机经过一个较偏僻的美国空军基地,如从缅因州那里入境,抵离时间正好是在夜间。从那里再飞到加利福尼亚的特拉维斯空军基地,然后改乘直升机前往安南伯格庄园。巴列维国王接受了这一建议,他要休塞同他的空军司令拉比将军一起制定出详细计划。巴列维国王说,拉比会把随行人数和动身的确切时间通知沙利文和休塞。

当晚,沙利文向美国政府发了一份电报,内容谈道:"我们的国家利益要求我们设法促成伊朗军队和宗教势力之间的妥协,以防人民党得势。"[①]美国向伊朗军队提供价值1 000万美元的御寒设备。

1月12日,阿亚图拉霍梅尼在巴黎发表声明,宣告成立伊斯兰革命委员会,由其直接领导革命,并负责建立临时政府的准备工作。他在声明中说:"根据伊斯兰法给予的权力和基于伊朗绝大多数人民给我的信任投票,为了实现人民的伊斯兰目标,已经任命一个临时委员会,即伊斯兰革命委员会。它由有能力的、愿意做事和值得信赖的穆斯林组成,并很快发挥作用。委员会的成员名单将在适当时候公布。委员会的工作将严格规定,它将负责为建立过渡政

---

① [美]威廉·赫·沙利文.出使伊朗[M].邱应觉等,译.北京:世界知识出版社,1984:176.

府和安排议会工作而对形势进行考察。过渡政府一旦建立,将在第一时间予以公布,并发挥作用。新政府将展开如下工作:第一,成立制宪委员会,选举人民代表,以便就伊斯兰共和国新宪法草案进行讨论;第二,在制宪委员会和新宪法的指导下进行选举;第三,将权力移交给选举的代表。""被免职的国王任命的现政府和现存的议会两院是非法的,永远得不到人民的承认。与这一篡权政府任何形式的合作都为宗教所禁止,并且是一种法律上的犯罪。就像一些部里值得尊敬的和勇敢的政府官员所做的那样,任何人必须拒绝服从篡权政府部长的命令,随时准备与其所在的部脱离关系。伊朗被压迫的人民并不局限于国王的离去,君主制的废除。他们将继续斗争下去,直到建立起能够保障人民自由、国家独立和社会公正的伊斯兰共和国。只有国王离去,把权力移交给人民,安宁才能重新回到我们可爱的国家,只有通过建立由人民确定和支持的、由其积极参与的、公正的伊斯兰政府,由国王腐败政府带来的文化、经济和农业上的巨大损失才能够得以修复,基于工人和被压迫阶级利益之上的国家重建才可能开始。""正在考虑出走的邪恶的巴列维国王可能进行新的犯罪——发动军事政变。我反复警告,这是一种可能。这是他的最后一招。勇敢的伊朗人民知道,军队中只有极个别的奴性十足和嗜血成性的人,他们明显占据着重要位置,我对他们的所作所为了如指掌。军队中尊贵的官兵们决不允许国王的奴隶去实施反对民族和宗教的犯罪。依据真主和民族赋予我的责任,我警告伊朗军队正接近这一边缘,我要求军队的军官们绝对拒绝任何这样的阴谋活动,禁止少数嗜血成性的人把尊贵的伊朗人民推向血海。伊朗军队,这是真主赋予你们的责任。如果你们服从叛徒的命令,你们要向崇高和全能的真主说明,要遭到所有人道主义者的谴责和未来新一代人的诅咒。英勇的伊朗人民必须时刻准备着为应对这一阴谋而献身。在全能真主的信任下,他们不必害怕那些目标只为自己一己之利的人。实际上,伊朗人民积极参与斗争已经表明他们无所畏惧,他们知道目前的叛国者已经不知所措,(就像已经携带着人民的财富逃往国外的叛徒一样)这些叛徒只得选择逃离。伊朗人民必须善待军队中尊贵的官员。他们已经认识到了军队中的少数害群之马不可能玷污整个军队。个别嗜血成性者已经与大多数军队官兵分离开来。军队属于人民,人民属于军队,国王的离去,不会给军队带来任何伤害。""尊贵的伊朗人民在达到目的之前不会停止斗争,实际上,他们也没有要停下来的意思。"①

革命委员会成员的完整名单从未正式公布。革命委员会成员主要由以下人员组成：阿亚图拉穆尔塔扎·蒙塔哈里(Morteza Motahhari,1919～1979)、阿亚图拉穆罕默德·礼萨·马达维·卡尼(Muhammad Riza Mahdavi Kani,1931～2014)、阿亚图拉穆罕默德·塔莱加尼、阿亚图拉穆罕默德·贝赫什蒂、阿布·哈桑·巴尼萨德尔、阿亚图拉侯赛因·阿里·蒙塔泽里、阿亚图拉阿布杜·卡里姆·穆萨维·阿德比利(Abdul Karim Musavi Ardabili,1926～　)、霍贾特伊斯兰贾瓦德·巴霍纳尔(Mohammad Javad Bahonar,1955～1981)、霍贾特伊斯兰穆罕默德·阿里·哈梅内伊(Muhammad Ali Khamanahi,1939～　)、霍贾特伊斯兰阿卡巴尔·哈什米·拉夫桑贾尼、阿拔斯·沙巴尼(Abbas Shaybani)、侯赛因·穆萨维·哈梅内伊(Husayn Musavi Khamanahi)、穆斯塔法·卡提拉伊(Mustafa Katirai)、迈赫迪·巴扎尔甘、伊扎图拉·萨哈比(Izzatullah Sahabi)、伊卜拉欣·雅兹迪、哈桑·伊卜拉欣·哈比比(Hasan Ibrahim Habibi,1937～2013)、阿里·阿卡巴尔·穆因法尔(Ali Akbar Muinfar)和萨迪格·库特布扎德(Sadiq Qutbzadah,1936～1982) ②。蒙塔哈里、卡尼、塔莱加尼、贝赫什蒂和巴尼萨德尔分别是第一至第五任委员会主席。

1 月 13 日,巴列维国王确定伊朗摄政委员会成员名单,它由 9 人组成：首相沙赫普尔·巴霍蒂亚尔、众议院议长贾瓦德·萨义德(Javad Syeyed)、参议院议长穆罕默德·萨吉迪(Mohammed Sajidi)、王室委员会主席赛义德·贾拉尔丁·德黑兰尼(Seyyed Jalaleddin Tehrani)、军队参谋长阿拔斯·加拉巴吉(Abbas Qarabaqi)上将、阿卜杜勒·恩忒扎姆、穆罕默德·阿里·瓦拉斯太(Muhammad Ali Vallastai)、阿里嘎里·奥尔达郎(Aligali Ordalang)和阿卜杜勒·侯赛因·阿里·奥保迪(Abdul Hossein Ali Aubaodi)博士③。摄政委员会主席由王室委员会主席赛义德·贾拉尔丁·德黑兰尼担任。

① Imam Khomeini. *Islam and Revolution: Writings and Declarations*. London: KPI Limited,1981：246-248.

② Shahrough Akhavi. The Ideology and Praxis of Shiism in the Iranian Revoltuion. *Comparative Studies in Society and History*,Vol.25,No.2,1983：209.

③ Ali Akbar Dareini. *The Rise and Fall of the Pahlavi Dynasty: Memoirs of Former General Hussein Fardust*. Delhi：Motilal Banarsidass Publishers Private Limited,1999：403.

巴列维国王反对军官们发动政变，说这只会延长流血的时间，到目前为止，已有1 500人丧生。有消息说，国王可能去约旦。伊朗驻美国大使扎赫迪因反对美国对伊朗国王的态度而辞职。20万人示威游行，庆祝德黑兰大学复课。示威者高呼"胜利就在眼前"。

法新社将阿亚图拉霍梅尼的政治纲领概括为以下几个方面：

伊朗国王巴列维放弃权力之后，宗教领袖将"领导国家"。国家将成为"伊斯兰共和国"。这位什叶派领袖强调指出，这个共和国的法律基础将是伊斯兰法。

关于机构问题：选举共和国总统，由"教徒"组成的"委员会"进行磋商之后，建立议会。完全废除国王的腐败政权。

伊斯兰共和国的伊朗将是民主的、独立的。在这个国家里，"大家都完全自由"。至于"进步"，只要它不违反伊斯兰的规则，国家的向导——宗教人士就不反对。

对外关系：美国总统一直支持国王，国王下台后将重新考虑伊朗与美国的关系。同苏联保持友好关系，因为它支持伊朗人民。

1月14日，《德黑兰日报》载文《决定命运的一周》。在当天的示威游行中至少有17人被打死。

巴列维国王接到了埃及总统萨达特的邀请，萨达特总统建议国王在赴美途中在阿斯旺停留一天。巴列维国王先是犹豫，后来就答应了。

阿亚图拉霍梅尼发表讲话说："要断绝与以色列的一切关系，不过，在伊朗的犹太人要继续保持自由，将生活在比国王统治时期更为自由的环境中，因为伊斯兰尊重所有的宗教。"[①]阿亚图拉霍梅尼在接受美国哥伦比亚广播公司"同全国见面"节目记者的采访时说："现政府是非法的，它得不到任何支持。不幸的是，美国政府正在支持国王，支持国王指定的政府。"他将解散议会，因为这个立法机构"是靠国王和他父亲的刺刀建立起来的"。"我们同马克思主义者之间没有任何关系。我们是一神论者，我们信仰一个真主。"同所有国家的关系将是友好的，"只要它们不干涉我们的事务"。"美国不能在伊朗拥有基地"。

---

① Juliana Shaw, Behrooz Arezoo. *Palestine from the Viewpoint of Imam Khomeini*. Tehran: the Institute for Compilation and Publication of the works of Imam Khomeini (International Affairs Divsion), 1999: 11.

1月15日,在大不里士,1名少校和2名警官被打死。

阿亚图拉霍梅尼为卡尔巴拉悲剧发生第40天发表演讲,他在演讲中说:"又到了被压迫者的领导人和高贵的殉道者伊马目侯赛因蒙难第40天的纪念日。正直的和清醒的伊朗人民已经目睹了太多这样悲惨的日子。在过去的一年,我们目睹了灾难和惨无人道的犯罪,这是巴列维王朝50年残暴统治的延续。过去的50年是痛苦的50年,但过去的一年是最痛苦的一年,一年来,我们勇敢的人民起来反抗专制制度和帝国主义。""这一年,伊马目侯赛因遇难第40天的纪念活动被赋予了新的内容,在这一天,正是按宗教和民族义务组织了大规模的示威游行。借全国规模示威游行,我们勇敢的人民再次并彻底地埋葬了君主制这块臭肉。他们一定会宣称反对非法的摄政委员会,并再一次表达对伊斯兰共和国的支持。"[1]他接着谈了以下几个方面的问题:防止政府官员人为制造饥荒;防止美国政府将出售给伊朗的武器偷走;鼓励农民积极播种,以防饥饿;伊斯兰银行应该是无息的;所有在伊朗剥夺人民的外国银行都应收归国有;所有的非法议员不再参加议会活动;大学生继续反对腐败政府;摄政委员会成员继续活动意味着继续犯罪,如果不中止活动,要对自己的行为负责;将很快宣布伊斯兰革命委员会成员名单。

伊朗参谋长公开声明,军队不会发动政变。

帕森-约旦公司的铜矿分公司负责人贝科威茨被杀,在他住宅的墙上写下了"滚回你的老家去"字样。这是继1978年12月23日,美国石油公司负责人保罗·格里姆被杀后,又一起针对美国人的暴力事件。

埃及政府发表公告说:巴列维国王将于1月16日抵达阿斯旺。

伊朗《未来报》刊登了穆斯塔法·拉希米给阿亚图拉霍梅尼的一封信,表示反对成立伊斯兰共和国,而主张建立共和国。他在信中说,成立伊斯兰共和国实际上是把政权交给了宗教领袖,这是同"国家管理来自人民——伊朗人民在立宪革命中以许多人奋斗和流血的代价换来的管理——相违背的。"当然,人民有权利为制定更加进步的宪法而采取措施,但是,把自己的权利只交给某个人或几个人是不明智的。伊斯兰共和国同民主是矛盾的。他对阿亚图拉霍梅尼反对国王、美国、苏联及中国是赞同的。伊朗驻美10名外交官指责伊朗

---

[1]　Imam Khomeini. *Islam and Revolution: Writings and Declarations.* London: KPI Limited, 1981: 249.

驻美国大使阿德希尔·扎赫迪参与了有损伊朗国家利益的活动,拒绝他回大使馆。

1月16日,德黑兰梅赫拉巴德机场,一排排飞机由于罢工而无法动弹。寒风中,王宫的侍卫和佣人列队站在引导乘客进入机场的指示墙边为巴列维国王及其家人送行,他们用穆斯林传统的用手敲打自己的头和胸部的方式表达自己的悲哀,整个指示墙前,哭声和叫声一片。新任首相沙赫普尔·巴霍蒂亚尔、议会两院议长、政府大臣和军队将领前来机场为巴列维国王及其家人送行。一位帝国卫队领导人匍匐在地上,亲吻了巴列维国王的鞋子,劝他不要离开。有一个士兵跑过来亲吻巴列维国王的鞋子,被两眼含泪的国王扶了起来①。巴列维国王安慰说:"不必担心,我为长期的安定而去,很快就会回来。"②然而为其送行的仆人和卫兵站在远处目睹着他们的君主,知道他将一去不还。

巴霍蒂亚尔和加拉巴吉陪同巴列维国王上了飞机。在飞机上,巴霍蒂亚尔问巴列维国王:以后的国家日常报告往哪里发送?巴列维国王回答道:"你自己考虑就行了,不需要什么报告了。"加拉巴吉问巴列维国王:"我对军队怎么办?我该做什么?我不知道您不在时,我在军中的职务是什么?"巴列维国王回答道:"军队和治安部队归你掌握。你认为该下什么指令你就下什么指令,哪怕是错误也没关系,那不会使我有什么不满。我给你权力,因为是在困难情况下,我不会不合逻辑地期待你什么。"③

格林尼治时间10点37分,巴列维国王乘着自己的波音707喷气式飞机,两眼泪汪汪地离开了自己的祖国。临走前,他为自己准备了一盒泥土、一本《古兰经》,这是穆斯林出远门时要随身携带的两样传统的东西。另外,还有两顶精心挑选的皇冠。临行前,他还赦免了240名犯人。为了躲开记者,他称自己要在1月17日离开。飞机的驾驶员是贝赫扎德·妙齐(Behzad Moezzi)上校。两年后,也是这位上校,将伊朗的首任总统阿布·哈桑·巴尼萨德尔和人

---

① Mansur Rafizadeh. *Witness: from the Shah to the Secret Arms Deal*, *An Issiders Account of U.S. Involvement in Iran*. New York: Wiliam Morrow and Company, Inc., 1987: 395.

② Gholam Reza Afkhami. *The Life and Times of the Shah*. Berkeley, Los Angeles and London: University California Press, 2009: 527.

③ Ali Akbar Dareini. *The Rise and Fall of the Pahlavi Dynasty: Memoirs of Former General Hussein Fardust*. Delhi: Motilal Banarsidass Publishers Private Limited, 1999: 404..

民党领导人马苏德·拉贾维(Massoud Rajavi,1948～1990)送到了巴黎。

　　德黑兰校园的学生高呼:"国王已经走了,下一个该轮到美国了"。巴霍蒂亚尔说:"伊朗人民该享有自由和民主的时刻到了""我向你们保证:我一定要使用一切能够使用的手段,避免出现混乱和对人民权利的侵犯。""大学必须保持中立,假如我看到一面红旗或者不同于伊朗三色国旗的任何旗帜,或者,假如我听到反民族的声音,我将毫不犹豫地再次关闭这些中心。"当晚,巴霍蒂亚尔宣布,在以色列与阿拉伯人签订一项和平条约之前,伊朗将断绝与以色列的一切石油供应。德黑兰军事长官发布公告,将镇压挑衅分子。他还对他所说的电视台与电台的高级领导人是秘密警察的话表示道歉。民族阵线领导人桑贾比说:"人民的基本要求是要完全清除这个制度,并把权力转交他们。"

　　美国驻伊朗军事代表吊死在德黑兰的家中。美国国务院发言人说,如果伊朗国王访问美国,将以国家元首相待。

　　以色列总理贝京召集一些人紧急磋商在伊朗的犹太人命运问题。

　　在巴黎,阿亚图拉霍梅尼向伊朗人民发表国王离开国家的庆祝信,其中说:国王出走"是我们走向结束巴列维家族专制胜利的第一阶段"。这一胜利应归功于伊朗人民的英勇斗争。

　　阿亚图拉霍梅尼在黎巴嫩《旗帜报》上撰文,其中谈道:"所有的马克思主义者将可以自由地提出他们的要求,但不得进行反对这个国家的阴谋。""为反对国王而斗争的穆斯林人民和一些马克思主义分子——无论是极端主义的或非极端主义的——之间不存在任何合作"。"我一直提醒穆斯林不要与马克思主义分子进行组织上的合作","把伊朗革命说成是'伊斯兰马克思主义的'是自相矛盾的"。"在美国和苏联之间不做任何区别。我们拒绝任何在外表上是自由主义的,实际上是一种独裁统治的政权。""以色列篡夺了穆斯林人民的土地。它还继续对巴勒斯坦人民犯下无数罪行。它是伊斯兰人民的敌人"。关于妇女问题,他说:"伊斯兰从来不反对妇女自由。相反,它一贯在为使妇女得到她的尊严而努力和防止使她成为纯粹的消费产品。妇女像男人一样是自由的。她有决定她自己命运和选择她自己活动的自由。"他还说,国王的政权力求使妇女陷入淫邪之中,而不是使她得到真正的自由。""阿拉伯民族应该为反对形形色色的殖民主义而斗争,因为它是伊斯兰最凶恶的敌人。""阿拉伯国家也应该认识到犹太复国主义是一种危险,应该支持选择了为反对犹太复主义而进行武装斗争的巴勒斯坦抵抗运动。"

民族阵线的主要发言人大流士·福鲁哈尔在巴黎会见阿亚图拉霍梅尼，讨论未来政权建设问题。福鲁哈尔将组建临时政府以管理伊朗事务。

两辆卡车把德黑兰市区广场上的巴列维塑像拉倒。

科威特《新闻报》呼吁伊朗人民承认巴霍蒂亚尔政府。英国《金融时报》载文《伊朗危机无尽头》，文章谈道："国王会不会回来呢？从现象上看，这是极不可能的。"

1月17日，伊朗南部城市提孚斯和阿瓦士出现了大规模示威游行。阿瓦士的人数达到30万，军队向示威者开枪，造成30多人死亡。不过，伊朗大多数城市的示威游行很少看到警察和军队的影子，是在平静中进行的。

阿亚图拉霍梅尼发表声明：巴霍蒂亚尔政府必须辞职，"我呼吁没有参加我们的斗争的全体非穆斯林和其他人现在加入到我们的力量中来……一切军事力量必须停止支持被废黜的国王。"

伊朗外交部召回9个驻外使馆的大使。众议院14名议员辞职。卡特表示支持伊朗新政府。

据美联社的报道，卡特总统表示，越南已经教育美国人不干涉其他国家内政，希望阿亚图拉霍梅尼支持巴霍蒂亚尔政府。美国务院发言人霍丁·卡特第一次承认阿亚图拉霍梅尼可以对伊朗发生的事情起作用。在美国的伊朗王子称如果伊朗人民需要，国王在"适当的时候"返回伊朗。

1月18日，巴列维国王出走后，民族阵线领导人迈赫迪·巴扎尔甘试图在阿亚图拉霍梅尼和巴霍蒂亚尔之间进行斡旋，使双方达成妥协，建立一个新政府。阿亚图拉霍梅尼拒绝支持巴霍蒂亚尔的新政府，反对与巴霍蒂亚尔政府的任何妥协。巴霍蒂亚尔也反对阿亚图拉霍梅尼接替他的职务。巴霍蒂亚尔在德黑兰会见法国记者时说："正如阿亚图拉霍梅尼无意把他的地位让给我一样，我也不愿把我的地位让给他。""在你们的国家，一位红衣主教是不取代总理的，在我们的国家情况亦如此。""一旦阿亚图拉霍梅尼愿意，他可以返回伊朗。"巴霍蒂亚尔下令释放全部政治犯。派摄政委员会主席德黑兰尼前往法国会见阿亚图拉霍梅尼，对此他发表了自己的看法：德黑兰尼的法国之行是会有成果的，是符合伊朗人民利益的。从伊斯兰历的下个月开始，不再向罢工者发放工资。阿亚图拉霍梅尼拒绝美国总统卡特关于他应让伊朗新政府有获得成功机会的呼吁。美前司法部长克拉克说：巴霍蒂亚尔执政的日子不长了。巴霍蒂亚尔退出政治舞台，由阿亚图拉霍梅尼组织过渡政府只是时间问题。

当天，黎巴嫩首都贝鲁特的左翼报纸《使者报》刊登了该报主编对阿亚图拉霍梅尼的采访总结：土地所有权——"伊斯兰承认这一权利，但也考虑到保证公正的一些条件，例如限制（土地）所有权。在过去，伊朗国王或是他的追随者拥有大量封建地产。这与伊斯兰的原则是矛盾的，今后，决不再出现这种情况。"财富分配——"财产的形式和限制以及财富的分配在伊斯兰教义中都有明确规定"。"现在也有一些"支配伊斯兰社会财富和财产的"条规"。"我们认为，这些将是消灭贫困和掠夺的最好办法。"政治结构——"人民将选举他们的议员。议会反过来将选举部长委员会和共和国总统。总统将向议会负责。新的宪法将规定每一机构的权力。"对外政策——"我们尊重其他国家人民的独立和自由。我们将不允许其他人干涉我们自己的事务或是威胁我们的独立。这将是我们与大国关系的基础，我们将不偏袒任何一方。"

在谈及中央条约组织时，阿亚图拉霍梅尼说："这些事情应由有关国家政府加以研究。我个人认为，我们穆斯林都是一家人，即使我们在不同的政府管辖下和在各个地区生活。他们必须共同努力，以实现他们的共同一致的目标。他们必须有一个立场。这就是我们的战略——最重要的事情。一些具体情况可以由专家们去解决。原则上，我们将不参加或缔结任何军事条约。我们的政策将是不结盟政策。我们将与我们朋友友好相处，并与我们的敌人誓不两立。关于波斯湾地区或整个中东的安全问题，有两个矛盾概念——一个是美国的概念，另一个是我们伊斯兰的概念。前者是国王谋求个人私利用的，它不符合伊朗人民的利益。我们认为，这一地区的安全应由这一地区的人民来决定。这些人民必须有选择的自由。他们必须是他们自己的主人。让伊朗人民选择他们的政府吧，因为这是伊朗取得稳定的首要条件。这也适用于这一地区的其他人民。与美国结盟不符合人民的利益。"

由工业家和银行家组成的五人代表团由贾拉尔·阿汉奇恩带领前往法国，会见阿亚图拉霍梅尼，讨论伊朗的经济形势。

1月19日，德黑兰举行了又一场大规模的示威游行，参加者达150万人。示威者称巴霍蒂亚尔的政府是非法的，要求阿亚图拉霍梅尼回国接管政府。游行队伍长达32公里，有一个横幅这样写道："吉米这小子，跑，跑，跑，伊朗人民正在拿起枪"。5个小时的游行结束后,他们发表了一个声明:武装部队参加反对国王的运动;其他国家不要密谋反对伊朗人民的斗争,否则将影响两国关系;议会全体议员辞职;国王出国前任命的摄政委员会辞职;工人的罢工和示威游行要继续下去,直到建立"公正的伊斯兰共和国"。

在圣城马什哈德,示威游行者也超过了百万。其他城市也进行了类似的示威游行。军队没有出现在街头。有消息说,在沙赫罗希,数百名士兵绝食,抗议军官要他们进行轰炸城市的训练。

巴勒斯坦解放组织的一领导人承认,曾对伊朗反对派进行支持,目的是要伊朗国王离开伊朗,与以色列断交。方式是训练伊朗游击队并转送利比亚向伊朗反对派提供的武器。

在伊朗北部城市阿瓦士,当士兵们听说巴列维国王出走时,他们疯狂地高呼:"叛徒!叛徒!"[1]

1月20日,阿亚图拉霍梅尼称,他将在1月26日回到伊朗,在德黑兰参加礼拜。伊朗作家阿里·赛义德·哈瓦迪成立"运动党"。其宗旨是"反对暴政、集权主义和走上这条道路的任何一种政府"。摄政委员会主席赛义德·贾拉尔丁·德黑兰尼前往巴黎会见阿亚图拉霍梅尼。

1月21日,巴霍蒂亚尔召开伊朗国家安全委员会会议,讨论伊朗局势。他再次表示,决不在阿亚图拉霍梅尼的压力下辞职。伊朗召回它的驻苏联、沙特阿拉伯等国大使。

伊朗人民党发表公告,支持阿亚图拉霍梅尼建立伊斯兰革命委员会的建议。

在埃及阿斯旺,巴列维国王与美国前总统福特进行了会晤。会谈中,巴列维国王向美国前总统福特抱怨卡特政府对其支持不力。美国参议院外交关系委员会主席弗兰克·丘奇说:没有阿亚图拉霍梅尼的支持,伊朗任何政府都不可能持久。

自当上首相后,巴霍蒂亚尔每天下午从6点到8点都在首相府召开会议,参加者为"萨瓦克"代表、警察局代表贾法里中将、宪兵局代表穆哈基基中将、军队参谋长加拉巴吉、陆军司令巴德雷、空军司令拉比伊、海军司令哈比布拉

---

[1]　Iran: The Uncertainty Continues. *Executive Intelligence Review*, Vol.6, No.3, January 24, 1978: 5.

希等。在会议上,有人提出了轰炸阿亚图拉霍梅尼飞机的计划①。

《华盛顿邮报》载文《美国认为霍梅尼在是否能组成伊朗政府问题上是个关键人物》,文章写道:"国务院一位高级官员昨天向记者们说,现在政府的主要目标是要使霍梅尼、巴霍蒂亚尔、军方和其他人商订一项恢复安宁和控制伊朗的非共产党力量的政治方案。"这位官员在回答记者提问时,第一次承认"有迹象表明",根据这项安排,可能会出现一个中立的政府而非共产党统治的政府。

1月22日,伊朗盛传军队可能发动政变的消息,伊朗军队参谋长说这不属实。伊朗中央银行行长优素福·霍什基辞职。摄政委员会主席德黑兰尼向阿亚图拉霍梅尼递交了辞呈,尽管德黑兰尼在书中谴责了摄政委员会,并认为其非法,但阿亚图拉霍梅尼感到不满意而将其退回。这些表明,巴列维国王重返伊朗的路彻底断掉了。美国《新闻周刊》报道说,巴列维国王前往美国的计划已被推迟。

当天,巴列维国王及其家属离开埃及,前往摩洛哥。在埃及,萨达特总统曾建议,巴列维国王将伊朗的战斗机带到埃及,遭到了巴列维国王的坚决拒绝,他说:"这支空军属于伊朗。"②

美前司法部长克拉克在法国会见了阿亚图拉霍梅尼,双方交谈了1个多小时。这是美国建立伊朗和解政府的一部分。1月22日,经过8天的一连串访问后,克拉克回到了华盛顿,在记者招待会上,他说:美国支持国王独裁是"可耻的"。"伊朗的未来属于霍梅尼"。"伊朗99%的人民支持霍梅尼。他是第一个率直陈言的,他是最直言不讳的。霍梅尼将成为伊朗新政府中的主力。"他提醒美国政府,特别是中央情报局不要干涉伊朗事务。美参议院议员亨利·杰克逊称,阿亚图拉霍梅尼造成的急剧威胁比许多人所想象的要危险得多,他称阿亚图拉霍梅尼是一个"极端偏执的人",并把阿亚图拉霍梅尼的著作与希特勒的《我的奋斗》相比较。

伊朗东北部城市马尔赫克尼沙,拥护国王的人袭击反国王示威者,几十人

① 伊朗外交研究所.巴列维王朝的兴衰:伊朗前情报总管的揭秘[M].李玉琦,译.北京:新华出版社,2009:383.

② Farah Pahlavi. *An Enduring Love: My Life with the Shah: A Memoir*. New York: Miramax books, 2005:305.

被打伤。在库尔德斯坦的克尔曼沙赫和其他一些城市也出现了类似情况。在北部城市齐布拉——国王的家乡——人们用阿亚图拉霍梅尼的塑像取代了巴列维国王的塑像。在大城市伊斯法罕和马什哈德，由宗教领袖们建立起来的非官方的"伊斯兰共和国警察"开始维持秩序。阿亚图拉沙里亚马达里、马拉希·纳贾非、哈鲁尼等宗教领导人拒绝承认巴霍蒂亚尔政府。

伊朗驻法国大使巴赫拉姆·巴赫拉米深夜给阿亚图拉霍梅尼写了一封效忠信。

《德黑兰日报》就阿亚图拉霍梅尼回国发表评论称："如果霍梅尼果真回国的话，我们认为，这在很大程度上是符合所有关心这个国家前途者的最大利益的。首先，这意味着，这位宗教领袖终于能够亲自深入目前这里的现实形势，而且能更自由地接近那些试图实施和发展他的主张的人。此外，还会有某种要从由于距离遥远而造成的那个神秘天边'下降到人间'的事情。事实上，这正是我们为什么倾向于认为这位宗教领袖在一段时间内不会回国的原因。星期五会真相大白。"

1月22日，德国《明镜》周刊载文《我是人民的发言人——霍梅尼同本刊记者谈他对伊朗的计划》：

问：国王已离开伊朗。您返回伊朗道路业已畅通……还有什么妨碍您回国的问题吗？

答：还存在一些伊朗必须解决的问题。巴列维下台只是取得胜利的第一步。我们要坚持到底，并创造有助于建立一个伊斯兰共和国的条件，但是达到这一点的路途还相当遥远。

问：巴霍蒂亚尔首相劝说国王出国、释放了政治犯，并恢复了个人自由。为什么您不愿与其合作呢？

答：由被赶下台的国王任命的政府没有合法基础。换句话说，这个政府是违反人民意志的。合法的第一步是他辞职。

问：您宣布成立伊斯兰革命委员会，这是与巴霍蒂亚尔内阁相对抗的政府吗？

答：这是一个咨询的伊斯兰委员会，我将与有经验的伊朗政治家一同——委任这个委员会的委员。晚些时候将公布他们的名字。我只希望他们不要误解伊斯兰教和知道这个时期伊朗社会对他们的要求。

问：据我们所知，据说您的领导班子将征求伊朗人民对一部宪法的意见。这是一部什么样的宪法？

答：将是这样的一部宪法，其中将不存在巴列维家族的丝毫权力要求，还要包含一些改革的内容。

问：一部伊斯兰宪法大概解决不了问题。什么时候将在伊朗举行自由选举？

答：临时政府必须迅速为实现选举创造前提，并对居民讲明选举的条件。不可拖延过长时间。

问：将是自由选举吗？

答：自由选举。

问：您将成立一个自己的党吗？由其代表今后在议会中表达您的意志。

答：我们的支持者是伊朗的穆斯林——而且不仅仅是他们。真主称伊斯兰的圣战者为"安拉的党"。这个党将在议会中履行伊斯兰的责任。

问：伊朗有马克思主义者，他们曾同您一起反对国王。您原则上打算同他们分享权力吗？

答：未来的国家结构以人民大多数的意见为基础。那些在广大的人民群众面前就如沧海一粟的人不能——并且绝不允许他们狂妄地把自己的意志强加给人民。因此我认为不可能在政府一级同他们合作。当然他们仍然可以自由地提出他们自己的观点和信念。

问：伊朗的形势还是难以捉摸的，还看不到会出现稳定的局面。难道不可以设想，权力真空会把那些什么都干得出来的人推到前面来？

答：如果这帮家伙，比方说国王的代理人或者是"左倾"机会主义分子，想试图利用这种形势大捞一把的话，那么伊朗人民是不会使他们如愿以偿的。如果这批害群之马不顾一切仍然试图以武力把自己的意志强加给人民，那么他们就表示自己是叛徒。至于人民对叛徒会怎么样，那是不待多说的。

问：共产主义的人民党号召进行武装斗争，您不感到与此有关吗？

答：不能剥夺任何一个公民、任何一个公民组织的自由思考和发表见解的自然权利，也不能不允许他们有同国家权力机构不同的观点。但不能允许践踏伊斯兰教的准则，危及公共秩序和破坏国家权力。

问：那些军官，不效忠伊斯兰教的社会主义者，也许还有伊朗的各种少数派,可能会煽动军队起来发动一场政变,您看到了这种危险了吗?

答:任何一种军事政变,不管它是什么颜色的,从一开始就是注定要失败的。伊朗人民将会奋起反对这种阴谋活动,哪怕直到剩下最后一个人。

问:你们的伊斯兰教原则让人推测,德黑兰今后将同伊斯兰教国家进行特别密切的合作。

答:是的,我们同伊斯兰教国家的关系,将要比同其他国家的关系更为密切一些。

问:您打算松动你们同西方的关系吗?

答:我们同世界各国的关系将会是均衡的,是建立在互不干涉的基础之上的。

问:但您想使伊朗退出同西方的军事联盟,即退出中央条约组织?

答:这个问题必须由将来的国家做出决定——以最符合伊朗利益的方式。

问:可是您已经确定了对一个国家即以色列的态度。会有那么一天,伊朗的军队将参加反对以色列的阿拉伯战争吗?

答:阿拉伯国家用不着我们去干那种事。它们也不应该允许承认以色列国家的存在。我们将中断同以色列所有的关系,因为我们不相信有以色列存在的任何合法的法律基础。巴勒斯坦属于伊斯兰地区,必须归还给穆斯林。

问:对高度武装的军队应该怎么办呢?

答:我国不应成为我们所根本用不着的外国武器的仓库。我们将根据我们的实际需要来保持我们军队的实力,即用于维持国内的秩序和防止可能的动乱。

问:工业方面有何打算?

答:我们将继续促进民族工业,这不成问题。但不是促进那种将我们永远受缚于外国人的工业——这种工业所取得的赢利装到了外国资本家和本国窃贼——例如国王的口袋里。

问:您以后将在伊朗担任何种角色?

答:我是为这个被剥夺权利的伊朗人民提出要求的代言人。从而能够将它的呼声转达给其他各国人民。

1月23日,伊朗"国王卫队"举行阅兵游行。德黑兰数万人游行支持巴霍蒂亚尔,使用了"阿亚图拉霍梅尼暴政"的说法。一名示威者说:"我们既不要国王,也不要阿亚图拉霍梅尼。"

伊朗两家大报《世界报》和《消息报》发表阿亚图拉霍梅尼对记者的谈话。他在谈话中说:"伊朗未来的伊斯兰共和国将同以色列和南非断绝关系。""他希望能够帮助巴勒斯坦人"。伊斯兰共和国将尊重一切不违背伊斯兰教义的"自由"。"妇女的权利将由未来的政府决定"。他希望接受伊朗伊斯兰共和国的国家不需要接受什叶派教义。

当天罗马《国家晚报》引用阿亚图拉霍梅尼的话说:"伊斯兰共和国的外交政策基础是对两个超级大国和他们的卫星国严守中立。""拒绝对一个或另一个超级大国的任何一种性质的依赖。"

巴扎尔甘对记者说:"伊斯兰政府不会像利比亚或沙特阿拉伯政府,而是像我们在穆罕默德和阿里哈里发的头 10 年那样的伊斯兰政府。""革命委员会将是伊朗革命的结果。""接受伊朗革命的人也将接受未来的临时政府。"他称巴霍蒂亚尔是"一个务实的有逻辑头脑的爱国者",但在他面前的最适宜的道路是辞职。"的确要由宗教领袖和巴霍蒂亚尔本人来决定巴霍蒂亚尔是否仍然当首相。""但是,我们每天都看到这个国家不肯接受他。"

伊朗停止向苏联提供天然气,亚美尼亚出现燃料危机。

摩洛哥学生罢课,抗议巴列维国王抵达摩洛哥。

美国官方说:美国的一个中队的舰只驶抵卡拉奇,将不定期地留在阿拉伯海和印度洋。霍丁·卡特表示欢迎巴列维国王前往美国。

法国外交部条约和领事司司长克劳德·沙耶特前往诺夫勒·夏托与阿亚图拉霍梅尼进行会谈。阿亚图拉霍梅尼正式向他宣布,将动身返回伊朗,并告诉了动身的日期。沙耶特对阿亚图拉霍梅尼说,法国政府将尽一切努力使他能在最好的情况下动身。

1 月 24 日,为了阻挠阿亚图拉霍梅尼回国,凌晨,40 辆英制首领式坦克开进并控制了德黑兰的梅赫拉巴德机场。这些坦克立即占领了跑道,准备前去迎接阿亚图拉霍梅尼的两架波音飞机受阻,被迫回到了机库。随后,飞机发动机的启动器和燃料传压器被损坏,无法起飞。前来为飞机送行的塔莱加尼在机场发表了讲话,攻击了反对阿亚图拉霍梅回国这一倒行逆施。接着,一卡车士兵,前来驱散送行的群众。

巴霍蒂亚尔政府发表声明：德黑兰机场及所有的机场关闭，允许外国班机着陆，但旅客不得离开机场。同时，政府还取消了所有要离开德黑兰的航班。

在巴黎，阿亚图拉霍梅尼被记者和他的崇拜者团团包围，他通过自己的助手否认一些消息：如，他正在秘密地同巴霍蒂亚尔就停止内战达成折中方案进行协商。如何回国，乘什么样的飞机？阿亚图拉霍梅尼身边的人说：已经为阿亚图拉霍梅尼、他的随行人员、法国和其他国家的记者共 200 多人包了一架法国航空公司的喷气式飞机。飞机将在 1 月 26 号凌晨 1 点离开巴黎，9 点抵达德黑兰。阿亚图拉霍梅尼的助手雅兹迪对热心的随行记者说："我们不愿把你们当人质，决定由你们自己来做。如果你们想冒险的话，就同我们一起飞行。"他说，"存在着那种（旅行者遭到射击的）危险，总会有一些发疯的人。宗教领袖知道各种谣言、威胁与可能性，但他说，他无论如何也要回到他的人民那里。"

当晚，德黑兰军事长官迈赫迪·拉希米再次发表命令，从 1 月 26 日午夜起，伊朗各机场关闭 3 天。

巴霍蒂亚尔提出了辞去首相一职的条件：阿亚图拉霍梅尼解散其临时政府；推迟 3 周回国以便"安抚军队"；支持举行宪法委员会选举，并由其决定伊朗为君主制或共和制①。在随后的几天里，阿亚图拉霍梅尼称推迟几天回国，但拒绝接受巴霍蒂亚尔政府的任何任命。

美国助理国务卿兼发言人霍丁·卡特称，是否允许阿亚图拉霍梅尼回国应由伊朗政府决定。美国准备向伊朗运送 20 万桶汽油和柴油。《真理报》称：伊朗反对派行动具有全民民主、反帝和进步性。

在摩洛哥，巴列维国王称，他将不定期地留在摩洛哥。

1 月 25 日，由于巴霍蒂亚尔政府及军队继续关闭机场，阿亚图拉霍梅尼决定推迟 3 天回国。他说："在机场开放以后，我就立即回国，我要表明，人民是绝不会容忍外国人的代理人的。""我暂时不要求进行武装斗争。但是，我在考虑这个问题。"当天，巴勒斯坦解放组织驻巴黎办事处负责人易卜拉欣·苏斯在诺夫勒·夏托会见了阿亚图拉霍梅尼，并向他转交了一封巴解组织领导人

① Martin Wright. *Iran: the Khomeini Revolution*. London：Longman Groug UK Limited，1989：21.

的信。

伊朗《世界报》报道：破获了一起旨在暗杀阿亚图拉霍梅尼的秘密计划。巴霍蒂亚尔表示：他准备在选举立宪议会后辞职，阿亚图拉霍梅尼"原则上"可在1月28日返回德黑兰。巴霍蒂亚尔政府下令，严格按照军管法行事。反对派人士占领伊朗驻英国的领事馆长达8个小时之久，并取下了巴列维国王的画像。

1月26日，巴霍蒂亚尔通过电视发表讲话称：阿亚图拉霍梅尼在星期天回来"为时尚早"，"我已要求他允许我有时间为他的到达和安全做好组织工作"。"我是在伊朗发布命令的人。不久前我还是国王的阶下囚，如今我已不是那个人的阶下囚。""我不对死亡者负责"（指军队与亲霍梅尼的示威者之间的冲突）。"如果煽动者想使这个国家最后发生灾难和屠杀，那么他们必定会受到镇压、遏制和惩罚"。阿亚图拉霍梅尼则说，一旦机场重新开放，他将返回德黑兰。

当天，6个新闻工作者被捕。伊朗军队在德黑兰向示威者开枪，打死了20多人，这是自巴霍蒂亚尔上台以来最严重的一次。

1月27日，巴霍蒂亚尔发表讲话说："作为一个自认为是这一光荣运动的小小成员的伊朗爱国者，作为一个想念这位宗教领袖的领导的人……我已决定在48小时之内去巴黎，以有幸同他会晤，并寻求（他）对国家前途的指教。""霍梅尼宗教领袖回国是他的绝对权利。但是在目前，在我们这里所存在的使人惊恐的条件下，我们社会各阶层中有着不负责任的分子。""必须按一项正确的计划进行安排"。阿亚图拉霍梅尼的助手易卜拉欣·雅兹迪说，阿亚图拉霍梅尼很高兴与巴霍蒂亚尔会面，在阿亚图拉霍梅尼看来，巴霍蒂亚尔的政策正在改变。

伊朗航空公司继续接到命令，关闭机场。德黑兰百万人游行，要求阿亚图拉霍梅尼回国，并高呼："处死巴霍蒂亚尔""如果霍梅尼拖延不回，你要倒霉，巴霍蒂亚尔"等口号。当天，还出现了一个酒厂、一家电影院、一个夜总会和一家酒吧被烧的情况，军队向参与者开枪，造成43人死亡。

巴列维国王的亲属离美赴摩洛哥。巴列维国王对法国记者说，伊朗只有一个合法政府。

1月28日，阿亚图拉霍梅尼称：只有巴霍蒂亚尔辞职，阿亚图拉霍梅尼才同意接见他。阿亚图拉霍梅尼在他住所对记者说:"我一再说,被废黜的国王是非法的,议会是非法的,巴霍蒂亚尔政府是非法的。""如果巴霍蒂亚尔是一个民族主义者,他必须尊重民族的意志。如果他尊重舆论,那他为什么不辞职,不靠边站呢?"

1月29日,易卜拉欣·雅兹迪说,一俟德黑兰机场开放,阿亚图拉霍梅尼就将回到伊朗。阿亚图拉霍梅尼说:"我最好的保护者是真主,并且只有真主。""真主是我安全的最好的保护者,人民将保证我的安全。""我要求军队无视少数几个高级长官的命令。不要向你们的亲兄弟开枪,不要与他们对立。""在没有军队的情况下,伊朗人民将表明他们是守纪律的,并且经验表明,何时军队不介入,伊朗就是平静的。""假如鲜血在流,那么我愿意在我的人民之中"。由于政府关闭机场,阿亚图拉霍梅尼一行不得不两度推迟动身。巴霍蒂亚尔在记者招待会上说:已经同阿亚图拉霍梅尼的代表就同其会晤做出了安排,他们也答应了,但"几个小时后,他们提出了戏剧性的、无法接受的条件"。"我要求以人对人,伊朗人对伊朗人的方式讲话,他们要求我辞职……而我说不。""如果采取安全措施,"霍梅尼可以自由返回伊朗。"但是,让我们知道,他在回国时是受他自己的人保护,还是受政府保护是非常重要的。如果安全问题得到解决的话,他可在今天下午或10天内回来。"

巴霍蒂亚尔政府发表声明:经过长时间的内阁会议后,政府同意法国提出的建议,用法国航空公司的飞机把阿亚图拉霍梅尼送回伊朗。"政府已准许霍梅尼乘坐的专机在梅赫拉巴德机场降落。"伊朗空军司令下令:如果军内有人示威,将受审判。

1月30日,巴霍蒂亚尔政府重新开放关闭5天的梅赫拉巴德机场。伊朗又有6名议员辞职。阿亚图拉霍梅尼的助手巴尼萨德尔宣布,阿亚图拉霍梅尼当晚回不到伊朗,因为,在德黑兰机场重新开放后,法航还要检查一下安全措施,至少要24小时。法航则说该公司没有提出推迟24小时的条件。雅兹迪冒雨在露天的临时记者招待会上否认了就起程时间上与阿亚图拉霍梅尼的顾问之间存在分歧。

日本《东京新闻》载文《可能导致第二次"冷战"》,文中谈道:"除阿拉伯国家之外,苏联是世界上第五大伊斯兰信仰者居多的国家。苏联的趋势是,无需20年,包括非伊斯兰教徒在内的非俄罗斯人口就将完全超过俄罗斯人口。""假如阿亚图拉霍梅尼领导的伊斯兰共和国在伊朗出现,与宗教结合的国家主义就非常可能感染到同伊朗接壤的苏联境内的土库曼、乌兹别克和塔吉克共和国,从而使其要求摆脱苏联控制的运动总有一天要公开化。""一个非常危险的前景是把大国引来而导致第二次冷战。"

1月31日,巴霍蒂亚尔向全国发表广播讲话称:他"将不允许侵犯人民的生命和财产"。"除了中央政府之外,政府将不允许任何人来掌握国家的权力。"他为阿亚图拉霍梅尼回国向全国表示祝贺。他说:"政府将尊重他的及其他宗教领袖的见解和教导,并遵守伊斯兰的教义。"伊朗"在经历着一个非常危急的危险时期。政府关心的主要是国家的统一和主权的问题。"报界的苦处是,"它们现在还掌握在这样一些人的手里,这些人过去是独裁制度的奴仆,现在都装作革命派。"伊朗武装部队游行,但一卡车上贴有阿亚图拉霍梅尼的画像。

格林尼治时间2月1日零时17分,在140名国际记者的陪同下,流亡了14年的阿亚图拉霍梅尼,在法国戴高乐机场乘法国航空公司的波音747飞机离开法国,随着飞机离开跑道,这位77岁的老人终于踏上了回家的路。

当飞机进入伊朗国境时,美国广播公司记者彼得·金尼斯(Peter Jennings)问阿亚图拉霍梅尼:"阿亚图拉,你能告诉我们你回到伊朗的感觉吗?"阿亚图拉霍梅尼回答说:"什么感觉也没有。"随行的戈特布扎德(Sadegh Ghotbzadeh,1937~1982)问他:"真的吗?"他强调说:"我真的没有感觉。"据阿亚图拉哈梅内伊回忆:"一个战俘的母亲走过来对我说:'我得到消息,我被俘的儿子殉难了。去告诉伊马目(阿亚图拉霍梅尼),没关系,我不难过……'"当我走进阿亚图拉霍梅尼的房间,我忘记告诉他那个女人的话。我想起后。我决定把这件事告诉他。他走到门口,我见到了他。当我告诉他那女人所说的话时,他脸上的表情是扭曲的,他的眼睛充满了眼泪。真奇怪。我对我所说的感到遗憾……我国最著名的72位杰出革命人物殉难,但他(阿亚图拉霍梅尼)好像什么都没有发生过。但当他听到一个战俘殉难的消息,即充满泪水。我不明白这是什么意思。你永远不知道怎样形容他自己的性格。"

1979年2月1日德黑兰时间9点15分,阿亚图拉霍梅尼乘坐的飞机降落在德黑兰的梅赫拉巴德机场。9点37分,阿亚图拉霍梅尼走下了飞机。他跪在跑道上,亲吻了阔别14年的这片热土。阿亚图拉霍梅尼回国早在他尚未抵达之前几个小时，电视就开始实况转播，但当他抵达时，电视突然中断了几分钟。法尔杜斯特打电话给"萨瓦克"负责人帕尔维兹·萨贝蒂（Parviz Sabeti，1936～　），询问原因，对方回答说："可能出现了技术故障，但巴霍蒂亚尔曾下令蓄意破坏阿亚图拉霍梅尼回国。"①

在梅赫拉巴德机场，阿里·阿克巴尔·纳提格-努里（Ali Akbar Nategh Nouri，1944～　）示意人们冷静地坐下来。迎接阿亚图拉霍梅尼的委员会建议由被国王安全部队杀害的人民圣战者组织（Mojahedin-E khlagh）三兄弟迈赫迪（Mehdi）、艾哈迈德（Ahmad）和礼萨·雷扎伊（Reza Rezaei）的父亲致欢迎辞。但阿亚图拉摩尔特扎·蒙塔哈里反对这一安排，安排了大学生努斯拉图拉·沙德努什（Nosratollah Shadnoush）读了一段由蒙塔哈里写好的讲稿。

阿亚图拉霍梅尼随后发表了简短讲话。他在讲话中说："谢谢民族各阶层对我的感情，我对伊朗人民的感激之情沉沉地压在我的肩上，我无法报答。感谢民族的各阶层：感谢宗教学者，在近来的事件中勇于献身；感谢学生们，做出了巨大牺牲；感谢商人们，做出了巨大努力；感谢全国市场中、学校里和宗教学术机构里的年轻人，他们在这些事件中的流血牺牲；感谢教授、法官和公务员；感谢工人和农民。由于你们的努力和团结，你们已经取得了胜利。你们已经完成了成功推翻叛徒头子穆罕默德·礼萨的第一步。据说，他正在国外密谋策划，尽管他的主子还控制着他，拒绝他进入他们的国家，他正在寻求像他这样的邪恶领导人的帮助，但在其家族50年的背叛和他本人30多年的犯罪之后，他的希望注定是要落空的。他剥夺我们的国家，让她后退到了过去，摧毁了我们的农业，破坏了我们的土地，让我们的军队听命于外国的参谋人员。只有当外部势力对我们的控制完全结束，所有君主制的根源在我们的土地上连根拔起，我们的胜利才真正到来。"②他进一步警告巴霍蒂亚尔政府："如果你不向国家投降，国家将把你放在你应在的地方。"③

迎接委员会为阿亚图拉霍梅尼、其子艾哈迈德（1945～1995）和阿亚图拉蒙塔哈里安排了一辆绿色奔驰，巴扎尔甘自由运动成员萨巴甘（Sabbaghian）

---

① Ali Akbar Dareini. *The Rise and Fall of the Pahlavi Dynasty*: *Memoirs of Former General Hussein Fardust*. Delhi：Motilal Banarsidass Publishers Private Limited，1999：415.

② Imam Khomeini. *Islam and Revolution*: *Writings and Declarations*. London：KPI Limited，1981：252.

③ Ibid：253.

乘后面的另一辆车。这时,王室卫队的右翼分子穆哈森·拉菲哈都斯特(Mohsen Rafighdoust)驾驶一辆越野车进入机场。阿亚图拉霍梅尼和他的儿子进入奔驰车内,小轿车向贝赫什蒂-扎赫拉公墓(Behesht-e Zahra Cemetery)方向驶去。另一辆车紧随其后,里面坐有纳塔赫·努里(Nategh Nouri)和著名摔跤运动员穆罕默德·礼萨·塔莱加尼(Mohammad Reza Taleghani)。

奔驰车来到贝赫什蒂-扎赫拉公墓附近,由于人员太多,无法向前行驶,只得改由直升机将阿亚图拉霍梅尼送到墓地。阿亚图拉蒙塔哈里主持现场活动,1965 年因刺杀首相哈桑·阿里·曼苏尔(Hassan Ali Mansur,1929～1965)而遇难的哈只·萨迪格·阿马尼(Haj Sadegh Amani)的儿子作了简短的发言后,阿亚图拉霍梅尼做了重要讲话。在广播和电台对其讲话进行实况转播的过程中,广播突然中断,电视画面也变成了巴列维国王的巨幅画像。

演讲结束后,阿亚图拉霍梅尼飞往赫扎尔·塔赫哈比(Hezar Takhtekhabi)医院(现称为阿亚图拉霍梅尼医院)看望在街头示威中受伤的人。他在一个朋友的家里做了短暂的停留后,来到了位于德黑兰市中心的拉法赫(Refah)学校。这里成了阿亚图拉霍梅尼的总部,直到巴霍蒂亚尔政府垮台。

2 月 2 日,阿亚图拉霍梅尼在阿拉维高级中学发表演讲。他在演讲中批评制宪会议,1925 年,它任命礼萨·汗·萨达尔·赛帕(Reza Khan-e Sardar Sepah)为首相和巴列维国王的父亲为新国王。他宣称,"我记得,制宪会议是在枪口下做的任命。当任命在枪口下做出,它是不合法的。"他表示,要尽快回到库姆。

这天,一些军官拜访阿亚图拉霍梅尼。阿亚图拉霍梅尼宣布,如果他们中有人被安全部队杀害,罪犯将受到严厉的惩罚,并呼吁其他武装力量加入到革命队伍中来。

阿亚图拉霍梅尼会见了许多神职人员。他在会见中说:"有目的的统一,人们的拳头与他们的空手摧毁了坦克。这是一个用血战胜剑的胜利。"他称自己是"被放逐者的仆人",是为祖国服务的。

2 月 3 日,阿亚图拉霍梅尼举行由世界各地数百名记者出席的招待会。他的讲话被萨迪格·戈特布扎德翻译成法语,由伊卜拉欣·雅兹迪博士翻译成英语。阿亚图拉霍梅尼说:"别逼我宣布圣战。如果圣战来临,我们可以向人们提供枪支。政府将很快组建。我们要求军队尽快加入我们的行列。武装力量是我们的孩子。我们对他们有很多的爱。他们应该加入这个国家。当新宪法起草时,它将付诸表决。"

阿亚图拉霍梅尼还会见了几个革命中的重要人物,他们中有阿亚图拉侯赛因·阿里·蒙塔泽里、赛义德·穆罕默德·塔莱加尼、蒙塔哈里、迈赫迪·巴扎尔甘、阿布·哈桑·巴尼萨德尔等。

美国首都华盛顿,上午 7 点,布热津斯基接到休塞将军从德黑兰打来的电报,要求允许他离开伊朗。沙利文要求美国政府中止执行 C 方案,以减少在伊朗美国人的危险性。

2 月 4 日,作为对阿亚图拉霍梅尼有关圣战讲话的回应,巴霍蒂亚尔发表讲话说:"伊斯兰共和国对我来说是一个未知数。无论是对我还是对你或对任何其他伊朗人来说,伊朗有两个政府,没有比这更不能容忍的了。作为一名穆斯林,我没有听说过'圣战'指一个穆斯林反对其他穆斯林。那些煽动内战的人应交给行刑队。我既不会与国王,也不会与阿亚图拉霍梅尼妥协。我不会允许阿亚图拉霍梅尼组建临时政府。我会用法律实施阿亚图拉霍梅尼的观点。我将用莫洛托夫鸡尾酒回答莫洛托夫鸡尾酒(意即用自制燃烧瓶来对付自制燃烧瓶)。一个伊斯兰政府限于库姆是允许的,我们这里也将有一个梵蒂冈国家。"[1]

阿亚图拉沙里亚马达里发表讲话,祝贺阿亚图拉霍梅尼回国。军队进一步分裂,数百名军官拜访阿亚图拉霍梅尼,承认他是总指挥,宣布效忠革命和国家。一些议员也宣布辞职,并宣布效忠革命。还有人说,一些空军军官在会见阿亚图拉霍梅尼后消失了。

当晚,革命委员会开会至深夜,在阿亚图拉蒙塔哈里的建议下,由巴扎尔甘出任新总理。阿亚图拉霍梅尼后来说:"我反对巴扎尔甘任总理,但他是个好人,又得到了阿亚图拉蒙塔哈里的推荐,于是我同意了。"他对蒙塔泽里做自己的接班人一事,也是这样的评论。

2 月 5 日下午德黑兰时间 5 点 15 分,在阿拉维中学的新闻发布会上,阿亚图拉霍梅尼宣布:"遵照革命委员会的建议,我任命你为政府总理,没有考虑任

---

[1]　Muhammad Sahimi. The Ten Days That Changed Iran. *Los Angeles Times*,Febraty 3,2010.

何政治党派和任何政治团体的关系,去组织临时政府。新内阁必须在我详细说明的原则指导下尽快成立。"①他还说,服从新政府是穆斯林的义务,反对它就是反对伊斯兰。

接下来,巴扎尔甘发表了简短的讲话,他说:"自然的,考虑到我虚弱的身体,我所有的缺点和问题,我不应该接受这一任命。在目前危险和困难的条件下,这一使命,即规划和组建临时政府以及制定政策,是最困难的责任和工作,与此同时,也是我的最高荣誉。我的内阁将不会是一个影子内阁或一个幻想——它很严重。"②

巴霍蒂亚尔对任命巴扎尔甘为临时政府总理迅速做出反应,当晚,他在议会发表讲话称:"伊朗民族和伊朗国家是不可分割的实体:一个国家、一个政府、一个宪法,其他什么都没有。我们能够容忍任何人只是在口头上或开玩笑地组建自己的政府,但如果他们在这方面采取行动,我们将采取我们自己的行动应对它。"③

一些政府官员和军官在阿亚图拉霍梅尼所在的学校附近示威游行,表示支持伊斯兰革命。对此,军方高层则发表声明,如果有人削弱军队的士气,将受到军事法庭的审判。

在德黑兰北部巴扎尔甘一追随者的家里,美国驻伊朗大使威廉·H.沙利文与巴扎尔甘和阿亚图拉穆萨维(Musavi)进行了两个多小时的交谈。交谈中,沙利文与巴扎尔甘用法语进行,然后,他恭恭敬敬地把要点译成波斯语给穆萨维听。巴扎尔甘和穆萨维皆希望军队保持完整,与新政府合作。他们还拟定了一份军官名单,称名单上的人必须离开伊朗,但他们可把财产带走。他们表示,愿意继续同美国保持军事联系及其他安全方面的关系。巴扎尔甘表示他讲话代表解放阵线,穆萨维讲话代表革命的宗教界人士。令沙利文感到遗憾的是,在整个谈话过程中,虽然穆萨维态度认真、友善,而且很具有建设性,但没有明确表示,赞同巴扎尔甘所说的。尽管如此,沙利文仍然视为一个令他满意的开端④。

---

①　Muhammad Sahimi. The Ten Days That Changed Iran. *Los Angeles Times*, Febrary 3, 2010.

②　Ibid.

③　Ibid.

④　[美]威廉·赫·沙利文.出使伊朗[M].邱应觉等,译.北京:世界知识出版社,1984:179.

在美国驻伊朗的外交人员中,在巴霍蒂亚尔政府与新成立的革命政府之间,出现了严重分歧。沙利文希望与新成立的伊斯兰革命政府进行合作,而休塞将军则希望通过一场军事政变,维护巴霍蒂亚尔政权。为了实现自己的目的,休塞发现伊朗军队的燃料补给出现漏洞,为保证伊朗军队的油料供应,特别安排美国海军租了一艘油轮,由巴林运油往伊朗,但在伊朗的阿拔斯港,伊朗海军不让油轮靠岸,更不允许把油卸下来。对此,休塞也无能为力。在这一背景下,美国晚间新闻报道,称美国国务院官员说,巴赫蒂亚尔政府只能再坚持两三天。这引起了包括总统卡特在内的政府官员的愤怒。

2月6日,伊朗《世界报》公布了临时政府总理巴扎尔甘选出的内阁成员名单:费雷敦·贾姆将军任国防部长;伊兹丁·卡齐米任外交部长;哈桑·巴尼萨德尔任国民经济部长;阿里·赛义德·贾瓦迪任新闻部长。64岁的贾姆将军在伦敦以他仍受忠于伊朗宪法的誓词约束为名加以拒绝。此前,他曾拒绝了巴霍蒂亚尔的任命。

巴列维国王在接受伦敦《每日邮报》记者采访时说:"我仍然是在位君主和伊朗武装部队总司令。我接受批评,但人们怎能想象得到我工作37年,每天10个小时来帮助我的国家,最好是我自己回到我开始的地方。"[1]

阿亚图拉霍梅尼会见了伊朗海军军官。他告诉他们:"从现在起为民族服务。外国人的手必须从这个国家剪除。美国从这个国家洗劫了多少钱? 英国和其他强国是多少钱? 我们必须复兴自己,醒一醒,恢复我们的自由。""我们想要独立的军队不是仆人。"

伊朗军队总参谋长加拉巴吉将军在军事参谋学院的毕业典礼上说:"武装部队应致力于伊朗的独立和领土完整,并支持宪法和合法政府。军人不应该干预政治。"在这番话里,隐含了发动军事政变的可能性。当天,继先前30名议员辞职后,又有14名议员提出辞呈。至此,巴列维国王的御用议会已有44名议员宣布辞职。革命行动小组开始在一些地方,如设拉子、萨南达杰、雷扎耶等,与当地旧政权势力发生冲突。

美国务院发言人霍丁·卡特在华盛顿说:"我们支持伊朗宪法的实施。我们已经通过外交途径与包括迈赫迪·巴扎尔甘在内的所有人取得了联系,尽

---

[1]　Muhammad Sahimi. The Ten Days That Changed Iran. *Los Angeles Times*, Febrary 3, 2010.

管在他当选首相后我们没有与其联系。美国不能忽视伊朗大街上阿亚图拉霍梅尼在巴黎和他返回伊朗后的公投。"①这就表明了美国人对伊朗新政权的承认。

同一天，伊朗民族阵线呼吁伊朗人民拥护阿亚图拉霍梅尼成立临时政府的决定。

2月7日，伊朗举行了大规模示威活动。示威者宣布他们支持和效忠巴扎尔甘政府。包括卫生、经济和金融、外交、司法、住房和城市发展、能源、信息等在内的11个部门的员工宣布，他们只接受巴扎尔甘政府的命令。

英国外交大臣欧文在记者招待会上说："几天前，我们还认为单用推翻国王的办法是不容易实现伊朗的民主改革的。但是英国政府现在的看法是，这是一个要由伊朗人民自己做出选择的事，无论如何我们起不了多大作用，如果我们支持一种事业，我们就会立即受到伊朗人民的怀疑。""我们能够做得最好的事情，是让他们做出自己的决定，然后尊重这个决定。无论如何，可能和平地实现一种民主形式的政府，这不是不可想象的，因此我们宁愿不谈得过分具体，而是尊重伊朗人民的意见。"看来，这个以保守而闻名的国度，在处理伊朗新旧政权问题上，走在了其他国家的前列。

2月8日，德黑兰和其他城市数百万人举行大规模游行示威，支持巴扎尔甘政府，这给军队带来了巨大压力。当天早上10点，大量空军下级军官访问阿亚图拉霍梅尼。据伊朗《世界报》报道，他们向阿亚图拉霍梅尼敬礼，并高呼口号："民族的军队，阿亚图拉霍梅尼的命令，与独裁者决裂，融入这个民族。"巴霍蒂亚尔对照片的真实性表示怀疑，要求武装部队参谋长阿拔斯·加拉巴吉将军否认高级军官拜访阿阿亚图拉霍梅尼。军方高层发表声明："伊朗历1357年巴哈曼月19日周四《世界报》第1版标题为'成千上万军人前进'的大幅照片是经过修改和假的。这张照片的虚假对于有基本摄影知识和懂得蒙太奇技术的人来说是显而易见的。同样清楚的是怀有邪恶意图的人，为实现他们自己的愿望和目标，在播撒分裂的种子，希望瓦解我们牢不可破的武装力量。"

作为回应，阿亚图拉霍梅尼宣布："像许多人、许多组织那样，武装部队必

---

① Muhammad Sahimi. The Ten Days That Changed Iran. *Los Angeles Times*, Febrary 3, 2010.

须回到人民中间,我们张开双臂欢迎他们。"

　　与此同时,阿亚图拉霍梅尼和巴扎尔甘的谈判代表与军事领导人为避免流血冲突正在进行艰难的谈判。强硬的军官,如德黑兰军管领导人、中将迈赫迪·拉希米(Mehdi Rahimi,1921～1979)变得焦躁不安。他的妻子马内洁·拉希米(Manijeh Rahimi)曾回忆说:"我记得在我们房子里的激烈争吵。地面部队指挥官阿布杜·阿里·巴德雷(Abdol Ali Badrei,1921～1979)中将、帝国卫队指挥官阿里·纳什特(Ali Neshat)中将和拉希米都非常担心。我丈夫不停地大喊大叫,称武装部队参谋长阿拔斯·加拉巴吉将军、'萨瓦克'负责人纳赛尔·穆贾达姆中将(国王的秘密警察)和国王的密友侯赛因·法尔都斯特都是叛徒。我从未见过他们如此沮丧。巴德雷不停地重复说:如果伊斯兰教法学家掌权,暴徒将杀死他们所有人,并在城市广场上示众。他们都像燃烧飞机上的乘客坠毁在沙漠里。"①

　　当天,伊朗新政权建立的电视台开播,5公里以内的人都可以收到它发送的有关阿亚图拉霍梅尼情况的节目。这为宣传革命提供了极大方便。

　　2月9日,巴扎尔甘在清真寺里向10多万支持者发表讲话,提出了他的6点施政纲领:① 巴霍蒂亚尔辞职;② 就改变政权问题进行公民投票;③ 在全国进行政府改组;④ 选举制宪会议;⑤ 起草新宪法;⑥ 成立伊斯兰政府。同时,针对武装部队这块最后的"堡垒",他说:"军队是人民的心脏,不应该被用来充当帝国主义的工具而去为霸权主义效劳。包括将军在内,绝大多数军人同我们有着共同的愿望。"他说,他领导的临时政府准备把真主引入国家生活的各个方面,将致力于恢复这个石油大国日益衰退的经济,并通过自由选举组建议会。一旦议会建立起来,他领导的临时政府马上解散,让位于新成立的伊斯兰政府。他还说:"巴霍蒂亚尔现在必须以辞职的方式来完成他的工作清单上的最后一项任务。""我亲爱的沙普尔脱离人民,脱离他的党,脱离他的阵线,甚至脱离国王。他要么辞职,要么承担由此产生的一切后果。""下一步是选举产生一个立宪议会,由立宪议会批准新宪法之后进行议会选举。议会选举之后,我认为我的任务已经完成。而权力将移交给由选举产生的新政府。巴霍蒂亚尔不能组织关于国家新体制的公民投票,因为巴霍蒂亚尔政府目前所依

---

① Muhammad Sahimi. The Ten Days That Changed Iran. *Los Angeles Times*, Febrary 3, 2010.

据的宪法是要求建立君主制的。"

　　当天,巴霍蒂亚尔对法新社记者说:"我愿意举行对话,我愿意进行变革,但是要通过合法手段,并且在合理的基础上来达到这个目的。"在巴扎尔甘讲话的同时,15 000人在德黑兰大街上游行,表示支持巴霍蒂亚尔,他们高呼:"国王万岁!""真主啊,阿亚图拉霍梅尼把国家出卖了!"[①]

　　武装部队参谋长阿拔斯·加拉巴吉、空军司令艾米尔·侯赛因·拉比伊、海军司令卡马尔·哈比布拉希、国防大臣哈桑·突发尼(Hassan Toufanian)和国家安全情报署署长纳赛尔·穆贾达姆每天都要与美国驻欧洲副司令、已被派往伊朗支持巴霍蒂亚尔政府的罗伯特·休塞将军会晤。

　　两个星期的平静过后,德黑兰进入了一场"鱼死网破"的较量。

　　2月9日,伊朗一支帝国卫队向空军基地开火。傍晚,在德黑兰东部法哈拉巴德空军基地,空军官兵正在看有关阿亚图拉霍梅尼的电视片,国王的"不朽"旅试图对他们加以逮捕,双方发生冲突。冲突中,数十名军官被打死,还造成了两个平民丧生,从而拉开了军队支持或反对伊斯兰革命最后较量的序幕。

　　几个小时后,更大规模的冲突再起,并漫延到了该市的其他地区。在较为贫困的拉伊和阿扎里地区,部队用手枪、机关枪和自动步枪向人们射击,数千名武装的平民则躲进清真寺,并寻找机会向他们还击。在梅赫拉巴德国际机场附近,射击使这里的数千名外国旅客和伊朗人惶恐不安。一向被视为禁区的拉维赞陆军基地也被大火吞噬,它是皇室卫队和陆军地面部队的指挥总部。

　　法拉哈巴德空军基地以及附近的冲突最为激烈。空军士官从屋顶向部队开枪,扔燃烧瓶,为了不让人认出他们,他们把脸涂成了黑色。他们还从军火库中拿来武器,分发给平民,并对他们进行简单训练。

　　陆军的卡车运输队遭到了平民的袭击。在袭击者中,有年仅10多岁的少年。他们中有的人还爬上卡车,从那里投掷燃烧弹。数以千计的平民和空军人员一起用沙袋垒起掩体,向军队开枪射击。陆军的直升机在天空盘旋,有时还向下面开枪射击。由于有许多车辆和建筑物在燃烧,德黑兰大街成了一片火海。空军人员俘虏了一些陆军,并把他们关押在停车场。陆军为了把空军人员从他们隐蔽的地方赶出来,封锁了整个地区。

---

　　①　吴成.走进共和——伊朗伊斯兰共和国的第一个十年[M].北京:线装书局,2008:26-27.

这天,巴霍蒂亚尔发表了一篇措辞强硬的声明,其内容为:延长宵禁,全城全天戒严,如有必要,将取消街上的一切活动。他说,"我向那些阴谋反对国家的人发出最后的警告,从此以后,任何违反禁令的行动都将严加处理。"

经过一整天的战斗后,德黑兰街道上到处是血迹和烧焦的尸体,还有许多正在燃烧的汽车、卡车、救护车和坦克的残骸及用沙袋构筑起来的街垒。

2月10日,德黑兰大学已为人民圣战者组织所控制,他们指导学生如何使用武器。清真寺已经变成了武器仓库。人们在摩托车上开枪。军队聚集在阿亚图拉霍梅尼和阿亚图拉塔莱加尼的住所。大量的武装士兵在街道上游动。人们把花送给他们,劝告他们加入革命队伍。

德黑兰军管领导人拉希米发表声明说:"考虑其职责和沉重的责任,事实上它不能避免野蛮的和不人道的颠覆性行为,为此,德黑兰和郊区的军管司令宣布从下午4点半到次日凌晨5点为宵禁时间。"

阿亚图拉霍梅尼迅速做出反应,他说:"军事当局反对伊斯兰原则,人民不应该考虑它。我谴责帝国卫队这种不人道的侵略行为。他们希望保持外国人的手在伊朗从事屠杀兄弟的行为。虽然我没有命令圣战,想保持和平和按照人民的意愿依法办事,同时我不能容忍这样的野蛮行为,并警告说,如果不停止这些屠杀兄弟的行为,警卫部队不回到兵营,军队指挥官不下令制止侵犯,我将依照真主的意愿,采取最终决定,然后将侵略和违法的责任追究到底。"

德黑兰电台播送了参议院已批准巴霍蒂亚尔提出的要求,解散"国家安全情报署",对历届内阁首相和大臣提起诉讼。接着,政府下达命令,从下午4点30分开始,德黑兰全城戒严。

晚上,国家安全委员会召集会议,邀请巴霍蒂亚尔参加。巴霍蒂亚尔下令说:"现在攻击的时间到了。"他命令穆贾达姆将军逮捕包括阿亚图拉霍梅尼及其助手、国民阵线和左翼活动家在内的200人。

随着多申托佩基地落入革命者之手,从基地里开出几辆禁卫军的坦克也参加到了革命队伍的行列。坦克后边跟着无数抗议示威者,他们手里拿的是从多申托佩兵营得到的枪械。在坦克的带领下,游行示威者浩浩荡荡,向德黑兰城北伊朗军事司令部所在地行进。在塔赫特·贾姆希德大街拐角处,游行队伍遭到宪兵司令部队的截击,双方展开了激烈的巷战。美国新闻记者乔·亚历克斯·莫里斯被一颗流弹击中身亡。整个夜晚是在阵阵炮声中度过的。

宪兵部队所在地的战斗在第二天清晨才结束。期间，平民们开始武装自己，以准备即将发生的内战。平静仅仅持续了一个上午，中午刚过，革命者在宪兵总部大楼外集结，半个小时后，革命者开始对总部周围的卫兵开枪射击，大楼里也向外开枪还击。随后，革命者开来了坦克，坦克上的 105 毫米榴弹炮对着大楼轰击。这时，美国的军事援助团成员只得躲进了大楼的地下室，处境十分危急。最后，易卜拉欣·雅兹迪和贝赫什蒂都来到了宪兵队总部大楼，才使美国军事援助团成员转危为安。

宵禁伊始，在补充过装备后，军队开出了拉维赞兵营。紧接着，全城响起了噼里啪啦的枪声。抗议者立即点燃了用轮胎、树枝和垃圾堆成的篝火，整个德黑兰立即卷入了滚滚浓烟之中。革命的支持者拔掉了公路两边的草皮、花床和树木，挖掘了用于还击的壕沟。在市区陆军最高指挥总部附近燃烧着首都德黑兰最大一堆篝火。数千名家庭主妇由于担心可能随时爆发战争，她们中有人把革命者藏在家中，更多的人则匆匆忙忙在她们的后院挖掩体。反对派在军队巡逻队走近的时候就散开，然后就向他们投掷燃烧瓶，有的还在隐蔽处向士兵开枪。最后，空军人员和武装的群众控制了德黑兰东部地区。

部分空军率先转向革命，为军队最后倒向革命提供了榜样。为什么空军率先与革命者站在一起，一个上尉作了如下解释："这支部队受过高等教育，认识到革命的必要性。"不管是什么原因，它预示着旧政权所剩唯一一根支柱出现了断裂。

面对这一情况，巴霍蒂亚尔认识到自己气数已尽，马上举行了紧急内阁会议。武装部队的好几名成员参加了这一旧政权的最后一次正式会议。这次会议的目的旨在研究军队分裂问题。

针对巴霍蒂亚尔政府的戒严令，阿亚图拉霍梅尼立即发表了如下声明：

> 以真主的名义，尊敬的德黑兰市民们，正如你们所知道的，我认为伊朗的问题是应该和平解决的，但是由于残暴的政权知道它自己是非法的，它犯下了罪行，在贡巴德卡武斯和古尔甘城向英勇的穆斯林发起进攻，杀死了许多人。警卫师突然向同人民携起手来的空军部队发动进攻。空军部队在人民的帮助下，英勇地击败了进攻者。在这里，我谴责警卫师的非人道袭击。通过这个自相残杀的行动，他们想同在这个国家的外国人携

起手来,把掠夺者弄回来。虽然我还没有发出发动圣战的命令,我愿意维护和平并通过全国投票和合法的措施来解决问题,但我不能容忍这种进攻。我警告,如果他们不停止这种自相残杀的行为,警卫师如果不回到防区去,陆军当局如果不制止这种袭击行动,我将凭真主的意志做出最后的决定,袭击者应对由此产生的后果负全部责任。我要求德黑兰所有勇敢的居民,如果进攻的武装部队撤退了,人民应该在对敌人的阴谋诡计保持警惕和戒备的同时维持和平与秩序,他们应该武装起来,保卫伊斯兰和穆斯林原则。人民不应该理睬所谓的管制法,那是一个阴谋,并且是违反宗教法律的。亲爱的姊妹兄弟们,不要害怕,凭着真主的意志,正义终将战胜邪恶。我向全能的真主祈求穆斯林民族的胜利。

声明很快以传单的形式散发到德黑兰的大街小巷。

阿亚图拉霍梅尼办公的地方气氛更是异常紧张,为了安全起见,人们不得不把他转移到更为安全的地方。

当天,民主斗士塔莱加尼也呼吁伊朗人民不要卷入军队的冲突,军队应该回到各自的军营。

2月10日是自1978年9月8日以来在冲突中死亡人数最多的一天。据统计,在过去3天的冲突中,共有211人死亡,800多人受伤。仅首都德黑兰,截至2月11日11点,3天冲突共造成126人死亡,634人受伤。

2月11日下午2点,武装部队最高委员会通过伊朗国家电台发布最后公报,其中谈道:武装部队司令已于当天10点20分召开了紧急会议,决定"为防止混乱和继续流血,宣布武装部队完全保持中立,并已命令军队返回各自的兵营,军队完全支持人民的愿望"。"伊朗的武装部队有责任捍卫我们亲爱的伊朗的独立和领土完整,到目前为止,面对内部干扰,通过支持合法政府,试图以最佳方式履行这一责任。"巴扎尔甘对军队领导人的这种行为通过广播进行了感谢。

据说,当天下午3点30分,巴霍蒂亚尔主持召开了一个特别内阁会议。但是,整个下午,无论记者怎么努力,再也找不到这位巴列维国王任命的首相了。

当天晚些时候,伊朗德黑兰电台的一名播音员一再重复:"这是革命之声,独裁统治已经结束！这是革命之声,独裁统治已经结束……"

当天,坚决反对革命的陆军总司令阿卜杜勒·阿里·巴德雷(Abdol Ali Badrei,1921～1979)中将和禁卫军代理总司令阿明·贝格拉里(Amim Beglari)少将在他们的办公室被枪杀。

美国首都华盛顿白宫的紧急情况室,由布热津斯基主持的有关伊朗的会议从上午8点半一直持续到11点半,来自国务院的沃伦·克里斯托夫及其助手戴维·纽瑟姆、来自国防部的查尔斯·邓肯、戴维·琼斯、来自中央情报局的斯坦·特纳、弗兰克·卡卢奇和布热津斯基的两个助手加里·西克和比尔·奥多姆就伊朗局势进行了长达3个小时的辩论。他们首先讨论了3个可供选择的方案:劝伊朗军方争取与巴扎尔甘政府妥协;建议军方默认伊朗的权力转移,保持自身团结;鼓励伊朗军方直接采取行动,恢复秩序,控制局势。布热津斯基首先提出准备撤出伊朗的问题,提出派一排海军陆战队和6架直升机前往亚速尔群岛,以加强美国驻伊朗大使馆的保卫工作,直升飞机可用于撤走美国侨民。布热津斯基还提出是否使美国的第八十二空降师处于戒备状态。这时,总统卡特从戴维营打来电话,邓肯和布热津斯基向他汇报了伊朗局势的最新进展:美国在大不里士的领事馆遭到洗劫,好几个伊朗将军已被处决。邓肯还提出了撤退的应急计划。卡特总统决定暂不派空降师。在接下来关于伊朗军方地位的讨论中,克里斯托夫建议美国政府敦促伊朗军队保持团结,支持现政府。布热津斯基则建议,如果伊朗军方有决心也有能力控制局势,美国应该准备像大国那样行事,支持他们。弗兰克·卡卢奇建议军方去见阿亚图拉霍梅尼,表明伊朗军队愿意接受他,但需要他做出承诺:保持国家安全情报基地的地位,确认谁担任国防部长。9点40分,情况室的一工作人员进来,报告说,德黑兰军事总督已被抓,关在伊斯兰革命总部。这时,参谋长联席会议也从五角大楼打来电话,要求同意把陆战队派往亚速尔群岛。在接下来关于通过军事政变解决伊朗问题的"C方案"中,布热津斯基建议使用该方案,并建议征求沙利文大使、加斯特将军和休塞将军的意见。在他看来,该方案如果成功,将加强美国在中东地区的地位。克里斯托夫称,伊朗军方不够团结,无法独立行动。琼斯将军也表示对该方案并不乐观。邓肯表示该方案行不通,但如果前方的人认为可以,应予以考虑。

2月12日,革命政府临时行动参谋部发表公告:"由于革命取得胜利,总参谋部、帝国卫队和各军种已加入人民运动的行列。""人民要停止一切针对兵营和行政大楼的袭击活动,不再使公共财产遭受损失,因为这种财产从此已属于人民。"

伊朗人民终于推翻了国王政权及其最后残余。

美国总统卡特召开紧急新闻发布会,他在会上说:"我相信伊朗人民和政府与我们继续做朋友。"①

伊朗伊斯兰革命引起了中东地区国家的关注。早在 1979 年 2 月 2 日,阿亚图拉霍梅尼回国的第二天,阿尔及利亚的《人民报》就以《伟大的胜利,令人鼓舞的先例》为题称赞伊朗革命是"真正的人民革命""是世界上自由进步力量的伟大胜利"。黎巴嫩的阿拉伯报纸称之为"在整个中东地区开始了一个新时代"。阿拉伯联合酋长国总统谢赫·扎耶德·本·苏丹·阿勒纳哈扬、科威特内阁事务大臣阿卜杜勒·阿齐兹·侯赛因和北也门总统阿里·阿卜杜拉·萨利赫分别于 2 月 10 日、2 月 17 日和 2 月 30 日发表讲话,认为伊朗事件完全是伊朗自己的内部事务,并不影响毗邻的阿拉伯国家。科威特内阁事务大臣阿卜杜勒还说,只要伊朗人民自己满意,科威特人民就满意。

2 月 12 日,日本东京时事社发布关于伊朗时局的新闻:伊朗革命成功,建立伊斯兰共和国——巴霍蒂亚尔内阁辞职。当天,临时政府总理巴扎尔甘将颁布内阁名单,向建立伊斯兰共和国的目标迈出第一步。

面对伊朗伊斯兰共和国临时政府的成立,伊朗人民的初步胜利,一些国家或组织的领导人纷纷打电话或发电报给伊朗新政权领导人,祝贺伊朗人民取得革命胜利。2 月 7 日,伊朗新政府成立的第二天,利比亚领导人卡扎菲致电阿亚图拉霍梅尼,表示对其事业以及伊朗新政权的支持。他是公开支持以阿亚图拉霍梅尼为代表的伊朗新政权的第一个阿拉伯国家首脑。2 月 11 日,阿拉法特打电话给阿亚图拉霍梅尼,祝贺伊朗伊斯兰革命取得成功。2 月 12 日,印度总理德赛致贺电给临时政府总理巴扎尔甘。当天,叙利亚总统阿萨德打电话给阿亚图拉霍梅尼,向他表示祝贺。苏丹政府宣布支持阿亚图拉霍梅尼领导的伊朗"人民革命"。毛里塔尼亚承认阿亚图拉霍梅尼建立的伊斯兰共和国政权。2 月 12 日,美国务院宣布给予伊朗政权以自动外交上的承认。2 月

---

① Robert Dreyfuss. *Hostage to Khomeini*. New York: New Benjamin Franklin House Publishing Company, 1980: 1.

16 日,美国正式承认。2 月 14 日,中华人民共和国总理华国锋致电伊朗临时政府总理巴扎尔甘,正式承认伊朗伊斯兰共和国临时政府。2 月 16 日,苏联部长会议主席柯西金致电巴扎尔甘,祝贺他成为伊朗临时政府总理。1979 年 4 月 3 日,埃及承认伊朗伊斯兰共和国政府。

奥地利传记作者海因茨·努斯鲍默(Heinz Nussbaumer)这样评价阿亚图拉霍梅尼领导的伊朗伊斯兰革命:"一个毫无权势的阿訇,通过遥控战胜了权势显赫的伊朗国王,他的这一成就在近代史上是没有先例的。这胜利是在缺乏有势力的盟友,既无坦克又无士兵,甚至到最后阶段也未放一枪的情况下取得的。"①

至于巴列维国王,他就像一个自己开车,由于车速过快,把自己甩出车外的驾驶员。对伊朗历史,尤其是巴列维国王的最后日子的梳理,不难看出,巴列维王朝的垮台是在巴列维国王"白色革命"取得巨大成功的背景下,伊朗传统的君主立宪体制不能适应伊朗社会发展需要的结果。

伊朗的革命运动表明,制度的生命力寓于民众劳动积极性的调动和民族的凝聚。二者皆离不开围绕核心价值的意识形态构建,制度的合法性寓于对以核心价值为中心的意识形态的捍卫和发展之中。一个社会稳定发展既要有行政管理,又要有精神引领。精神来自何处?来自价值观。不同的价值追求,同一件事,有些人趋之若鹜,有些人无动于衷,在活力与沉寂间形成反差。一个民族的希望在于全民族共同的价值追求,既在整体上调动全民族的积极性,又在民族的价值追求中实现民族凝聚和团结。

---

① ［奥］海因茨·努斯鲍默.霍梅尼——以真主名义造反的革命者［M］.倪卫,译.北京:世界知识出版社,1980:1.

主要参考文献

中文著作：

［奥］海因茨·努斯鲍默.霍梅尼——以真主名义造反的革命者［M］.倪卫,译.北京：世界知识出版社,1980.

陈安全.伊朗伊斯兰革命及其世界影响［M］.上海：复旦大学出版社,2007.

［法］热拉德·德·维利埃等.巴列维传（附：白色革命）［M］.张许萍等,译.北京：商务印书馆,1986：367－495.

马克思恩格斯文集（2）［M］.北京：人民出版社,2009.

［美］罗莎琳·卡特.卡特夫人回忆录［M］.吴为,译.北京：世界知识出版社,1986.

［美］威廉·赫·沙利文.出使伊朗［M］.邱应觉等,译.北京：世界知识出版社,1984.

［伊朗］阿什拉芙·巴列维.伊朗公主回忆录［M］.许博,译.北京：新华出版社,1984.

［伊朗］费雷敦·胡韦达.伊朗国王倒台始末记［M］.周仲贤,译.广州：广东人民出版社,1981：67.

［伊朗］穆罕默德·礼萨·巴列维.对历史的回答［M］.刘津坤,黄晓健,译.北京：中国对外翻译出版公司,1986.

伊朗外交研究所.巴列维王朝的兴衰：伊朗前情报总管的揭秘［M］.李玉琦,译.北京：新华出版社,2009.

姚明君.好懂的世界格局4·中东的诱惑［M］.南京：江苏人民出版社,2014.

王宇洁.伊朗伊斯兰教史[M].银川：宁夏人民出版社,2006.

张文建.宗教史话[M].长春：吉林人民出版社,1981:293.

张振国.未成功的现代化：伊朗"白色革命"研究[M].北京：北京大学出版社,1993.

英文著作：

Ali Akbar Dareini. *The Rise and Fall of the Pahlavi Dynasty: Memoirs of Former General Hussein Fardust*. New Delhi：Shri Jainendra Press，1999.

Ali Davani. *The movement of the clerics in Iran*（*vol. 7*）. Tehran：Markaz-i Asnad-i Inqilab-i Islami，1998.

Abbas Milani. *Eminent Persians: The Men and Women Who Made Modern Iran*, *1941 – 1979*. New York：Syracuse University Press，2008.

Baqer Moin. *Khomeini: Life of the Ayatollah*. London：I. B. Tauris，2009.

Ehsan Naraghi. *From Palace to Prison: Inside the Iranian Revolution*. Translated from the French by Nilou Mobasser. London：I. B. Tauris & Co Ltd Publishers，1994.

Farah Pahlavi. *An Enduring Love: My Life with the Shah*：*A Memoir*. New York：Miramax books，2005.

Fereydoun Hoveyda. *The Shah and the Ayatollah: Iranian Mythology and Islamic Revolution*. Westport：Praeger Publishers，2003.

Gholam Reza Afkhami. *The Life and Times of the Shah*. Berkeley, Los Angeles and London：University California Press，2009.

Glenn E. Curtis, Eric Hooglund. *Iran: A Country Study*. The Superintendent of Documents，U. S. Government Printing Office，2008.

Gary Sick. *All for down: Americas Tragic Encounter with Iran*. London：I. B. Tauris & Co Ltd.，1985.

Hamid Ansari. *The Narrative of Awakening: A Look at Imam Khomeinis Ideal*, *Scientific and Political Biography*. Tehran：the Institute for Compilation and Publication of Imam Khomeinis works（International

Affairs Divsion)，2000.

Imam Khomeini. *Governance of the Jurist*. Translated by Hamid Algar. Tehran: the Institute for Compilation and Publication of Imam Khomeinis works (International Affairs Divsion)，2005.

Imam Khomeini. *Islam and Revolution: Writings and Declarations*. London: KPI Limited，1981.

Imam Khomeini. *Kauthar（vol. I ）*. Tehran: The Institiute for the Compliation and Publication of the Works of Imam Khomeini，1995.

Jack C. Miklos. *The Iranian Revolution and modernization: Way Stations to Anarchy*. Washington，DC: National Defense University Press，1983.

Jalalad-Dine Madani. *History of Islamic Revolution of Iran*. Tehran: International Publishing Co.，1996.

Janet Afary and Kevin B. Anderson. *Foucault and the Iranian Revolution: Gender and the Seductions of Islamism*. Chicago and London: The University of Chicago Press，2005.

Javier Gil Guerrero. *The Carter Administration and the fall of Iran's Pahlavi Dynasty: US-Iran relations on the brink of the* 1979 *Revolution*. London: Palgrave Macmillan，2016.

John Foran. *A Century of Revolution*. London: UCL Press，1994.

Juliana Shaw，Behrooz Arezoo. *Palestine from the Viewpoint of Imam Khomeini*. Tehran: the Institute for Compilation and Publication of the works of Imam Khomeini (International Affairs Divsion)，1999.

Martin Wright. *Iran: the Khomeini Revolution*. London: Longman Groug UK Limited，1989.

Mark Downes. *Iran's Unresolved Revolution*. Aldershot: Ashgate Publishing Ltd，2003.

Mark Gasiorowski，Sean L. Yom. *The Government and Politics of the Middle East and North Africa*. Boulder: Westvies Press，2017.

Martin Wright. *Iran: the Khomeini Revolution*. London: Longman

Groug UK Limited, 1989.

Massoume Price. *Iran's Diverse Peoples: A Reference Sourcebook*. Santa Barbara: ABC-CLIO, Inc. 2005.

Mohsen M. Milani. *The Making of Iran's Islamic Revolution: From Monarchy to Islamic Republic*. Boulder: Westview Press, 1994.

Muhammad Dahnavi. *A collection of letters, speeches, messages, and legal opinions of Imam Khomeini*. Tehran: Intisharat-i Chapkhass, 1982.

Robert Dreyfuss. *Hostage to Khomeini*. New York: New Benjamin Franklin House Publishing Company, 1980.

Ronen Bergman. *The Secret War with Iran: The 30 - Year Clandestine Struggle against the World's Most Dangerous Terrorist Powe*. New York: Free Press, 2008.

Shaul Bakhash. *The Reign of the Ayatollahs: Iran and the Islamic Revolution*. London: I. B. Tauris & Co Ltd., 1985.

Steven R. Ward. *Immortal: A Military History of Iran and Its Armed Forces*. Washington, D. C.: Georgetown University Press, 2009.

Touraj Atabaki. *Iran in the 20th Century: Historiography and Political Culture*. London: I. B. Tauris, 2009.

Zbigniew Brzezinski. *Power and Principle: Memoirs of the National Security Advertiser*, 1977 - 1981. New York: Farrar, Straus, Giroux, 1983.

后　记

　　1848年，马克思和恩格斯在《共产党宣言》中称："资产阶级，由于开拓了世界市场，使一切国家的生产和消费都成为世界性的了。""旧的、靠本国产品来满足的需要，被新的、要靠极其遥远的国家和地带的产品来满足的需要所代替了。过去那种地方的和民族的自给自足和闭关自守状态，被各民族的各方面的互相往来和各方面的互相依赖所代替了。物质的生产是如此，精神的生产也是如此。各民族的精神产品成了公共的财产。民族的片面性和局限性日益成为不可能，于是由许多种民族的和地方的文学形成了一种世界的文学。"①这里的文学泛指科学、艺术、哲学、政治等方面的著作。推动"文学"世界化的是生产力的发展，人类文明交往力的发展，这就是科学社会主义经典作家对"全球化"的较早论及。他们从另一个方面告诉我们，在人类交往日益频繁的当今世界，任何一个事件的发展都具有世界性，当我们试图了解这个世界时，不能总是把目光投向个别国家或地区，而应该全方位、多角度地去看世界上每一个地区发生过什么或正在发生什么。只有这样，才能够更准确地认识当今世界，把握当今世界。只有这样，在全球化时代的文明交往中，我们才可能做到既维护自身利益的最大化，也可以与其他民族和谐相处，更好地实现和谐发展这一人类的共同夙愿。展现在读者面前的这本小册子就是在这一理念下编写的。不说别的，只看伊朗核问题的发展进程，很多人会有同感，在全球化日益加速的当今世界，我们很多人并没有准备好。这种没有准备好，主要是对世界的认知与全球化的发展水平不同步。认知伊朗的起点可以从两千多年前的波斯帝

---

　　①　马克思恩格斯文集(2)[M].北京：人民出版社，2009：35.

国开始,也可以从萨珊波斯帝国开始,也可以从阿拉伯人对伊朗的征服开始,也可以从蒙古人的西侵开始……要了解今天的伊朗伊斯兰共和国,至少要从伊朗伊斯兰革命开始。没有对伊朗伊斯兰革命的充分了解,就谈不上对今天伊朗的充分认知。没有对伊朗的充分认知,不论在伊朗的内政上,或是在伊朗的外交上,就不可能做出正确的判断,而正确判断是科学决策的前提。

美国驻伊朗大使威廉·H.沙利文在其《出使伊朗》一书中,开门见山地说道:"伊朗1979年废黜国王的那场革命,是本世纪后半叶的重大政治事件之一。它对全世界的影响至今尚未充分显示出来,但是它已经改变了苏联和美国之间的战略均势。美国的政治意识因伊朗把美国外交官扣为人质而受到严峻的考验,这事件本身必将产生持久的影响。华盛顿面对这场革命束手无策,从而暴露了美国在制定和执行对外政策方面的弱点,这将成为人们长期探讨、研究的课题。"①目前,有关伊朗伊斯兰革命的研究成果的图书资料用"汗牛充栋"来形容一点也不过分,但围绕革命进程的研究有待深入、梳理,这本小册子旨在弥补这方面的不足。

具有伊朗和荷兰双重国籍的国际社会史学会高级研究员图拉基·阿塔巴基(Touraj Atabaki)曾说:"书写在持续不断和国际认可的边界内一个民族从过去到现代的人民史依赖于现代政治学对记忆、发现和记录进行果断的和持之以恒的调整。对历史背景和根源的探寻不但对特定边界的人民以及边界民族继续边界认同是必要的,而且也有利于引导他们走向国家凝聚。"②美国《纽约时报》专栏作家托马斯·L.弗里德曼(Thomas Loren Friedman,1953～　)曾说:事实上,塑造今天中东政治特征的民族分离主义、伊斯兰主义、专制和恐怖主义的关键时期在1977年和1979年之间③。埃裔美国学者、伦敦国际战略研究所中东问题专家马蒙·范迪(Mamoun Fandy)称:"1979年伊斯兰教失去了自己的刹车。"④美国前外交官爱德华·杰雷吉安(Edward Djerejian,1939～　)则说:"1979年是我们庆祝伟大的历史性成就的年份。"⑤在这些话

---

① [美]威廉·赫·沙利文.出使伊朗[M].邱应觉等,译.北京:世界知识出版社,1984:1.

② Touraj Atabaki. *Iran in the 20th Century: Historiography and Political Culture*. London: I. B. Tauris, 2009:1.

③ Thomas L. Friedman. 1977 vs. 1979. *The Daily Report*, February 15, 2010:4.

④ Ibid.

⑤ Ibid.

语的背后,都暗含了伊朗伊斯兰革命的背景。

在 21 世纪的今天,人们逐渐认识到,当一个人把权力作为追求目标时,他会站在权力的立场说话;当一个人追求金钱的时候,他会站在金钱的立场说话。面对世界的大发展和大繁荣,巨大财富的涌现和积聚,无论是财富的创造或分配,都需要社会的管理,也就是用不同的方式将权力赋予某些人。由于管理者的监管不力和民众对监管者的监督不力,或者说与生产力发展水平不相称或与巨大的财富增长不协调,从而出现了灵魂救赎难题。可以说,伴随人类历史的一大主题就是人类自身的救赎问题。而 21 世纪是人类在新的层面探索救赎之路的世纪,更确切地说,它是一个救赎"救赎者"的世纪,这一命题是否成立,只有走过 21 世纪后才能定论。不容置疑的是,现在有一些以"救赎者"自居或心里有"救赎者使命"或"救赎者情结"的人其实并不是真正的救赎者,他们正在把人类引入歧途。相反,一些看似被救赎者,在其身上所体现出来的人文关怀和人本主义,正是人类社会和平发展所需要的。在全球化和文明交往的时代,只有当世界树立起沟通、理解、宽容、互助,彼此用欣赏的目光去看待对方的长处,借此弥补自身的不足时,不论是作为个人、作为民族或作为一个群体,才能更好更快地发展,这是中国两千多年历史的经验总结,也是近代以来中国革命取得胜利的经验总结,更是改革开放四十年来中国取得巨大成就的经验总结。

毫无疑问,1978 年是伊朗结束数千年君主制的一年,是大国围绕世界上重要地缘战略地区博弈的一年,也是伊朗国内政治和国际政治发生转型的一年。从这一年开始,具有悠久历史文化的伊朗民族开始了政治现代化的新征程,通过全民族的努力,伊朗在政治现代化的征程中迈出了关键步伐,从而使伊朗的国家治理能力大大提升。

2013 年 10 月 17 日,《外交家》(The Diplomat)杂志副主编扎卡里·凯克(Zachary Keck)在该网站上撰文《中国和伊朗:注定要发生冲突?》(China and Iran:Destined to Clash?),文章的结尾给出结论:"总之,伊朗正确地认为美国是其近期最大的安全威胁。鉴于美国希望减少其在中东的存在,美国与伊朗修好的可能性已经显现,从长远来看,中国在中东地区的扩张最终构成对伊朗最大威胁。毫无疑问,美国与伊朗都担忧北京更为自信的中东政策,这可能进一步推动双方放弃激烈的竞争。"①这就是典型的霸权主义与殖民主义逻辑,正是这种逻辑,通过战争和各种形式的干预,以美国为首的霸权主义者将以中东为代表的整个世界陷入动荡混乱之中。正是把中国传统和谐理念融入现代管理的中国人在过去 40 年的时间里保持了国家的稳定与发展。这一切既得益于整个中华民族的团结互助,也得益于中华民族与世界其他民族的文明交往,中国人对其他文明成果的吸收和引进。中华民族和平发展所带来的成果正在无声地粉碎着一个接一个的所谓的"中国威胁论",同时,也使得强权政治和霸权主义、殖民主义的逻辑演绎起来日益困难,帝国主义理论越来越显得苍白无力。

伊朗对很多第三世界国家来说是神秘的。实际上,对 20 世纪与伊朗保持长期友好关系的西方国家来说,也一样是神秘的。沙利文曾抱怨说:"这是一个颇使人望而却步的国家,其文化习俗使外国人很难适应。"②美国中将约翰·S.普斯泰(John S. Pustay,1931~)在为美国外交人员杰克·C.米克洛斯的书作序时也说:"对许多西方观察家来说,导致 1979 年伊朗革命的事件看似神秘的和不合理的。""对许多美国战略家来说,作为中东盟友,伊朗的丢失是试图实现地区稳定的一个重大挫折。在一定程度上,通向伊朗革命的'小站'是可以识别的,我们理解美国外交关系上的痛苦的时期可能是进步的。"③

伊朗外交官、作家和思想家费雷敦·胡韦达在谈及伊朗伊斯兰革命时说:"从一定意义上说,伊朗伊斯兰革命是穆罕默德·礼萨·巴列维国王与阿亚图拉鲁霍拉·霍梅尼两人长期斗争的结果。1963 年,在后者煽动起事之后,巴列维国王赢得了可以称之为第一个回合较量的胜利:他逮捕了他的敌人,以后又将其流放。16 年后,阿亚图拉在第二轮较量中赢得了胜利,打败了他的敌人后,他回到了伊朗。"④

2013 年国内一家出版社出版的少儿读物中有这样一段话:"迫于形势,

---

① Zachary Keck. China and Iran: Destined to Clash?. The Diplomat. http://thediplomat.com/2013/10/china-and-iran-destined-to-clash/1/
② [美]威廉·赫·沙利文.出使伊朗[M].邱应觉等,译.北京:世界知识出版社,1984:26.
③ Jack C. Miklos. *The Iranian Revolution and modernization: Way Stations to Anarchy*. Washington, DC: National Defense University Press,1983:V.
④ Fereydoun Hoveyda. *The Shah and the Ayatollah: Iranian Mythology and Islamic Revolution*. Westport: Praeger Publishers,2003:1.

1979 年 1 月 11 日,巴列维国王与法拉赫王后以'长期度假'为名离开了伊朗,开始了流亡生活。1 月 16 日,这一消息被披露,伊朗举国一片欢欣,巴赫齐(蒂)亚尔政府也随之垮台。"在这七十多个字的表述中,有两处错误,第一个是巴列维国王出走的时间是 1 月 16 日,而不是 1 月 11 日;第二个错误是巴霍蒂亚尔政府没有随着巴列维国王的出走而倒台,而是阿亚图拉霍梅尼回国后,经过"曙光旬",到 2 月 10 日,巴霍蒂亚尔不知所踪后,该政权才算结束,此前,有一段时间是两个政权并存的局面。这样的低级错误,在一个正式出版物中出现,让人看到了伊朗学研究的薄弱与不足。

还有,伊朗伊斯兰革命的损失究竟来自哪里?是革命本身或是外部的武装干涉?外部的武装干涉是怎样进行的?2008 年,本人出版了《走进共和——伊朗伊斯兰共和国的第一个十年》,2009 年,本人又出版了《两伊战争》,没有这本《巴列维王朝的最后四百天》,我们看不出来伊朗伊斯兰革命本身和外部干涉哪个给革命带来的损失更大,只有将三本书放在一起,我们才能够更好地看伊朗伊斯兰革命的国内环境和外部环境。

编年纪事是中国治史的传统方法之一。从《春秋》到《资治通鉴》再到今天林林总总的各种各样的大事记。在改变伊朗历史的关键的四百天里,各种势力明争暗斗,搏杀较量,政府像走马灯似地更迭,用编年体,即按时间梳理整个事件过程的经过,更有助于把握伊朗伊斯兰革命的发展进程。在伊朗伊斯兰革命爆发 40 周年之际,将这本准备了多年的小册子付梓出版,希望对那些想深度了解伊朗,尤其是伊朗伊斯兰革命的读者有所帮助。

2018 年 4 月
于河南师范大学伊朗研究中心